NONPROFIT
ORGANIZATION
MANAGEMENT THEORY

비영리조직경영론

김성철 김태현 문 주 박성찬 박윤희
박진형 배재우 이강욱 임채휘 홍병옥
공저

양 성 원

머리말

지금 우리는 문명의 전환기적 위기에 서 있습니다. 빠른 기술 발전과 글로벌화 속에서 세상은 급변하고 있지만, 그에 따른 양극화, 기후 위기, 공동체 해체, 복지의 한계 등 구조적인 사회문제는 더욱 심화되고 있습니다. 국가의 제도적 개입이 미치지 못하는 곳, 시장의 논리로는 설명할 수 없는 영역에서, '비영리조직(NPO)'은 인간의 존엄과 공동체의 회복을 위한 희망의 플랫폼이 되어 왔습니다.

『비영리조직경영론』은 이러한 시대적 전환기에, 비영리조직이 단순한 보완적 존재가 아니라 미래사회의 지속가능성과 혁신을 이끄는 중심 주체로 우뚝 서야 함을 강조하기 위해 기획되었습니다.

이 책은 이론적 토대 위에 실제 NPO 현장에서 부딪히는 다양한 도전과 고민, 실천의 지혜를 함께 담아내려 노력했습니다. 그동안 비영리조직의 사명과 정체성, 전략과 운영관리, 리더십과 거버넌스 그리고 커뮤니티 참여와 사회적 책임까지 조직경영 전반을 총체적으로 다룬 교재가 부족했던 현실에서, 이 책은 실무와 교육 양쪽을 모두 아우를 수 있는 미래지향적 지침서가 될 수 있으리라 믿습니다.

이 책은 단지 저자 몇 사람의 결과물이 아닙니다. 먼저, 바쁜 일정 속에서도 흔쾌히 집필에 참여해 주신 각 분야의 전문가 여러분께 깊이 감사드립니다. 현장의 경험과 학문적 성찰을 함께 녹여낸 집필자 여러분의 열정이 없었다면 이 책은 빛을 보지 못했을 것입니다. 또한, 꼼꼼한 편집과 출간을 통해 본 서가 더 넓은 독자와

만날 수 있도록 애써주신 도서출판 양성원의 모든 편집진과 관계자 여러분께도 진심으로 감사드립니다. 출판을 단순한 업무가 아니라, 가치를 전하는 사명으로 감당해 주신 그 마음에 깊이 고개 숙여 인사드립니다.

무엇보다도, 치열한 현장의 최전선에서 묵묵히 비영리조직의 가치를 실현하고 있는 수많은 실천가들과 활동가들께 이 책을 바칩니다. 복잡하고 어려운 환경 속에서도 공동체를 살리고, 사회적 약자와 함께 걸어가는 여러분의 수고가 있었기에 이 책의 존재 이유 또한 더욱 분명해졌습니다. 여러분이야말로 오늘의 주인공이자, 더 나은 내일을 만들어 가는 진정한 리더들입니다.

『비영리조직경영론』이 비영리 분야에 몸담고 있는 현장 실천가, 연구자, 정책담당자 그리고 이 길을 걸어가고자 하는 학생들과 예비 리더들에게 새로운 통찰과 실천의 방향을 제시하는 등불이 되기를 간절히 바랍니다.

무엇보다 이 책이 각자의 자리에서 '왜' 이 일을 시작했는지를 다시금 되새기고, '어떻게' 그 사명을 지속해갈지를 함께 고민하는 동반자가 되기를 기대합니다.

2025년 여름

저자 일동

차 례

Chapter 01

비영리조직의 발달 원인과 배경

Chapter 01

비영리조직의 발달 원인과 배경

1. 비영리조직의 발달 원인

그동안 비영리조직이 왜 생겨났는지, 어떻게 시작하게 되었는지에 대해 많은 논의가 있었다. 비영리조직이 발생 원인에 대한 이론은 특정한 조건 속에서 비영리조직의 존재 근거를 제시해 줌으로써, 비영리조직과 정부, 기업, 지역사회 간의 관계와 관련한 맥락을 파악하게 된다. 특히 비영리조직과 정부와의 관계에 대한 논의는 비영리조직에 대한 정책적 방향을 제시해 줄 수 있다는 점에서 장점이 있다. 이러한 점에서 비영리조직의 발생원인에 대한 이론을 살펴보기 전 시대적 흐름을 먼저 살펴보도록 하겠다.

비영리조직의 다양한 생성 원인 중 본 장에서는 먼저, 신공공관리론(NPM: new public management)의 관점에서 보는 이론, 그리고 신공공서비스론 관점에서 보는 이론, 마지막으로 관련 이론들로 구분하여 살펴보고자 한다(김민정, 2020).

1) 신공공관리론

18세기 강력한 왕권 중심의 절대 국가에서는 왕의 정부가 시장을 통제하던 시절이었다. 그러나 시민혁명으로 절대 국가가 무너지자 권력을 장악한 자본가를 중심으로 한 세력들은 19세기 시장 중심적 체제를 만들어 가기 시작하였다. 정부는 '최소화'되기를 요구받았고, 시장체제는 발전과 규모의 확대를 거듭하였다(허철행, 2009).

즉, 신공공관리론(NPM: new public management)은 시장주의와 신자유주의 이념[1]에 기초하여 가격체계와 경제 원리를 활용한 공공서비스 제공, 고객지향적 공공서비스 제공을 강조한다. 이에 따라 민간위탁 · 민영화 등을 확대하여 효과적이고 대응적인 정부를 구현하고자 하는 특성이 있다. 신공공관리론(NPM: new public management)의 흐름에 따라, 공공부문에서도 민영화를 하는 움직임이 생겨나고, 성과가 강조되기 시작하였다. 이에 따라 비영리 부문도 공공-민간부문과의 협력관계 속에서 점차 공공 기관화 또는 민간화되는 것에 대한 비판이 생겨났다(김민정, 2020).

신자유주의적 배경으로 성립한 신공공관리론은 시장원리를 정부 운영에 적용하여 혁신을 주도하여 일정한 성과를 거두기는 하였으나 시장성을 강조하여 공공성, 민주성을 침해하고 있다는 문제를 제기하였으며, 경영성에 입각한 방안으로 정치성을 상실하였다는 지적을 받아왔다.

1) 신자유주의는 국가권력의 시장개입을 비판하고 시장의 기능과 민간의 자유로운 활동을 중시하는 이론으로 1970년대부터 케인스 이론을 도입한 수정자본주의의 실패를 지적하고 경제적 자유방임주의를 주장하면서 본격적으로 대두되었다.

2) 신공공서비스론

신공공관리론의 한계와 우려를 바탕으로 신공공서비스론이 제기되었다. 신공공서비스론은 '행정이 공공서비스를 제공해야 한다'는 것을 강조한다는 점에서 앞서 제시한 신공공관리론과 차이가 있다. 그뿐만 아니라 기업가정신보다 시민권을, 시민에 대한 통제보다는 시민에 대한 공공서비스 제공을 강조한다는 측면에서 정부의 역할에 대한 강조점이 다르다.

신공공서비론은 행정이 시민의 이익을 표출할 수 있게 하여 충족될 수 있도록 지원하고, 공유가치를 창출하는 서비스를 제공하는 데 중점을 두어야 한다고 보았다(김민정, 2020). 신공공관리론 이후에 나타난 신공공서비스론은 오랜 기간 신공공관리론의 문제점을 극복할만한 뚜렷한 대안이 없는 가운데 일정한 이론체계를 갖추고 대응으로 제시되었다는 데 의의가 있다고 본다.

이러한 신공공서비스론의 기조 아래에서 민주적 시민이론, 지역공동체 및 시민사회 모형, 조직인본주의 등이 논의되었다. 이 중 민주적 시민 이론은 좀 더 적극적인 시민 정신을 강조한다는 특성을 갖는다. Sandel(1966)은 정부가 선거 등과 같은 개인적 권리를 보장하고 행사할 수 있도록 하기 위해 존재한다고 보았으며, 이러한 맥락은 공공선택론의 주장과 유사하다.

그러나 시민이 공동체에 대해 관심과 소속감을 가지면 좀 더 장기적이고 거시적인 관점으로 사익보다 더 큰 공익을 지향하게 된다고 보았다. 유사한 맥락으로 King & Stivers(1988)는 시민이 주체라는 점을 강조하며, 정책 집행 시 시민에게 권한을 부여하고 그들에게 봉사하는 데 중점을 두어야 한다고 보았다. 정부는 시민과 공동체를 연결하고 지원하는 역할을 수행할 수 있다고 보았다(김민정, 2020).

3) 관련 이론들

비영리조직의 발생 원인에 대한 이론을 살펴보면, 수요 측면의 이론과 공급 측면의 이론으로 이분할 수 있다(강상욱, 2001). 이 가운데서 수요 측면의 대표적인 이론은 정부 실패, 계약실패, 시장실패 등으로 나누어 살펴볼 수 있다.

(1) 정부 실패

정부 실패란 주로 시장 실패에 대한 상대적인 말로서, 정부가 시장에 개입하여 후생 경제학[2]에서 말하는 복지 사회를 이룩하려고 했으나 더 나쁜 결과를 초래한 것을 말한다. 그러나 넓게 본다면 국민이 정부에 바라는 서비스와 실제로 정부가 제공하는 서비스의 차이라고 볼 수 있다.

정부는 시장이 제공하기 어려운 공공재[3]를 생산하는 중요한 제도이지만, 국민의

---

2) 후생경제학(厚生經濟學, welfare economics)은 인간의 경제활동 핵심 목표가 행복 추구라는 전제하에 사회구성원의 효용 또는 후생 증가를 목표로 경제문제를 분석하는 학문이다. 경제적 후생이란 문제는 경제학(經濟學, economics)의 탄생과 더불어 극히 오래전부터 논의되어왔다. 근대경제학(近代經濟學, modem economics)의 본류로 자부해오던 영국의 경제학자들이 여기에 대해 많은 관심을 가지고 다루어 왔지만, 영국의 경제학자 아서 세실 피구(Arthur Cecil Pigou)가 1920년에 그의 주저 『후생경제학(The Economics of Welfare)』을 간행함으로써 후생경제학이란 말이 경제학에서 본격적으로 등장하였다. 그는 '후생경제학의 세계는 경제적 후생을 증대시키기 위한 경제 분야의 정책분석에 관한 것이다.'라고 정의하고 있다.

3) 모든 사람들이 공동으로 이용할 수 있는 재화 또는 서비스. 그 재화와 서비스에 대하여 대가를 치르지 않더라도 소비 혜택에서 배제할 수 없는 성격을 가진다. 국방 · 경찰 · 소방 · 공원 · 도로 등과 같은 재화 또는 서비스를 말한다. 시장에서 거래되는 재화나 서비스를 이용하려면 그에 상응하는 대가를 지불해야 하는데, 공공재는 시장의 가격 원리가 적용될 수 없고 그 대가를 지불하지 않고도 재화나 서비스를 이용할 수 있는 비배제성의 속성을 가지고 있다. 또한 일반적인 재화나 서비스는 사람들이 이것을 소비하면 다른 사람이 소비할 기회를 줄여 사람들 사이의 경합관계에 놓이게 되지만 공공재는 사람들이 소비를 위해 서로 경합할 필요가 없는 비경쟁성의 속성도 가지고 있다. 이러한 공공재에 대립되는 것은 사유재(私有財) 혹은 민간재이다. 사유재는 일반적으로 시장기구를 통하여 공급되지만 공공재에는 보통 시장가격은 존재하지 않으며 수익자부담의 원칙도 적용되지 않는다. 따라서 공공재 규모는 정치기구가 결정한다. 공공재에 관한 가장 중요한 과제는 정치기구를 통하여 적정한 공공재의 크기를 어떻게 정할 것인가 하는 기준을 정하는 일이다. 만일 사람들이 그 공공재에 대하여 인정하는 중요성에 상응하는 조세를 부담하는 데 반대하지 않는다면 공공재의 크기는 이것을 적정수준으로 하여 결정할 수 있다. 그러나 공공재의 비배제성의 성질에 의하여 비용을 부담하지 않는 사람도 공공재의 이익을 누릴 수 있으므로, 이른바 '공짜 승객(free rider)'의 문제가 생기게 된다.

다양한 욕구를 충족시키기에는 많은 한계를 지니고 있다.

정부는 다수결 원칙에 따라 획일적인 서비스를 제공하기 때문에 초과수요와 다양한 수요를 만족시키는 데 한계가 있다. 더글라스에 의하면 정부는 국방, 치안, 수도 사업과 같이 비용 지불과 관계없이 모든 사람이 필요한 값비싼 공공재를 제공할 때 성공할 수 있다. 이때 정부는 강제력을 동원하여 무임승차를 방지할 수 있다.

그러나 민주 정부는 제공하는 서비스가 공평하고, 일치되고, 전국적이어야 한다는 무조건적 제한의 원칙에 구속받는다. 따라서 정부는 다양하고, 실험적이며, 빈관료적인 서비스를 제공하는 데 한계가 있기 때문에 정부 실패가 일어난다.

이러한 경향은 한 사회 내에서 다양한 인종 · 종교 · 언어가 공존하고 있거나 정치적 · 문화적 성향이 다양한 경우 더욱 그렇다. 이때 다양한 욕구를 신축적으로 충족시킬 수 있는 비영리단체가 등장하게 된다.

(2) 계약 실패

정부 실패에서 살펴본 바와 같이 정부가 공공서비스를 제공하지만, 소비자의 욕구를 충족시키기에 한계가 있기 때문에 사 분야가 이러한 잔여 요구를 충족시키기 위하여 공공서비스를 생산하게 된다.

이때 소비자가 서비스에 대해 잘 알고 있을 때는 기업이 잘 기능할 수 있다. 그러나 의료 · 복지 · 교육 등은 생산자가 소비자보다 상품의 질에 대하여 더 많은 정보를 가지고 있음으로 영리 단체는 이윤을 극대화하기 위하여 기회주의적으로 행동을 할 개연성이 높다.

한스맨은 이러한 특징을 가진 상품은 계약이 잘 이루어지지 않아 이윤 극대화하기 위하여 기회주의적으로 행동할 개연성이 높다고 했다. 이러한 특징을 가진 상품은 계약이 잘 이루어지지 않아 이윤 극대화 시장에서는 덜 생산되고 덜 소비된다고 주장한다. 따라서 이런 분야는 기업보다 신뢰할 수 있는 비영리단체가 정부를 보안하여 서비스를 제공한다.

넬슨과 크래쉰스키는 탁아소 서비스의 질에 대하여 부모들이 더욱 신뢰할 수 있는 서비스 제공자를 선호한다고 말한다. 이들에 의하면, 부모들은 탁아소의 서비스 질을 판단하기 어렵기 때문에 사기업이 더욱 낮은 수준의 서비스를 제공하여 이익을 보려고 생각해서 사기업이 운영하는 탁아소를 이용하는 것을 두려워한다는 것이다. 따라서 부모들은 더욱 믿을 수 있는 비영리단체가 운영하는 탁아소를 선호하게 된다.

(3) 시장 실패

시장은 자유경쟁의 원칙에 의해 공급자(상인)와 수요자(소비자)가 자유의사에 의해 가격을 조정하여 거래를 형성하는 곳이다. 시장은 경쟁을 통하여 인간 생활 및 경제 생산에 이용하는 것을 효과적으로 나누어지고, 사람들이 바라는 것을 충족시켜 주는 모든 물건과 서비스를 제공하는 중요한 표준으로 인식되어왔다.

시장은 모든 사람이 공동으로 이용할 수 있는 재화 또는 서비스인 공공재인 국방 · 경찰 · 소방 · 공원 · 도로 등을 제공하는 데 한계가 있고, 부정적 외부 효과[4]로 인하여 공해와 같이 사회적 불이익을 초래하기도 한다.

---

4) 개인, 기업 등 어떤 경제주체의 행위가 다른 경제주체들에게 기대되지 않은 혜택이나 손해를 발생시키는 효과를 의미한다. 혜택을 줄 경우의 긍정적(positive) 외부 효과와 손해를 줄 경우의 부정적(negative) 외부 효과로 구분한다. 경제 활동이 제삼자에게 의도치 않은 불이익을 제공하는 경우를 말한다. 구체적으로, 기업이나 개인 등 어떤 경제 주체의 행위가 직접적 혹은 부수적으로 다른 기업이나 타인에게 의도하지 않은 손해를 입히면서도 시장을 통해 그에 대한 대가를 지불하지 않는 상황을 말한다. 부정적 외부효과(negative externality)라고도 한다. 외부 불경제의 대표적인 예로는 공장의 매연이나 폐수, 자동차의 배기가스 등이 있다. 가령, 공장에서 제품을 생산하며 매연이나 폐수를 배출할 때 공해 물질로 인해 사회가 치르는 비용은 해당 공장이 제품을 생산하는 데 투입하는 비용보다 크다. 공장 입장에서는 사회가 치르는 비용보다 적은 사적 비용에 기초해 생산량을 결정하므로 생산 규모는 사회 전체적 관점에서의 바람직한 수준을 초과하게 된다. 이처럼 외부불경제가 발생하면 최적 생산량을 초과한 과다 생산이 이루어져 효율적인 자원 배분의 실패가 일어난다. 외부 불경제의 효과를 줄이기 위해서 정부는 세금이나 벌금을 부과하거나 규제 등을 가해 생산 감축을 유도한다.

그러나 무엇보다도 시장은 소득 분배의 불공평성을 초래하고, 이윤이 발생하지 않는 분야에는 투자하지 않는다는 한계를 지니고 있다(박상필, 2006). 이러한 경우 비영리단체는 정부를 대신하여 공공재를 생산하고 경제 권력을 견제하거나 사회적 약자를 보호하는 역할을 수행하기 위하여 발생한다(김민정, 2020).

Salamon(1995)은 비영리단체가 실패하게 되면 정부가 개입하게 된다고 주장하며 비영리조직의 발생을 설명하는 정부 실패와 계약 실패 이론의 문제점을 제기하고 비영리조직은 정부실패가 아니라 시장실패의 결과로 등장하는 것이며 비영리조직이 실패하게 되면 정부가 개입하게 된다고 주장한다. Salamon(1995)은 시장실패에 대하여 정부가 아니라 비영리 조직이 응답하게 되는 이유를 거래 비용으로 설명하고 있다. 그에 의하면, 공공재의 부족에 대하여 정부의 응답을 동원하는 것이 자선단체의 행동을 동원하는 것보다 비용이 훨씬 비싸다는 것이다. 왜냐하면 자선단체는 소수의 사람이 행동하거나 외부의 기부금으로 충분하지만, 정부가 행동을 취하기 위해서는 여론을 형성한 후에 법이 만들어지고 프로그램이 운영되어야만 가능하기 때문이다.

따라서 거래 비용이 적은 비영리조직이 먼저 시장실패에 응답하고, 이러한 비영리 조직의 답이 불충분할 때 정부가 응하게 된다는 것이다. 즉 시장실패를 해결하는 정책수단으로서 각종 비영리조직의 발생을 뒷받침하고 있다.

(4) 국가권력 견제

국가는 통치조직을 가지고 일정한 영토에 자리를 잡고 사는 다수인으로 이루어진 단체, 즉 일정한 지역 · 영토 내에 거주하는 사람들로 구성되고, 그 구성원들에 대해 최고의 통치권을 행사하는 정치단체이자 개인의 욕구와 목표를 효율적으로 실현해 줄 수 있는 가장 큰 제도적 사회조직으로의 포괄적인 강제단체이다. 또한 국가는 일정한 영토 내의 주민을 배타적으로 지배하는 정치 조직으로서 특정 영토 내에서 경쟁자와 도전자를 공격하고 견제하는 과정에서 형성된다.

국가는 구성원인 국민에게 공공서비스를 제공하는 기구라는 측면뿐만 아니라 인민을 억압하고 지배하는 권력 기구라는 속성을 지닌다. 이러한 국가의 속성으로 인하여 그 정도는 달라도 원시적 약탈 국가이든 현재 자유주의 민주국가이든, 시민사회의 도전과 요구를 억압하려는 경향이 있다. 따라서 계몽주의 시대[5] 이후로 자유롭고 공정한 선거, 법에 의한 모든 시민의 동등한 권리와 기회가 보장되는 민주주의를 지지하는 자들은 국가권력이 확대 · 강화되는 것을 경계하며 국가권력에 대한 사회적 통제를 강조하였다.

1970년대 복지국가 위기 이후에도 국가의 권한을 제한하고 각종 사회문제를 시민 사회의 각종 결사체가 해결할 것을 주장하는 결사주의가 강조되고 있다.

시민사회에서 부정부패 방지, 인권 옹호, 경제적 평등, 환경보호 등을 목적으로 활동하는 다양한 시민 단체는 국가권력을 감시하고 비판하기 위하여 발생하게 된다.

(5) 정부 보조금 지급

비영리조직은 정부로부터 직접 보조금을 지원받거나 세금 면제, 기부금 소득공제, 우편 요금과 같은 가족 공공요금의 할인 등 여러 형태의 혜택을 받는다. 복지국가를 지향하는 정부는 병원 · 요양원 · 복지관 · 교육기관 등 사회복지와 관련된 서비스를 우선적으로 제공해야 하지만, 정부가 단독으로 이러한 서비스를 제공하기 전에 일정한 지역이나 계층에 실험적으로 제공할 때가 많다. 이때 비영리조직은 정부의 중요한 파트너가 될 수 있다. 정부는 비영리조직에 대한 지원을 통하여 이러

5) 이성, 즉 '자연의 빛을 다방면에 미치도록 하는 것으로 구습(舊習)을 타파하고자 하는 18세기에 주로 프랑스, 독일에서 전개된 사상운동이 계몽주의이다.

한 복지서비스 제공을 원활히 할 수 있다. 공공서비스 제공을 위한 정부와 비영리조직 간의 파트너십은 1970년대 복지국가 위기 이후에 더욱 강화되고 있다.

James와 Rose-Ackeman(1986)은 효율성과 통제라는 두 변수 중에서 전자가 중요할 때는 사 분야가 생산하고 후자가 중요할 때는 공공분야가 생산한다고 말한다. 그러나 사 분야가 생산하더라도 정부의 책임이 완전히 없어지는 것이 아니라 여전히 감독의 책임이 남아있다. 이때 영리 기업보다는 비영리를 추구하는 단체에 위임하는 것이 여러 가지 면에서 유리하다. 따라서 비영리조직이 많이 발생하게 된다. 사적 기부가 적지만 정부의 지원에 의하여 커다란 비영리조직이 존재한다는 사실이 이를 뒷받침하고 있다.

(6) 소비자 자기 통제

회원의 공동이익 추구 형태의 비영리조직은 고객이 서비스의 질을 잘 알고 있음으로 계약실패가 발생의 원인이 아니라 조직을 스스로 통제하기 위한 수단이다.

사람들은 경제적 이익, 종교적 목적, 이데올로기적 관심, 전문적 지식의 교류, 인간적 친교 등 다양한 목적을 달성하기 위하여 직능단체나 친목 단체를 조직한다. 이때 회원 개개인은 나약하지만 하나의 공동체를 결속하여 조직을 스스로 통제할 수 있어서 목적달성이 용이하다.

소비자협동조합과 같은 비영리조직은 스스로 조직의 목적과 행동을 통제함으로써 독립적인 판매를 하는 것보다는 더 많은 복리를 얻을 수 있고, 소유자가 고객을 독단적으로 이용하는 것을 방지한다.

BeN-Ner(1989)는 조직의 구성원이 이익을 공유하는 생산자 협동조합이 자본주의 경제하에서 존재하는 이유를 소비자 통제이론에 입각하여 설명하고 있다. 그 이유 중 하나는 생산자 협동조합은 직원이 스스로 통제하기를 원하기 때문에 발생한다는 것이다.

이러한 통제는 직원과 자본 소유자 사이의 이익에 대한 갈등을 내재화시켜 주는데, 자본이 소유자에 의해서 통제되는 기업에서는 불가능하다.

2. 비영리조직의 발달 배경

비영리조직은 어느 국가에도 존재하고 다양한 역할을 하고 있지만, 토크빌이 1830년대에 말한 것처럼, 특히 미국에서 오랫동안 중요한 역할을 수행해왔다. 그러므로 비영리조직은 초기에 미국을 중심으로 발달했다고 볼 수 있다.

비영리조직이 발달하게 된 배경에는 국가에 대한 역사적 전통의 측면, 헌법 구조와 법률적 장치, 정치 · 사회적인 요소, 그리고 현재 복지국가의 발달 등 여러 가지 요소가 복합적으로 작용하였다, 이처럼 비영리조직이 발달하게 된 배경에 대하여 4가지의 이론을 통해 검토하기도 한다.

1) 국가 역할 확대에 대한 반감

국가의 역할이 축소되고 사 분야의 역할이 강조되면 비영리조직이 발달하게 된다고 하였다. 미국은 국가 건설과정에서 커뮤니티가 정부보다 먼저 생겨 지역의 공동 문제를 해결하였다. 이 과정에서 병원, 학교, 소방서 등 자원조직이 생겨 각종 공공서비스를 제공하였다. 미국의 헌법은 연방주의 채택, 엄격한 삼권분립, 조세권의 국회 부여 등을 통하여 연방정부의 권한을 제도적으로 제한하였다.

미국 민주주의는 정부의 역할을 제한하는 한편, 정부와 정당 밖의 개인의 자발적인 활동과 다양한 결사체의 역할을 중시하였다. 이러한 이념은 다시 공공의 이익을 위한 시민의 자원봉사활동을 강화하는 기초가 되었다. 따라서 국가의 공적 역할을 축소하고 공공재의 범위를 좁게 해석하는 반면, 개인의 자유와 사조직의 자유로운 활동을 원했던 미국인들의 의식은 일찍이 미국에서 비영리조직의 발달을 자극하는 요소가 되었다(이승호, 2010).

2) 비영리조직 지원에 대한 제도적 장치

비영리조직이 활성화되기 위해서는 제도적인 장치가 필요하다. 유럽과 아시아 국가들이 국가의 합법적인 권한을 집중화·획일화하고 있었던 반면, 미국 헌법은 다양한 인종·종교·언어를 가진 그룹들이 비영리조직을 통하여 독립적으로 자신의 가치를 보호·조장하는 것을 국가가 통제하지 못하도록 하였다.

그리고 유럽은 종교개혁과 반종교개혁 이전뿐만 아니라 이후에도 국가와 교회를 동일시하여 교육·사회서비스·빈곤 구제·의료·예술 등에 대하여 국가가 지원했지만, 미국은 제1차 수정 헌법에서 교회에 대한 정치적 특권과 경제·도덕적 지원을 금지하였다. 따라서 다양한 종교단체들은 국가의 도움이나 간섭 없이 자선을 비롯한 갖가지 서비스를 제공하였다. 그리고 19세기부터 미국의 각 주는 비영리조직이 기부금을 받고 세금을 면제받을 수 있도록 법을 제정하였고, 20세기에 들어와선 더욱 발전하여 비영리조직을 정부로부터 행정·재정적 지원을 받고 있다. 이러한 제도적 장치들은 비영리조직의 발달을 크게 촉진하였다.

3) 사회적 다양성과 민주주의 발달

미국은 1930년대의 대공황부터 제2차 세계대전까지를 제외하고는 상대적으로 정부의 역할은 작지만 사회적 분화와 소비문화가 일찍부터 발달하였다. 그리고 같은 가치관을 가진 사람들이 모여 단체를 구성하고 의견을 집약하여 이를 정부 정책에 반영하는 개방된 의사결정 체계를 가지고 있고, 다양한 요구와 시각을 포용하는 민주주의 체제를 지니고 있다. 이처럼 다양한 사회적 문화와 다원적 민주주의의 발달은 각종 비영리조직을 활성화하는 역할을 하였다.

4) 다원적 복지정책

국민의 복지를 제공하려는 복지국가의 발달은 일반적으로 비영리조직에 대한 무관심을 초래한다고 보았다. 정부와 비영리조직 간의 파트너십은 정부와 기업 간의 협력보다 복지서비스의 질적 · 양적 범위를 효율적으로 증대할 수 있어서 유리하다 이러한 미국의 복지정책은 비영리조직에 대한 재정 지원을 강화하게 되었고 비영리조직의 발달을 촉진하였다(김정훈 외, 2018).

5) 기타

최근에 전 세계적으로 비영리단체가 관심의 대상으로 부상하게 된 것은 복지국가 위기와 같은 국가기능의 변경, 사회주의의 붕괴와 같은 국제적 변화, 환경 문제와 같은 전 세계적 이슈의 증가, 그리고 커뮤니케이션 기술의 발달 때문이라고 할 수 있다.

3. 비영리조직의 실패와 위기

비영리조직의 실패나 위기, 소멸에 관한 연구는 비영리조직이 등장하고 필요성이 대두된 것에 대한 연구나 성장 혹은 발전에 관한 연구에 비하여 적은 편이다. 그러나 비영리조직 역시 서비스를 적절하게 제공하지 못하거나, 사회문제를 제대로 다루지 못했을 경우 자원부문 실패가 발생하게 되면서 어려움을 겪는다(Anheier, 2014).

1) 비영리조직의 실패에 관한 이론

자원(자발적)부문 실패이론은 정부가 자립하기 어려운 비영리조직들을 지원하여, 비영리조직이 정부의 업무를 대행하는 것이 효과성과 효율성을 높일 수 있다고 설명한다. 이러한 관점으로 인해 정부와 비영리조직의 관계나 협력을 설명할 때 함께 언급된다. 그러나 자원부문 실패이론은 비영리조직이 자생력이 부족하고 위기에 직면하면 실패할 가능성이 높아진다는 것을 전제하고 있다(주성수, 2018).

Salamon(1995)은 비영리부문의 실패를 크게 박애주의적 불충분성(philanthropic insufficiency)으로 인한 실패, 박애주의적 아마추어리즘(phianthropic amateurism)으로 인한 실패, 박애주의적 온정주의(philantropic paternalism)로 인한 실패, 박애주의적 배타주의(philanthropic exclusivism)로 인한 실패와 같이 4가지로 보았다.

먼저, 박애주의적 불충분성(philanthropic insufficiency)으로 인한 실패는 비영리조직이 사회서비스를 충분히 제공할 수 있을 만한 여력이 없다는 것이다. 자원이 수요를 맞출 만큼 없어 부족하고, 모든 자원을 자체적으로 채울 수 없어 나타나는 문제라고 볼 수 있다. 이어 박애주의적 아마추어리즘(phianthropic amateurism)으로 인한 실패는 비영리조직의 전문성 부족을 가리키는 것이다. 저임금으로 인해 전문 인력을 영입하는 것이 어려운데다 인적자원관리 체계가 미약해 근무하는 과정에서 교육 훈련 과정을 지원받기 어렵다는 점에 기인한다. 세 번째로, 박애주의적 온정주의(philantropic paternalism)으로 인한 실패는 비영리조직의 주요 사업이 기부금을 많이 내는 후원자의 의견에 좌우될 수 있다는 점을 지적한다. 의견수렴의 과정이 아닌, 기부자의 의견에 좌지우지되어 핵심적인 사회서비스가 배제되는 경우 큰 실패로 이어지게 된다. 마지막으로, 박애주의적 배타주의(philanthropic exclusivism)는 종교나 특정 가치에 대해 배타적으로 대하는 것을 의미한다. 이러한 4가지 이유들로 비영리조직이 실패할 수 있다고 보았다.

Salamon(1995)은 정부가 비영리부문의 실패를 사전에 방지하기 위해 혹은 실패를 극복하게 하기 위해 정부와 비영리조직 간의 파트너십이 활성화되었다고 보았다. 정부 정책 차원에서 이루어지는 용역사업이나 위·수탁사업, 각종 공모사업 모두 이에 해당한다고 볼 수 있다. 또한 비영리부문의 실패는 그 대안으로 '상업화'가 제시된다는 점에서 심각한 문제를 초래한다고 보았다(Salamon, 1995; 주성수, 2018).

이는 비영리부문에서 추구하는 가치와 목표를 상실할 가능성을 높이며, 제3섹터의 위치에서 정부와 시장에 대한 견제 및 비판의 역할을 수행하기 어려워지게 만든다고 보았다. 뿐만 아니라 시민과 소외계층에 대한 권익옹호의 역할 또한 약화될 수 있다고 보았다. 비영리부문의 상업화가 지속되면 이와 같은 문제가 심화되고, 비영리조직은 사회서비스 제공자의 역할에 머무르게 될 수 있다는 점에서 실패가 심각한 문제를 초래한다고 지적하였다.

2) 비영리조직의 위기에 관한 연구

최근 비영리조직의 위기나 어려움에 관한 논의가 점차 구체화되고 있다. 그간 영리부문이 양적으로 크게 확대되면서, 효과적인 운영이나 성과 창출에 관한 논의가 주목받았다면, 최근에는 어려움이나 위기의 상황을 분석하여 대안을 마련하려는 노력도 활발해지고 있다. 이는 비영리부문의 양적 성장에 이어 질적 성장을 위한 노력의 일환이라 볼 수 있겠다. 비영리조직의 위기에 대해 분석한 연구들은 대체로 실천 현장에서 비영리조직의 운영에 있어 어려운 점은 무엇인지를 중점적으로 다루고 있다.

주성수(2018)는 지속적으로 사회문제에 대한 의견을 제기하고, 회비를 지속적으로 납부하는 시민의 참여가 비영리조직의 자생력과 정체성 유지 및 운영 활성화에 기여한다고 보았다. 그러나 현실적으로 비영리조직의 회비나 후원이 많지 않고 예산규모 역시 크지 않다는 점에서 재정적 측면의 어려움이 크다고 볼 수 있다. 그렇기 때문에 정부 재정지원 등과 같은 자원에 대한 의존성이 증가하여, 생존과 성장을 위해 정치적 과정에 더 적극적으로 참여하게 되는 경향이 있다(Downs, 1967; Niskanen, 1971)고 보았다.

비영리조직은 다양하고 복합적인 사회문제를 다룬다는 측면과 자원의 부족함과 한계가 가진 측면에서 여러 행위자들과 소통하고 협력한다. 연대와 협력을 통해 사회문제를 공유하고 해결하는 과정을 거친다. 그렇기 때문에 비영리조직에게 있어 협력의 어려움은 곧 비영리조직의 어려움으로 연결되기도 한다.

조민혁 외(2019)는 다문화를 주제로 하는 비영리조직들을 대상으로 민관협력의 한계에 대해 근거이론을 활용하여 분석한 결과, 중심현상(central phenomenon)에 있어 사업 운영의 문제와 민간 위탁의 문제가 주목받았음을 밝혔다. 특히 예산을 확보하고 집행하는 과정에 대한 문제 중 보조금 지원과 예산집행에 관한 과정상의 문제가 강조되었다. 또한, 비영리조직의 존재 이유를 훼손하는 경우, 정부와 비영리조직 간 목표가 일치하지 않는 경우, 상호 간의 관계가 분절되어 버리는 결과로 이어진다는 것을 확인할 수 있었다. 이에 따라, 효과적인 민관협력을 위해서는 투명성과 절차를 중요시하되, 상호 간의 목표를 공유하고 합의하여 추진하고, 실무에서는 독립성과 자율성을 보장하는 것이 중요하다고 보았다.

이외에 Schiller(2005)는 비영리조직과 기업 간 협력관계에 주목하였다. 비영리조직과 기업 간 협력의 주요 실패 요인으로 ① 역량을 갖춘 비영리조직의 부재, ② 담당자 변경으로 인한 프로그램 지속의 어려움, ③ 상호 간 기대수준의 불일치, ④ 의사소통의 부재, ⑤ 실패에 대한 책임의 부담감, ⑥ 협력을 위한 업무시간 투자가 매우 높은 경우, ⑦ 기업 기밀정보 유출의 위험, ⑧ 파트너십이 언론에 부정적으로 보도되는 경우, ⑨ 파트너십을 위한 재정투자가 큰 경우를 제시하였다.

방대욱 외(2013)는 비영리조직과 기업 간의 사회공헌 파트너십에 관한 연구를 통해 사회공헌 파트너십 실패 요인으로 파트너십 의지 부재, 비영리기관의 역량 부족, 비영리기관의 의사소통역량 부족, 투명하지 않은 예산집행, 기업 내부의 top-down 방식의 기관 선정과 같은 5개의 요인이 도출되었다. 김경민 외(2019)는 비영리조직 간 협력의 실패 요인에 대해 분석하였다. 교육복지 네트워크에 참여한 비영리조직 간 협력의 실패 요인으로 공동목표 수립 · 공유과정의 누락 또는 생략, 업무만으로 한정된 관계, 충분한 신뢰 관계 없이 전개되는 사업의 급진전, 참여자 혹은 참여기관의 기회주의적 행동 등이 언급되었다.

비영리조직은 미션과 비전이 조직 운영에 있어 가장 중요한 요인이 되고 공익에 기여하는 방향이 되며, 조직에 기여하는 참가자들에게 동기부여가 되는 촉매 역할을 수행한다(Minkoff, 2006). 따라서 조직 운영의 목적과 방향성을 점검하는 것은 비영리조직의 존폐에 영향을 미칠 수 있을 만큼 중요한 요인이 된다.

Chapter 02

비영리조직에 대한 개념 및 분류

Chapter 02 비영리조직에 대한 개념 및 분류

1. 비영리조직의 개념과 정의

1) 비영리조직의 개념

NPO(Non Profit Organization)은 영리조직(Profit Organization)과 달리 이윤을 추구하거나 이윤을 나누지 않는 부분들을 강조하며 설명하고 있다. Etzioni · Remp (1973) 이외의 다양한 연구자들은 비영리조직(NPO)는 결국 비영리조직과 같은 맥락에서 공공의 목적에 맞춰 의료나 교육, 사회복지 및 자유로운 표현 등에 영향을 끼치는 하나의 조직 및 기관들의 집합으로 정의하기도 한다. 또한 비영리조직은 국가와 시장 부문으로부터 분리된 제3부문의 영역의 조직과 단체들로 설명하는 포괄적인 개념으로도 정의되어지고 있다.

비영리조직의 일반적 개념은 이윤과 지분권을 가지지 아니하고, 사회적 발전에 이바지하는 공공의 측면이 강조되는 민간의 법인 조직으로 정의할 수 있으며 Salamon(1995)은 개인에 관계된 것으로 관리되는 조직이지만 이윤을 추구하지 않고 광범위한 공공을 원조하는 형태로 운영을 한다는 특성을 설명하면서 자원을 배분하는 것이 아니라 제공자들에게 서비스를 제공하는 조직이라고 설명하고 있다. 한국은 비영리조직을 시민 단체로 이해하기도 하는데 비영리 영역은 제3영역(섹터), 자발적 영역, 독립영역, 사회적 영역 등으로 불리기도 한다. 그만큼 비영리조직이 갖는 성격이 다양하기에 한마디로 규정하기 어려운 실정이다.

여기서 이야기하는 제3섹터(The Third Sector) 부분은 정부(제1섹터)나 시장(제2섹터)과 구분되는 영역으로서 제1섹터와 제2섹터에 해당하지 않는 또 다른 영역 그리고 대안적인 공동체 영역이라고 정의하기도 한다. 또한 제3섹터의 개념은 국가와 연구자에 따라 좀 더 다르게 정의되기도 하는데 점차 유럽의 사회적 경제 개념과 영국과 미국에서 제시하고 있는 비영리 부문의 개념이 포함된 보다 포괄적인 개념으로 정의되기도 한다(김정훈 외, 2018).

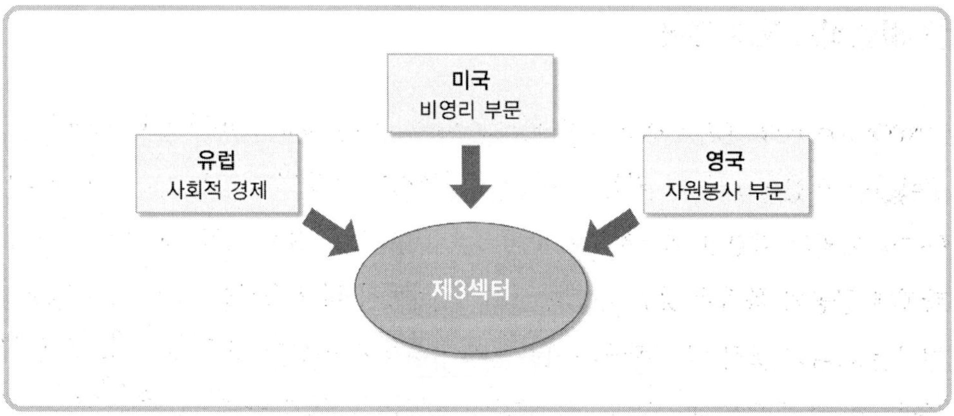

(출처: 김정훈 외, 2018, 재인용)

[그림 2-1] 각 국가의 제3섹터 개념도

비영리조직이라는 부분은 설립 주체가 누구인지에 따라, 시민 · 공동체 기반에 따라, 부문에 관한 표현 등에 따라 유사한 용어들이 다양하게 나타나고 있다(김민정, 2020).

〈표 2-1〉 비영리조직의 유사 용어

기 준	유사 용어
조직의 형태	비영리조직(NPO: nonprofit organization) 비정부조직(NGO: non-government organization) 공익법인(PIC: public interest corporation) 시민사회단체(CSO: civil society organization) 자선단체(CO: charitable organization) 자원조직(VO: voluntary organization) 자발적 결사체(voluntary association)
설립 주체	기업 설립 NGO(BONGO: business-organized NGO) 원조자 설립 NGO(DONGO: donor-organized NGO) 정부 설립 NGO(GONGO: government-organized NGO)
시민 · 공동체 기반	커뮤니티 기반 조직(CBO: community-based organization) 커뮤니티 자원조직(CVO: community voluntary organization) 풀뿌리 조직(GRO: grass-roots organization) 시민운동 조직(CMO: civil movement organization)
부문에 관한 표현	비영리 부문(nonprofit sector) 자발적 섹터(voluntary sector) 제3섹터(The third sector)
기타	준 자율적 비정부조직(유사 NGO, QUANGO, quasi NGO) 국제 NGO(INGO: international NGO)

(출처: 김민정, 2020 재인용)

비영리조직(NPO)과 유사하게 활용되거나 사용되는 대표적인 용어의 개념을 정리하면 다음과 같다(김준기 · 김정부, 2001; 김태룡 외, 2010; Slamon, 1999; 김민정, 2014; 임승빈, 2012; 김민정, 2020).

〈표 2-2〉 비영리조직 용어의 개념 정리

용어 구분	정의 내용
비영리조직(NPO)	비영리적인 활동을 하는 조직 및 단체로서, 다양한 개념 중 가장 포괄적인 개념이다. 자본의 이익을 추구하지 않고 공익적인 부분에 이바지하는 목적을 달성하는 단체로 정의하기도 한다.
비정부조직(NGO)	정부의 간섭 없이 시민(개개인) 또는 민간단체들에 의해 조직되는 단체이며, 비정부성 · 공익성 · 연대성 · 자발성 · 공식성 · 국제성의 특성을 가지고 국제사회에서 정부 이외의 단체로서 자문 역할을 한다는 소극적인 개념까지 포함되어 있다. 오늘날 NGO는 자발적인 참여와 함께 연대와 연합을 통해 각종 국제적인 영역뿐만 아니라 국내적인 문제까지 해결하는 단체로서 현재 조직의 범위와 역할이 확대되는 상황이다.
공익법인(PIC)	사회복지, 종교, 교육, 장학, 의료 등 사회 일반적인 이익을 목적으로 민법 또는 '공익법인의 설립 · 운영에 관한 법률'에 의해 설립된 비영리 법인으로 정의한다.
시민사회단체(CSO)	국가와 상대하여 적극적으로 국가권력을 견제하고 시민 권리를 옹호하는 시민단체로 정의한다.
준 자율적 비정부조직 (QUANGO)	정부로부터 직 · 간접적으로 재정 지원을 받으며 정부의 영향을 받아 활동하는 조직으로 정의한다.
자선단체	민간 및 자선적 기부 등을 강조하는 조직이며, 공공의 목적을 달성하기 위해 기부금을 통해 이루어지는 단체라고 정의한다.
제3섹터	정부도 기업도 아닌 제3의 영역인 비영리단체를 의미한다. 제3섹터는 영어에서 비영리 기업을 일컫는 말이지만, 현재는 민간부문이 가진 우수한 정보 · 기술과 풍부한 자본을 공공부문에 도입해 공동출자 형식으로 행하는 지역개발사업을 수행한다. 제3섹터는 정부(제1섹터)와 민간부문(제2섹터)의 중간 영역으로서 준정부조직과 준비 정부 조직들이 공적인 기능을 수행하고 있는 영역을 말한다.

2) 비영리조직의 정의

비영리조직(NPO)이란 용어는 국내에서 흔히 쓰이는 비정부기구(NGO: Non Governmental Organization)와 동일하게 사용되기도 한다. 한국에서는 비정부기구를 주로 비 정부적 활동에 참여하는 조직으로 일컫는다(김준기, 2000). 따라서 비정부기구란 용어를 사용할 때는 국가에 대하여 경쟁이나 대립적인 상황이 발생 되었을 때 사용되는 경우가 있지만 개발 도상 국가에서는 경제발전이나 사회발전을 위한 활동에 관련된 비영리조직을 일컬을 때도 많이 사용되는 경우도 있다(노현희, 2002). 다양한 연구자를 통한 비영리조직이라는 용어에 대하여 다름과 같이 정리하여 설명하고 있다. 이와 같은 내용을 종합적으로 정의하자면 비영리조직(NPO)은 이윤을 추구하지 않으면서 공공의 목적 등에 달성하고자 조직 및 단체라고 정의할 수 있다(정문경 외, 2018).

〈표 2-3〉 각 연구자에 따른 비영리조직의 정의

연구자	정의
Etzioni · Remp (1973)	비영리조직은 시장 부문(제1부문)과 공공 정부부문(제2부문)과 구별되는 비정부 부문(제3부문)이라는 용어를 사용하면서 비영리조직의 용어를 설명
Hall(1987)	비영리조직 활동 영역을 통한 정의 • 특정한 공공서비스를 공급하는 조직 • 정부의 행정업무를 위탁받아 공공업무를 수행하는 조직 • 정부, 영리단체 및 다른 비영리단체의 정책 결정에 영향력을 행사하는 조직
Hansmann(1987)	수익을 분배하는 데 제약을 받는(nondistribution constraint) 조직으로서 비영리조직을 설명
Gidron, Kramer, Salamon(1992)	법과 질서라는 필수적인 구조를 제공하고 일반적으로 사회 복지증진의 목적을 가진 정부 기관 및 영리를 추구하는 단체가 아닌 자체의 관리 절차를 가지고 어떤 공공목적에 봉사하는 단체
Salamon(1995)	개인에 관계된 것으로 관리되는 조직이지만 이윤을 추구하지 않고 조직구성원이 아니라 광범위한 공공을 원조하는 것을 운영하는 조직
김영래 · 김혁래 (1999)	• 비정부 및 비국가적인 단체 및 조직 • 개인들의 자발적인 참여를 통해 활동하고 운영되는 단체 및 조직 • 추구하는 목표를 달성하기 위하여 압력단체의 성격을 가진 조직 • 민주정치 체제로 변화시키는 활동을 하는 조직 • 자율성과 독립성을 가지는 특성을 가진 조직
김준기(2000)	주로 비정부적(非政府的) 활동에 참여하는 조직 및 단체
김준기 · 김인춘 (2000)	자율성에 기초하는 모든 종류의 비정부 · 비영리단체

(출처: 정문경 외, 2018, 재인용)

또한 비영리조직(NPO)을 정의하려고 하였을 때 다양한 측면으로 정의를 내릴 수 있다. 협력관계 측면의 정의, 경제사회시스템 측면의 정의, 사회운동 계열의 앵글로 색슨계 측면의 정의 등 보다 다양하게 비영리조직(NPO)을 정의할 수 있다(이해익 외, 2018).

(1) 협력관계 측면에서의 NPO 정의

NPO와 정부는 비영리 분야 및 공익분야를 담당하고 공공의 복지향상과 공공의 이익을 위한 활동 등의 공공적 과제를 해결하기 위해서 여러 분야에 있어서 협력관계를 가질 수 있으며, 그러한 협력관계를 구축해야 한다고 설명한다.

(2) 경제사회시스템의 측면에서의 NPO 정의

경제의 문제를 모두 시장체계에 맡겨 놓거나, 경제의 문제를 중앙집권적으로 통제하는 형태이거나 국가에 의한 시장의 거버넌스(Governance)에 의해서도 해결하는 것이 어렵다는 것을 알기 때문에 국가와 시장에 의한 경제 이외에도 '또 다른 하나의 경제'가 존재한다고 이야기한다. 이러한 또 다른 존재를 비영리조직(NPO)을 통해 설명한다. 시민들이 서로 협동하고 협력해서 필요로 하는 물건 · 서비스를 공동 생산한다는 '공적(共的) 섹터'라고 설명하는데 여기서 말하는 NPO 섹터는 비영리이기도 하지만, 경제적인 사업 활동 조직, 구체적으로는 협동조합이나 공제조합과 볼런티어 단체와 같은 비경제적인 사회활동을 하는 모든 조직과 단체가 모두 포함한다고 설명한다.

(3) 앵글로 색슨계 측면의 NPO 정의

앵글로 색슨계의 NPO는 그 조직이 더 넓은 사회를 위해 혹은 구성원을 위해 공헌 활동을 하는 조직이라고 설명을 한다. 기존의 지배 권력 구조 등에 이의를 제기한다거나 새로운 권리를 주장함으로써 지배 권력 구조의 의사결정 구조를 바꾸고자 하는 '사회운동'은 여기에서는 '운동형 결사 혹은 NPO'라고 정의하고자 하는데 결사 혹은 NPO 섹터는 당연히 이와 같은 사회운동을 포함한다고 설명을 한다.

이처럼 다양한 측면에서 비영리조직(NPO)을 정의한 것을 종합해보자면 비영리조직(non-profit organization)의 약자인 NPO는 영리를 목적으로 하지 않고 사회 각 분야에서 자발적으로 활동하는 각종 단체 및 조직으로 정의한다.

3) 각 나라의 NPO 개념

그런데 이러한 개념조차 나라별로 약간의 다른 부분이 있다. 각국의 비영리단체의 개념은 그 나라의 역사와 사회구조 등이 반영하는데 특히 비영리조직은 국가의 역할과 밀접한 관련이 있는데 국가의 역할이 클수록 비영리단체의 범위는 좁게 규정되고 상대적으로 덜 활성화되어 있다는 특성이 있다. 몇 개의 나라들의 비영리조직에 대한 상황들을 살펴보고 한국 비영리조직의 개념을 규정해 보려고 한다.

(1) 미국에서의 비영리단체에 대한 개념

비영리단체의 활동과 연구가 가장 활발하게 이루어진다는 미국에서조차 비영리조직에 대한 용어가 통일되어 있지 않다. 미국에서는 비영리조직은 자원조직, 자선조직, 독립 섹터, 제3섹터, 공익조직 등 다양한 부분으로 이야기되고 있다. 이 중에서 비영리단체 부분이 가장 많이 사용되는 용어이다. 미국에서의 비영리단체의 개념은 법과 질서의 필수적인 구조에 따라 제공되지만, 일반적인 복지증진의 목적을 가진 정부 기관도 아니고 영리를 추구하는 기업도 아니면서, 자체의 운영관리 절차를 바탕으로 공공목적에 의하여 운영하는 봉사하는 단체 및 조직으로 비영리단체의 개념을 설명하고 있다.

미국의 비영리단체는 병원, 요양원, 사립대학, 탁아소, 환경 운동단체, 박물관, 컨트리클럽, 종교 단체 등 영역이 다른 나라에 비해 매우 광범위하다. 또한 미국은 공공서비스를 제공하는 민간영역이 다른 선진국보다 상대적으로 크기 때문에, 비영리단체 중에서 건강과 교육과 관련된 병원 및 교육 · 연구기관의 비중이 큰 편이다. 비영리단체로서 규모와 역할이 다양하지만, 미국 비영리단체는 대체로 이윤 배분 금지, 공식적인 조직, 사조직, 자율 관리 자원봉사조직, 공익 추구 등 여섯 가지의 특징을 가지고 있다.

(2) 유럽에서의 비영리단체에 대한 개념

문서의 형식으로 표현되지 않은 법으로서 일정한 제정 절차를 거치지 않고 존재하는 법이라는 불문법의 전통을 가진 영국은 비영리단체에 대한 명확한 조세법이 없이 자선 행위에 비영리단체가 집중하고 있다. 이것은 대체로 미국과 비슷한 형태이기는 하지만 전통적으로 중앙집권적이고 사조직보다는 국가를 공익 실현의 최고 신뢰 단계로 보았던 기타 유럽 국가만의 특성 때문에 비영리단체의 발달이 미국보다 뒤떨어지는 특성을 함께 가지고 있다. 또한 유럽의 비영리단체는 종교 단체가 중요한 부분을 차지하고 있으며 유럽 내의 각 국가의 정치 · 경제 · 사회 · 문화적 특성에 따라 다양하게 나타나고 있다는 점도 또 다른 특성이 있다(임안나 외, 2018).

가. 독일의 비영리단체의 개념

비영리단체를 규정할 때 공적인 부문과 사적인 부문의 구별이 명확하지 않다. 독일은 세계에서 가장 큰 사회복지조직인 자유 복지 연합이라는 비영리단체를 가지고 있으며, 종교 단체 · 유치원 · 탁아소(유아를 보호하고 교육하는 기관, (現)어린이집)가 전체 비영리단체의 절반을 차지한다는 특성이 있다.

나. 프랑스의 비영리단체의 개념

비영리단체의 공동 목적에 대한 뜻이 같은 사람끼리 서로 단결하는 정도의 결속도 부분을 강조하며 비영리단체의 범위가 비교적 넓은 것이 특징이다. 1901년 이후에 사회경제 섹터에 다양한 조직을 합법적으로 인정되고 있으며, 여기에는 생활협동조합, 집단이익추구조직, 그리고 연합조직 등 중요한 세 부류가 분류되어 있다. 특별히 소비자협동조합, 보험중개단체, 공공시설 연합도 비영리단체에 속해있다는 특성이 있다.

다. 스웨덴의 비영리단체의 개념

복지국가의 역할이 발달되어 정부의 역할이 크고, 소득 재분배에 대한 뛰어난 구조로 되어 있다는 특성이 있다. 복지국가인 스웨덴 조차도 비영리단체의 개념이 제대로 정립되지 않았으며 규정하는 법도 미흡한 상태이다. 스웨덴의 비영리단체에는 생활협동조합, 대중 운동조직, 레크레이션 조직, 무역노조 등이 포함되어 있다.

라. 네덜란드의 비영리단체의 개념

네덜란드에 속한 비영리단체들은 자신의 종교, 문화, 병원, 학교, 양로원 등을 설립하여 각종 서비스를 제공하고 있다. 그러나 비영리단체가 자주적으로 행동하는 것이 아니라 재정 운영, 의사 결정, 내부 갈등 해결에 대하여 정부의 간섭을 받는 네덜란드에서는 비영리단체가 정당보다 더 중요한 공공서비스 전달 수단으로 인식되고 있다.

미국과 유럽의 비영리단체의 개념을 설명했다면 다음은 아시아의 대표적인 나라 한국과 일본의 비영리단체의 개념을 설명하고자 한다(임안나 외, 2018).

(3) 한국 비영리단체의 개념

한국은 국가 자율성과 중앙집권화의 경향이 강하며, 유교적 권위주의로 인해 시민사회가 제대로 발달하지 못한 특성이 있다. 자발적으로 원하는 성질이나 경향이 있는 자원성(自願性), 직접적으로 자기 자신 안에서 자기 힘으로 능동적으로 스스로를 활동시키는 능력의 의미가 있는 자발성(自發性), 한 덩어리로 서로 연결된 성질의 의미가 있는 연대성(連帶性), 어떤 사물이나 현상이 많은 근원을 가지고 있는 성질의 의미를 가진 다원성(多元性)의 특성이 있어서 비영리단체의 활동이 그렇게 활발하지 못했으며 이에 따라 일반적인 개념 또한 제대로 규정되어 있지 않고 있다.

한국의 비영리단체의 개념을 설명하고 규정하기에 앞서서 비영리단체에 내포된 의미를 먼저 확인할 필요가 있다. 첫째, 비영리(nonprofit)는 영리(profit)에 반대되는 언어로 사용되는데 영리를 추구하지 않지만, 공익도 추구하지 않는, 즉 단체 구성원의 공동이익을 추구하는 단체도 비영리단체에 포함된다고 설명한다. 둘째, 비영리단체는 정부와 기업 어느 쪽에도 포함되지 않는 제3의 섹터를 말을 하면서 정부 기관(공기업 포함)은 비영리단체에 포함되지 않는다고 설명을 한다. 이런 가정하에 비영리단체를 국가와 시장 사이에 놓여 있는 다양한 조직으로서 자체의 관리 절차를 가지고 공공의 목적에 봉사하거나 조직 구성원의 공동이익을 추구하는 단체로 정의할 수 있다

(4) 일본 비영리단체의 개념

일본에서의 비영리단체의 개념은 명확하게 정의되지 않으며 다양하게 해석되고

있는 실정이다. 미국의 비영리단체의 개념들을 끌어다가 사용하고 있으며 일본의 비영리단체는 사회복지법인, 자선 조직, 종교법인, 사립학교법인, 의료법인, 기타 공익법인, 자선기금, 생활협동조합 등이 일본의 비영리단체에 포함되어 있다. 그러나 학교법인과 의료법인을 비영리단체에서 제외하는 사람들도 있다. 일본은 미국이나 유럽보다 비영리단체가 그렇게 활성화되지 않았을 뿐만 아니라 남에게 의지하거나 속박되지 아니하고 홀로 서려는 성질이나 성향을 지닌 독립성(獨立性) 부분도 약하다는 특성이 있다.

비영리단체는 공공서비스 제공을 목적으로 하는 사적인 조직이고 단체이지만, 공식적인 법인 조직은 정부에 의해서 형성되고 재정의 상당 부분을 정부 지원에 의존하기 때문에 정부 통제를 받는 것이 일본 비영리단체의 특성이라고 설명을 한다.

이러한 나라별로 정의하는 비영리조직(NPO)은 몇 가지의 특성이(정문경 외, 2018) 있다고 설명하고 있으며, Salamon(1999)은 비영리조직이 다음의 6가지 특징을 가질 때 진정한 비영리조직이라고 이야기하였다.

첫째, 비영리조직(NPO)은 공식적인 조직이어야 한다는 것이다. 임시적이고 비공식적인 모임은 비영리조직이 될 수 없다고 설명하면서도 반드시 공식적으로 법인화(주로 자연인 상태에서는 달성하기 힘 든 법적인 활동을 하기 위해 법인화를 하게 된다)가 되어야 한다든지, 정부로부터 승인을 받을 필요는 없다고 설명을 한다. 그러나 비영리조직은 권리와 의무의 주체가 될 수 있는 능력인 법인격 부분을 가지고 있는 경우가 많다는 것이 일반적인 특성이라고 설명을 한다.

둘째, 민간조직(Private)의 특성이 있다. 즉, 정부로부터 독립되어 있으며, 정부 등으로 인하여 운영되는 기관에서는 안 된다고 이야기하면서 꼭 정부로부터 지원을 받지 않는다는 뜻은 아니라고 함께 설명하였다.

셋째, 이윤 배분 금지(non-profit-distributing)의 원칙을 따라야 한다는 특성이 있다고 설명을 한다. 즉, 비영리조직은 수익사업을 통하여 자본을 축적하기는 하지만 이를 설립자에게 재분배하지 않으며, 비영리조직의 기본적인 목적과 공공의 목적과 관련된 분야에 재투자하여 운영한다는 특성이 있다.

넷째, 자기 일을 스스로 다스리는 성질을 가진 자치성(Self-governing)을 유지해야 한다는 특성이 있다. 비영리조직은 자체적인 의사결정 절차와 구조로 되어있으며, 자기 외의 조직과 다른 것에 의하여 통제받지 않는다는 의미가 있다고 설명을 한다.

다섯 번째, 자발적인(Voluntary) 특성을 가진다. 일반적으로 이사회는 자원봉사자로 구성되며, 그 외의 조직구성원 역시 자원봉사자들로 구성되는 측면이 많다고 설명을 한다.

여섯 번째, 공공의 목적에 이바지하는 공익 추구의 특성이 있다. 개인 이익추구가 아닌 공공의 목적에 이바지할 수 있는 활동들을 추구하고 그렇게 운영하고 있다.

4) 비영리 법인의 개념

조직의 설립 법률에 따라 법인격이 부여된 조직을 법인이라고 하고, 법인격이 부여되지 않은 조직을 비법인 또는 법인격 없는 단체로 이야기된다. 법인은 살아있는 사람(자연인) 이외의 별도의 권리 · 의무의 주체로서 법에 의하여 법인격이 인정된 것을 말하는데 이와 같은 법인은 구성요소인 사람 또는 재산과는 다른 독립적인 인격체가 되어 법인의 재산과 구성원 개인의 재산이 엄격히 분리되고 또한 법률에 의해 설립되어 있어서 법적인 규제(행정관청 지도 · 감독 등)를 받게 된다.

영리법인에 대비되는 개념으로 영리가 아닌 사업을 목적으로 하는 법인을 비영리법인이라고 하고 사단법인 혹은 재단법인으로 구분하여 설명한다. 또한 민법 32조, 사립학교법 제10조, 의료법, 사회복지사업법 등 설립 근거 법률에 따라 법인과 법인격 없는 단체로 구분하여 설명하기도 한다. 각종 설립법의 적용을 받는 등록된 공식(허가) 비영리조직을 이야기하기도 하는데 감독관청에 등록하여야 하며, 이에 따라 단체 운영, 회계, 내부지배구조 등과 관련한 정보를 미리 정한 요건에 맞춰 이들 관청에 제공하여야 한다. 비영리법인은 민법, 사립학교법, 의료법, 사회복지사업법, 공익법인의 설립 · 운영에 관한 법률, 조세감면규제법 등의 법률에 근거하여 설립될 수 있다(이해익 외, 2018).

5) 설립 근거 법률에 따른 비영리조직의 범위

(1) 설립 근거 법률에 따른 비영리조직

① 민법

민법 제32조의 규정에 따른 비영리법인은 "학술, 종교, 자선, 기타 영리사업을 목적으로 하는 사단 또는 재단은 주무관청의 허가를 받아 이를 법인으로 할 수 있다." 라고 규정하고 있다. 따라서 각 주무관청에는 비영리법인의 설립 및 감독에 관한 규칙을 별도로 규정하여 설립 및 운영에 대하여 관리 감독을 하고 있다(김형배, 2021).

〈표 2-4〉 사단법인과 재단법인의 차이

구 분	사단법인	재단법인
정의	일정한 목적을 위하여 결합한 사람의 단체를 실체로 하는 법인	일정한 목적을 위하여 출연된 재산을 실체로 하는 법인
내용	실체적으로는 사람이 중심인 사람의 집단 형태를 띤다, 기본요소로는 구성원 단체의사와 목적에 따른 공동사업을 한다, 운영은 총회에 의하여 자기 의사를 결정하고 집행기관에 의해 대외적으로 집행하여야 한다.	실체적으로는 재산의 집단이다. 기본요소로는 설립자의 설립 의지와 기본재산이 필수조건이며 운영에는 설립자의 의사에 의하여 구속된다.
설립 근거	민법 제32조 및 환경부 소관 비영리 법인의 설립과 감독에 관한 규칙	
활동	[자율성] 사원총회를 통해 단체의 의사를 결정하여 자율적으로 활동	[타율성 · 영속성] 설립자의 의사에 구속되어 타율적으로 활동

(출처: 김형배, 2021, 재인용)

② 공익법인의 설립 · 운영에 관한 법률

공익법인은 비영리법인의 설립 및 운영 등에 관하여 민법에서 규정한 것을 보완하기 위하여 제정된 것으로서 비영리법인의 활동에 보다 더 공익성과 건전성을 부여하기 위한 취지로 제정된 법률이다. 동 법 제2조의 규정에 따른 공익법인의 범위는 "재단법인이나 사단법인으로서 하회 일반의 이익에 이바지하기 위하여 학자금 · 장학금 또는 연구비의 지급, 학술, 자선에 관한 사업을 목적으로 하는 법인"으로 규정하고 있으므로 민법상 비영리법인보다 그 범위가 좁아 협의의 공익법인, 협의의 비영리법인이라고 할 수 있다. 민법상 비영리법인과 공익법인 상 공익법인의 설립 및 운영에 관한 법률상 차이는 다음과 같이 설명한다(김형배, 2021).

〈표 2-5〉 민법상 비영리 법인과 공익법인의 법률 비교

구 분	민법	공익법인의 설립 · 운영에 관한 법률
사업의 목적	학술, 종교, 자선, 기예, 사교 기타 영리 아닌 사업 일체	학자금 · 장학금 또는 연구비의 보조나 지급, 학술, 자선에 관한 사업
이사회 설치	임의	강제
임원 요건	특별한 제한 없음	이사의 수와 임기, 감사, 국적 등 제한
수익사업 개시	본질에 반하지 않은 정도 가능	주문관청 허가
기본재산의 처분	정관에 정함	주문관청 허가
잔여재산의 귀속	정관에 정함	국가나 지방자치단체 귀속
별칙	과태료	징벌 · 벌금 등 형사 처벌 가능

(출처: 김형배, 2021, 재인용 및 수정)

③ 비영리 민간 단체지원 법상 비영리민간단체

비영리 민간단체는 영리가 아닌 공익활동을 수행하는 것을 주된 목적으로 하는 비영리민간단체로서 비영리민간단체 지원법 제2에서 요구하는 다음의 요건을 갖추고 같은 법 시행령 제3조의 절차에 따라 중앙행정기관의 장이나 시 · 도지사에게 등록한 비영리조직을 이야기한다. 비영리 민간단체는 법인뿐만 아니라 법인격 없는 단체를 포함하는 개념이며 본질적으로 구성원이 있다는 점에서 재단이나 재단법인이 아닌 사단이나 사단법인이 이에 해당한다.

1. 사업의 직접 수혜자가 불특정 다수일 것
2. 구성원 상호 간에 이익분배를 하지 아니할 것
3. 사실상 특정 정당 또는 선출직 후보를 지지 · 지원 또는 반대할 것을 주된 목적으로 하거나, 특정 종교의 교리전파를 주된 목적으로 설립 · 운영되지 아니할 것
4. 상시 구성원 수가 100인 이상일 것
5. 최근 1년 이상 공익활동 실적이 있을 것
6. 법인이 아닌 단체일 경우에는 대표자 또는 관리인이 있을 것

④ 상속세 및 증여세법상 공익법인

고도의 공익성이 요구되기 때문에 상속세 및 증여세법상 공익법인에 출연한 재산의 가액은 상속세 또는 증여세 과세액에 포함하지 않는다. 상속재산 중 피상속인 또는 상속인이 공익법인 등에 출연한 재상의 가액에 대하여는 상속세 과세액에 산입하지 아니하며, 공익법인 등에 출연하는 재산의 가액에 대하여는 증여세 과세액에도 산입하지 아니한다(동법 제16조 제1항, 제18조 제1항)

일정한 요건을 갖춘 공익법인은 기본적으로 종교 · 자선 · 학술 관련 사업 등 공익성을 고려하여 다음 각 목에서 정하는 사업을 하는 자를 말한다.

1. 종교의 보급 기타 교화에 현저히 기여하는 사업
2. 초 · 중등교육법 및 고등교육법에 의한 학교, 유아교육법에 따른 유치원을 설립 · 경영하는 사업
3. 사회복지사업법의 규정에 의한 사회복지법인이 운영하는 사업
4. 의료법 또는 정신보건법의 규정에 의한 의료법인 또는 정신 의료법인이 운영하는 사업
5. 법인세법 24조 제2항에 해당하는 기부금(법정기부금)을 받은 자가 해당 기부금으로 운영하는 사업
6. 법인세법 시행령 제36조 제1항 제1호 각목의 규정에 따른 지정기부금 단체 등 및 소득세법 시행령 제80조 제1항 제5호에 따른 기부금 대상 민간단체가 운영하는 고유목적사업. 다만, 회원의 친목 또는 이익을 증진시키거나 영리를 목적으로 대가를 수수하는 등 공익성이 있다고 보기 어려운 고유목적사업을 제외한다.
7. 법인세법 시행령 제36조 제1항 제2호 다목에 해당하는 기부금을 받은 자가 해당 기부금으로 운영하는 사업. 다만, 회원의 친목 또는 이익을 증진시키거나 영리를 목적으로 대가를 수수하는 등 공익성이 있다고 보기 어려운 고유목적사업은 제외한다.

비영리 법인과 공익법인에 법인격(권리와 의무의 주체가 될 수 있는 능력)을 부여할 수 있는 법률은 민법, 공익법인법, 기타 특별법이 유일하며, 동 법률들에 의해서만 설립 · 운영이 될 수 있다고 설명을 한다. 세법에서 정한 비영리법인이나 공익

법인의 정의는 설립 · 운영과는 관계없이 오로지 과세 또는 세제 혜택을 위한 범위를 정하는 데 그 목적이 있다고 할 수 있다.

(2) 유사 개념과의 차이

비영리 민간단체 NGO(Non-Governmental Organization · 비정부기구)는 지역 · 국가 · 국제적으로 조직된 자발적인 비영리 시민단체로, '비정부성'이 강조된 정부 기구 이외의 기구를 말한다, 비영리 민간단체도 비영리를 목적으로 하지만 그 설립 근거법이 비영리민간단체 지원법 제4조이라는 점과 국가나 지자체의 지원을 얻기 위해 행정청에 등록하는 단체라는 특성이 있다. NGO는 입법 · 사법 · 행정 · 언론에 이어 '제5권력'으로 불리며, 정부와 기업에 대응하는 '제3섹터'라는 용어로도 쓰이기도 한다. 자율 · 참여 · 연대 등을 주요 이념으로 하며, 활동 영역에 따라 인권 · 사회 · 정치 · 환경 · 경제 등의 분야로 나눌 수 있다. 대표적인 NGO로 '세계자연기금(WWF)', '그린피스(Greenpeace)', '국제앰네스티(AI: Amnesty International)' 등을 들 수 있다(정문경 외, 2018).

〈표 2-6〉 NGO와 NPO의 구분

NGO	NPO
• 특정 국가에 속하지 않고 전 지구적 문제에 관심 • 정부의 정책을 떠나서 국제적으로 발생하여지는 여러 가지 분야에 관심 • 사회문제 해결과 입법, 사법, 행정, 언론에 이어 제 5 권력이라 불린다는 특성 • 세계자연기금, 그린피스, 국경 없는 의사회, 유니세프, 월드비전, 세이브칠드런 등이 대표적인 단체가 NGO에 해당함 • 정부와 별개로 활동하므로 유연성과 국제협력 쉬운 편이라는 특성 • 운영의 투명성이 유지되지 않으면 기부금을 개인 이익을 위해 사용할 수 있는 위험 있다는 것이 특성	• 민간 비영리단체, 자발적으로 활동하는 시민단체 • 기업과 개인의 후원을 통해 운영하는 조직 • 사회학적으로 권력을 견제, 감시, 비판하여 사회적 불평등 해소하기 위해 시작 • 주요 단체: 사랑의 열매, 어린이재단, 굿네이버스

(출처: 정문경 외, 2018, 재인용 및 수정)

2. 비영리조직의 분류

비영리조직에 대한 국제적 수준에서의 분류는 모든 경제활동을 분류하는 'UN ISIC(International Standard Industrial Classification)'과 미국의 National Center for Charitable Statistics) 그리고 에서 개발된 'NTEE(National Taxanomy of Exempt Entities)' 그리고 European Statistical Office에서 개발된 'NACE(National Classification of Economic Activities)'으로서 총 3가지로 분류될 수 있다. 법적인 형태, 면세 정도, 서비스 형태, 활동 영역 등 분석단위에 따라 여러 가지로 분류할 수 있는데 무엇보다 국제적으로 통용되는 분류방식과 미국의 IRS에 근거한 분류방식을 설명하여 비영리조직을 분류해보려고 한다(김정훈 외, 2018).

1) 국제표준산업분류(ISIC–international standard industrial classification)

세계 대다수 국가를 포함하여 국제적으로 통용될 수 있는 기준에 따라 분류하는 것을 말한다. 국제적 분류방식은 두 가지로 요약할 수 있는데 먼저 국제표준산업분류(ISIC: international standard industrial classification) 방식으로 분류할 수 있다(Salamon & Anheier(eds), 1997: 59).

〈표 2-7〉 국제표준산업분류에 따른 주요 활동 및 하부 그룹

주요 활동 그룹	하부 그룹
교육	초 · 중 · 고등교육, 성인교육 및 기타교육
건강 및 사회복지	건강, 수의 활동, 사회복지 활동 등
기타 커뮤니티/사회/개인 서비스 활동	문화, 스포츠 및 레크리에이션, 위생, 오락, 뉴스, 도서관/박물관, 비즈니스 및 전문가 활동, 노조, 기타 회원 모임(종교, 정치 포함)

2) 국가면세조직분류(NTEE_national taxonomy of exempt entities)

미국 비영리단체의 전국조직인 독립 섹터(Independent Sector)의 한 분과인 국가자선통계센터에 의해 개발된 국가면세조직분류(NTEE_national taxonomy of exempt entities) 방식은 미국의 IRS에 의한 분류를 단순화시켜 놓은 것인데, 비영리단체를 교육, 건강, 정신건강, 질병 및 장애 등 경제활동에 따라 26개 주요 그룹으로 분류해 놓았다.

〈표 2-8〉 국가면세조직분류에 따른 주요 활동 및 하부 그룹

주요 활동 그룹	하부 그룹	주요 활동 그룹	하부 그룹
문화 및 레크리에이션	문화 · 예술 등	박애 활동 중계 자원봉사 촉진	박 애 활동 중계 (모금단체 포함)
교육 및 연구	초 · 중 · 고등교육 등		
건강	병원과 재활병원 등	국제교류 및 원조	국제교류 및 원조
사회서비스	사회서비스 등	종교	종교집회 및 원조 활동
환경	환경보호, 동물보호 등	비즈니스, 직능단체 노동조합	비즈니스, 직능단체, 노동조합
개발 및 주택	경제 · 사회 · 커뮤니티 개발 등	기타	기타
법률 시민 정치	시민조직, 법률서비스 등		

(출처: 임안나 외, 2018, 재인용)

3) 경제활동의 국가분류방식(NACE)

교육, 연구 · 개발, 의료 · 보건, 레크리에이션 · 문화, 기타 공공의 서비스 등 4개의 유형으로 나뉘며, 미국 자선통계센터의 NTEE는 예술 · 문화, 교육, 환경 · 동물, 보건 · 병원, 국제 · 외국, 사회 공익, 종교 관련, 회의단체로 9개의 대분류로 나눈 뒤, 하위에 26개 유형, 600개 세부 유형별로 분류하고 있다. Salamon과 Anheier는 ISIC와 NTEE의 문제점을 보완하여 ICNPO(International Classification of nonprofit organizations)를 제안하고 있는데 ICNPO에서는 주요 활동 그룹을 크게 나누고, 27개로 세부 분류로 구분하고 있다(Salamon & Anheier eds, 1997; 박상필, 2001).

〈표 2-9〉 ICNPO에 따른 대분류와 하위 분류

대분류	하위 분류
문화와 레크리에이션	문화 · 예술, 레크리에이션, 봉사클럽
교육과 연구	연구, 초등 · 중등교육, 상위교육, 기타교육
건강	병원과 재활, 요양원, 정신건강과 위기 개입, 기타서비스
사회서비스	소득보조와 유지, 사회서비스, 긴급 상황 및 난민
환경	환경보호, 동물보호
개발 및 주택	주택, 고용 및 훈련, 경제 · 사회 · 지역사회개발
법률 · 시민 · 정치	정치조직, 시민 또는 변호단체, 법률과 법률서비스
자선 조직과 및 자원봉사 활성화	자선 조직
국제적 행동	국제적 활동
종교	종교집회 및 단체
기업 · 직업단체 · 노동조합	기업 · 직업단체 · 노동조합
기타	기타

(출처: 박상필, 2001, 재인용)

4) 미국의 분류방식

미국의 비영리단체는 세금을 면제받는 조직이라는 의미가 강하기 때문에 비영리단체의 분류에서 면세기준을 중요시하게 여기고 있다. 미국의 IRS는 연방소득세와 재산세를 면제받는 조직을 25개 형태로 분류하고 있다. 분류된 조직 내에서 자선·교육기관뿐만 아니라 공동보험회사, 생활협동조합, 노조, 비즈니스 연합 등 다양한 단체들이 포함되는데 비영리단체는 이 중에서 종교·자선·교육단체와 사회복지단체가 대부분 포함되어 있다는 특성이 있다.

5) 한국 비영리단체의 분류

(1) 단체의 목적에 따른 한국 비영리단체의 분류

〈표 2-10〉 단체의 목적에 따른 한국 비영리단체의 분류

구분	주요 단체	목적
공익단체	비영리 병원, 교육기관, 복지관, 박물관, 환경보호단체, 모금단체	공공서비스 생산 및 전달
종교단체	각종 종교단체	종교적 목적 추구
공동이익 추구 단체	컨트리클럽, 동창회, 전문가 단체, 노조, 상공회의소 등	회원의 공동이익 추구

(출처: 김정훈 외, 2018, 재인용)

(2) 활동 영역에 따른 한국 비영리단체의 분류

〈표 2-11〉 활동 영역에 따른 한국 비영리단체의 분류

구분	주요 단체
의료 및 보건단체	종합병원, 요양원
교육 및 연구단체	초등, 중등, 고등사립학교, 직업학교, 연구소
복지서비스단체	모자보호소, 청소년 수련원, 양로원, 탁아소, 보육원, 직업훈련소, 복지관
예술문화단체	레크리에이션 단체, 박물관, 미술관, 오케스트라,
시민단체	환경보호단체, 소비자 권리보호단체, 여성 권리 옹호 단체, 국제원조단체, 모금단체
종교단체	기독교, 불교, 천주교 등 각종 종교단체
직능 및 친목 단체	변호사협회, 노동조합, 상공회의소, 컨트리클럽, 동창회 등

(참고: 이해익 외, 2018, 재인용)

3. 비영리조직 개념 정의에 대한 한계와 미래적인 개념 연구

비영리조직에 대한 개념을 설명하기 위하여 다양한 형태의 비영리조직의 개념을 제시하게 되었고 유사 개념까지 제시하면서 분명한 비영리조직(NPO)의 개념을 설명하고자 노력하였다. 그러나 명확한 개념 정리를 위하여 다양한 문헌을 검토하였으나 최근에 조사되고 연구된 내용으로 정립된 비영리조직의 개념이 없었다는 점에서 매우 아쉬운 부분이라고 생각된다. 오래된 자료로 비영리조직의 개념 그리고 여러 형태의 분류 내용을 정리된 부분을 좀 더 보완시키고자 비영리조직(NPO)에 대한 새로운 미래, 새로운 개념을 다음과 같이 제시하고자 한다.

새로운 미래, 새로운 개념으로서 사회혁신의 새로운 기반인 제4섹터 부분을 설명하고자 한다. 2018년 개최된 다보스포럼은 핵심의제로 "분절된 시계에서 공유의 미래창조(Creating a Shared Future in Fractured World)"를 제시하면서 '제4섹터 구축(Building purposes)을 구축하는 조직이라는 개념을 기존의 비영리조직과 다른 부분을 설명하였다. 제4섹터에 속하는 대표적인 형태의 조직을 '가치 중심의 조직'으로 이야기하고 있으며 최근 많은 글로벌기업(다국적기업) 및 영리 기업들은 주주에게 이익을 제공함과 동시에 사회적 · 환경적 부분의 가치 중심적인 조직으로 변화시키기 위해 노력을 다하는 모습을 보게 된다(서울시 NPO 지원센터, 2018).

제4섹터의 대표적 형태로 사회적 목적과 경제적 목적이 함께 혼합된 '사회적 경제' 부문을 제시할 수 있는데 사회적 경제(Social Economy)이란 '구성원 간 협력 · 자조를 바탕으로 재화 · 용역의 생산 및 판매를 통해 사회적 가치를 창출하는 민간의 모든 경제적 활동'이라고 설명을 한다. 사회혁신의 기반으로 제4섹터가 성장하기 위해서는 사회적 기업가, 기업조직 등 다양한 자원이 연합하고 결합할 수 있는 혁신적인 장(場)이 제공할 필요가 있다고 설명을 한다. 기존 사회적 경제 기업의 양적 성장을 위한 배타적 체계를 구축하기보다는 소셜벤처, 중소기업 등 기존의 다양한 주체가 연합하고 결합 가능한 방안을 모색할 필요가 있다고 설명한다. 새로운 분야 제4섹터의 경험이 그렇게 길지 않은 만큼, 전통적 시장경제에서 사회적 임무를 가지고 다양한 주체를 발굴하고 융합과 연합의 영역으로 전화시키려는 노력이 함께 필요하다(최준규 · 윤소은, 2018).

제4섹터에 속하는 대표적인 조직들은 '가치 중심의 조직(For-benefit Organization)'으로 표현하고 있으며, 이들의 조직들은 다음과 같은 특성이 있다.

1) 포용적 소유권(Inclusive Ownership), 사회적 목적(Social Purpose), 공정한 보상(Fair Compensation), 기업적 도구(Business Method), 이해 관계자 간의 거버넌스(Stakeholder Govermance), 합리적 수입(Reasonable Returns), 투명성(Transparency), 보호된 자산(Protected Assets), 사회적·환경적 책임(Social and Environmental Responsibility) 등이 차별화된 특성이라고 제시하고 있다.

2) 제4섹터는 사회적 경제 기업, 소셜 비즈니스, 기타 지속 가능한 일반 기업 영역까지 다양한 범위를 포괄하고 있다. 제4섹터는 '사회혁신을 위한 하이브리드(이질적인 요소가 서로 섞인 것으로 이종(異種), 혼합, 혼성, 혼혈이라는 의미) 영역'으로 사회적 경제 기업을 포함하여 다양한 형태의 자원 간의 결합이 가능하다고 설명한다. 초기 사회적 경제 영역은 취약계층 고용을 중심으로 성장해왔으며, 최근에는 도시재생 등 다양한 사회문제에 대해 주요 활동 등을 강조하고 있다.

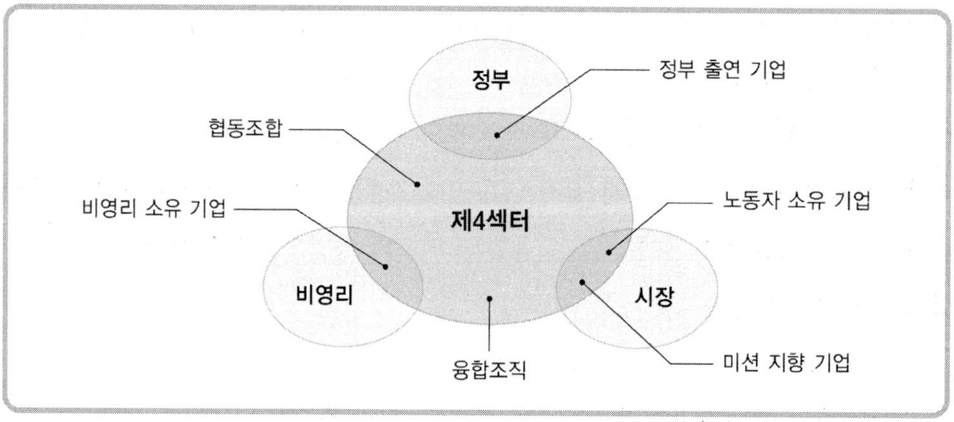

(출처: 서울시 NPO 지원센터, 2018, 재인용)

[그림 2-2] 제4섹터의 개념적 범위

사업의 수요가 지속해서 발생함에 따라, 국토교통부는 건축 · 주택 분야(임대업, 목공업, 건설업 등) 등을 포함하여 국토 교통형 예비 사회적 기업들이 발굴되고 지원되고 있다. 법 · 제도상으로 규정되는 주요 사회적 경제 기업 이외에도 최근에는 소셜벤처 등 사회문제 해결을 위한 다양한 혁신의 주체가 등장하고 있다. 소셜벤처와 사회적기업의 목적과 운영원리 등이 유사하지만, 정부 인증을 받아야 하는 사회적기업과 비교해 소셜벤처는 다양한 방식과 형태를 통해 도전적이면서 창의적인 형태로 사업화할 수 있다는 점에서 큰 장점이 있다.

제4섹터의 새로운 유형인 '소셜벤처'에 대해 설명하고자 한다. 전통적 사회복지와 대안 기업의 새로운 경영모델인 소셜벤처는 '사회문제를 해결하는 데에서 사회적 기회를 발견하는 방식'으로 사회혁신을 주도한다. 또한 소셜벤처의 정신을 구현하는 데 있어서 소셜벤처 사업가의 아이디어, 도전정신, 열정을 가장 중요한 요소로 파악하고 있다(서울시 NPO 지원센터, 2018).

〈표 2-12〉 벤처와 소셜벤처의 차이

벤처(venture)	소셜벤처(social venture)
개인 또는 소수의 기업가가 기술 혁신 아이디어를 상업화하기 위해 설립한 신생기업	사회문제를 해결하기 위해 사회적 기업가가 설립한 기업 또는 조직
모험이 필요하나 높은 수익을 예상되는, 참신한 사업이나 투자의 대상	높은 위험 부담을 감수하면서, 높은 '사회적 가치와 이익' 예상, 사회문제 해결을 목표로 하면서 혁신 기술 또는 비즈니스 모델을 통해 수익 극대화도 추구하는 기업
모험적 사업에 도전하는 왕성한 기업가정신을 가진 기업가에 의해 주도	사회적 목적을 해결하고 지속할 수 있게 할 모험적 사업에 도전하는 '창의적 기업가정신'을 가진 사업가에 의해 주도
전통적 기업의 대안 모델	전통적 사회복지와 대안 기업의 '새로운 경영모델'로서의 소셜벤처

(출처: 서울시 NPO 지원센터, 2018, 재인용)

소셜벤처(social venture)는 사회문제를 해결하기 위해 사회적 기업가가 설립한 기업과 조직을 이야기한다. 사회적 문제를 해결하고 사회적 혜택을 제공하는 것을 기업 및 조직의 이익보다 우선시한다는 점에서 일반 벤처기업과 다른 부분이다. 소셜벤처는 빈곤과 불평등, 교육격차, 환경 파괴 등을 해결하면서 사업을 지속할 수익을 창출하는 목표도 함께 가지고 있다는 특성도 함께 가지고 있다.

Chapter 03

비영리조직의 운영관리 일반

Chapter 03

비영리조직의 운영관리 일반

1. 비영리조직의 기관의 구성

비영리조직은 사람처럼 살아있는 유기체가 아니기 때문에 독립적인 인격을 가진 인격체로서 사회활동을 하기 위해서는 일정한 조직이 필요한데 그 조직을 구성하는 것이 기관이다. 여기서 사회활동이라고 하는 것은 외부적으로 조직을 대표하고, 내부적으로는 의사를 결정하고 그 결정된 의사를 집행하는 한편, 이를 감독하는 활동을 말한다. 따라서 비영리조직은 대표기관, 의사 결정기관, 의사 집행기관, 감독기관을 갖추어야 한다.

비영리조직의 기관은 최고의사결정 기관으로 '사원총회' 대표기관이자 의사 집행기관으로 '이사' 그리고 '감독기관'으로 감사 등으로 구성되어 있다. 법인격 없는 비영리조직의 경우에는 모두 임의기관이지만, 비영리법인의 경우 이사는 필요기관이다.

다만, 감사의 경우에는 「민법」상 비영리법인의 경우에는 임의기관이지만 공익법인법상은 필요기관이다. 한편, 사원총회는 사단법인의 경우에는 최고의사결정을 하는 필요기관이지만 재단법인의 경우에는 사원이 없으므로 있을 수 없는 조직이다.

따라서 재단법인의 최고의사결정은 정관에 정하여져 있지만 보통 이사회가 그 역할을 대신한다.

1) 사원총회(의사결정기관)

사단법인의 최고 의사 결정기관은 사원총회이다. 사원 전원으로 구성되어 있으며 사단법인의 근본적인 의사를 결정하는 기관으로 정관의 규정에 의해서 도 이를 폐지할 수 없다. 또한, 정관의 변경이나 사단법인의 임의해산 결정 등은 총회의 전권사항으로 정관에 의하여 이 권한을 빼앗을 수 없다.

총회는 해마다 1회 이상 일정한 시기를 정하여 소집되는 통상총회와 필요시마다 개최되는 임시총회로 구분된다. 총회의 결의는 정관에 다른 규정이 없으면 사원 평등의 원칙에 따라 결의권이 주어지는데 결의 성립에 필요한 정수는 보통 과반수 출석에 출석사원의 과반수로 결의된다. 서면이나 대리인으로 결의권을 행사할 수 있으나 정관에 다른 규정이 없으면 적용하지 아니한다(민법 제73조).

한편, 재단법인은 사원을 구성할 수 없으므로 사원총회라는 의사 결정기관이 없다. 따라서 재단법인의 의사결정은 재단법인 설립자가 정한 정관에 따라 결정된다.

2) 이사(대표기관, 업무집행기관)

(1) 이사의 직무권한

이사는 대외적으로 비영리조직을 대표하고 대내적으로는 업무를 집행하는 기관이다. 따라서 이사는 대표권과 업무집행권을 가지고 있으며 선량한 관리자로서의 주의의무를 부담한다.

이사가 수인일 경우 법인의 사무에 관하여 각 이사가 단독으로 각자 법인을 대표하는 것을 원칙으로 하지만, 정관이나 사원총회의 결의에 의해서 이사의 대표권을 제한할 수 있다. 이사의 대표권의 제한에 관한 사항은 등기해야 하며, 이를 등기하지 않으면 제3자에게 대항하지 못한다(민법 제59 · 60조).

이사의 대표권에 대하여 민법에서는 법인과 이사의 이익이 상반하는 사항에 관하여는 이사의 대표권은 없으며, 이 경우에는 특별대리인을 선임하도록 하고 있다. 공익법인법에서는 이사장이나 이사가 공익법인과 이해관계가 상반될 때에는 그 사항에 관한 의결에 참여하지 못하도록 하고 있다.

(2) 이사의 자격 제한

이사가 될 수 있는 것은 자연인에 한정되며, 자격상실 또는 자격정지의 형을 받은 자는 이사가 될 수 없다(형법 제43 · 44조). 다만, 공익법인법에서는 "이사의 과반수는 대한민국 국민이어야 한다"고 규정하고 있다. 또한 미성년자, 피성년 후견인, 피한정후견인, 파산선고를 받은 자로서 복권되지 아니한 자, 금고 이상의 형을 받고 집행이 종료되거나 집행을 받지 아니하기로 확정된 후 3년이 지나지 아니한 자, 주무관청에 의하여 이사의 취임 승인이 취소된 후 2년이 지나지 아니한 자는 임원이 될 수 없도록 규정하고 있다.

(3) 이사의 수와 임기

이사의 수에 대하여 「민법」상 비영리법인은 제한이 없고 정관에 임의로 정하도록 하고 있으나, 공익법인법상 이사의 수는 5명 이상 15명 이하의 이사를 하되 주무관청의 승인을 받아 그 수를 증감하도록 하고 있다.

이사의 임기는 정관으로 정하는 것 이외에는 제한이 없으나 공익법인법상 공익법인은 4년을 초과할 수 없고, 다만 연임할 수 있도록 하고 있다. 한편, 공익법인은 주무관청의 승인을 받아 상근임직원의 수를 정하고 그 상근임직원에게는 보수를 지급할 수 있다.

(4) 이사의 임면

이사의 임면은 정관의 필요적 기재사항으로 그 방법을 정해야 한다. 다만, 그 방법에는 제한이 없으며, 총회의 결의에 의하지 않는 선임방법이나 사원이 아닌 자를 이사로 임면하는 것을 규정할 수 있다. 다만, 공익법인의 경우에는 임원의 임면에 관하여 주무관청의 승인을 얻어야 취임할 수 있으며, 이사회를 구성할 때 출연자 등 당해 사업과 '특별한 관계가 있는 자'의 수는 이사 현원(現員)의 5분의 1을 초과할 수 없도록 규정하고 있다(김형배, 2023).

(5) 이사회

이사가 여러 명 있는 경우 법인의 업무집행을 결정하기 위한 의결기관으로 이사회를 구성해야 하고, 정관에 다른 규정이 없으면 과반수의 결정에 따라 의결해야 한다.

사단법인의 경우에는 최고의사결정기관이 사원총회이지만, 재단법인에는 사원총회가 없으므로 이사회를 두는 경우에는 이사회가 최고의사결정기관의 역할을 하게 된다. 공익법인의 이사회는 이사로 구성되며, 이사장은 정관이 정하는 바에 따라서 이사 중에서 호선(互選)한다. 이사장은 필요하다고 인정할 때에는 이사회를 소집할 수 있다. 이사회를 소집할 때에는 적어도 회의 7일 전에 회의의 목적을 구체적으로 밝혀 각 이사에게 알려야 하지만, 이사 전원이 모이고 또 그 전원이 이사회의 소집을 요구할 때에는 그러하지 아니하다. 이사회 소집권자 궐위(闕位)되거나 이사회 소집을 기피 하여 7일 이상 이사회 소집이 불가능한 경우에는 재적이사 과반수의 찬동으로 감독청의 승인을 받아 이사회를 소집할 수 있다. 이 경우 이사회의 의장은 정관으로 정하는 이사가 주재한다(공익법인법 제8조).

공익법인의 이사회는 다음 사항을 심의 결정 한다(공익법인법 제7조).

① 공익법인의 예산, 결산, 차입금 및 재산의 취득 · 처분과 관리에 관한 사항
② 정관의 변경에 관한 사항
③ 공익법인의 해산에 관한 사항
④ 임원의 임면에 관한 사항
⑤ 수익사업에 관한 사항
⑥ 그 밖에 법령이나 정관에 따라 그 권한에 속하는 사항

이사회의 의사(議事)는 정관에 특별한 규정이 없으면 재적이사 과반수의 찬성으로 의결하며, 의결권은 이사 1인 1표의 평등권을 가진다. 이사회의 의사는 서면결의에 의할 수 없으며, 출석 이사의 과반수가 대한민국 국민이어야 한다(공익법인법 제9조).

3) 감사(감독기관)

(1) 민법상 감사의 직무

「민법」상 비영리법인은 감사가 필요기관이 아니며, 내부적으로 이사의 사무집행을 감독할 뿐 외부적으로는 법인을 대표하는 권한이 없다. 따라서 등기사항이 아니

며, 법인의 정관 또는 총회의 결의로 선임할 수 있고 그 수와 임기 또한 정관 또는 총의의 결의에 따른다. 감사의 직무는 다음과 같다.

① 법인의 재산 상황을 감사 하는 일
② 이사의 업무집행의 사황을 감사 하는 일
③ 재산 상황 또는 업무집행에 관하여 부정, 불비한 것이 있음을 발견한 때에는 이를 총회 또는 주무관청에 보고하는 일
④ 전 호의 보고를 하기 위하여 필요 있는 때는 총회를 소집하는 일 등이다.

(2) 공익법인법상 감사의 직무

공익법인의 감사는 2명 이상 두어야 하며 이사와 마찬가지로 주무관청의 승인을 받아 취임할 수 있고, 주무관청의 승인을 받아 그 수를 증감할 수 있다.

감사의 임기는 2년을 초과할 수 없으며 연임할 수 있고 이사와 특별한 관계가 있는 자가 아니어야 하며 그중의 1명은 법률과 회계에 관한 지식과 경험이 있는 자 중에서 주무관청이 추천할 수 있다.

공익법인의 감사의 직무는 다음과 같다(공익법인법 제10조).

① 공익법인의 업무와 재산 상황을 감사하는 일 및 이사에 대하여 감사에 필요한 자료의 제출 또는 의견을 요구하고 이사회에서 발언하는 일
② 이사회의 회의록에 기명날인하는 일
③ 공익법인의 업무와 재산 상황에 대하여 이사에게 의견을 진술하는 일
④ 공익법인의 업무와 재산 상황을 감사한 결과 불법 또는 부당한 점이 있음을

발견한 때에 이를 이사회에 보고하는 일

⑤ 제 ④의 보고를 하기 위하여 필요하면 이사회의 소집을 요구하는 일

공익법인이 감사는 공익법인의 업무와 재산 상황을 감사한 결과 불법 또는 부당한 점이 있음을 발견한 때에는 지체 없이 주무관청에 보고하여야 하며, 이사가 공익법인의 목적 범위 외의 행위를 하거나 그 밖에 이 법 또는 이 법에 따른 명령이나 정관을 위반하는 행위를 하여 공익법인에 현저한 손해를 발생하게 할 우려가 있을 때에는 그 이사에 대하여 직무집행을 유지할 것을 법원에 청구할 수 있다.

2. 정관의 변경

정관의 변경이란 법인이 그 동일성을 유지하면서 그 조직을 변경하는 것을 말한다. 사단법인의 경우 사원들의 자주적 의사결정에 따라 조직의 구성이나 활동이 이루어지는 측면에서 볼 때 원칙적으로 정관변경을 할 수 있으나, 재단법인의 경우에는 설립자에 의해 타율적으로 운영되는 측면에서 미루어 볼 때 정관을 변경할 수 없다는 것이 일반원칙이다. 다만, 일정한 요건에 부합할 경우 「민법」에서 제한적으로 재단법인의 정관을 변경하는 것을 허용하고 있다.

1) 사단법인의 정관변경

사단법인의 경우 총 사원 3분의 2 이상의 동의가 있는 때에 한하여 정관을 변경할 수 있는데 이 정관변경 정수에 대하여 따로 규정하고 있으면 그에 따른다. 다만, 정관에서 사원총회의 결의에 의하지 아니하는 경우에도 정관을 변경할 수 있는 것으로 규정하면 그 규정은 무효이다. 정관변경은 주무관청에 허가를 얻지 못하면 그 효력이 없다. 따라서 ① 정관 변경허가 신청서 ② 정관변경 사유서 ③ 개정될 정관(신 · 구 대비표를 첨부) ④ 정관변경과 관계있는 사원총회의 회의록 등을 첨부한 서류 등을 주무관청에 제출하여 허가를 득해야 한다.

2) 재단법인의 정관변경

재단법인의 경우에는 사원이 없기 때문에 앞서 정관을 변경할 수 없는 것이 원칙이라고 기술하였다. 다만, 「민법」에서는 예외적으로 ① 재단법인의 정관이 그 변경방법을 정관에 정한 때 ② 재단법인의 목적달성 또는 그 재산의 보전을 위하여 적당한 때에는 법인의 명칭 또는 사무소의 소재지를 변경할 수 있으며, 또한 ③ 재단법인의 목적을 달성할 수 없는 때에는 설립자나 이사가 주무관청의 허가를 얻어 설립의 취지를 참작하여 그 목적 기타 정관의 규정을 변경할 수 있도록 규정하고 있다.

3. 기본재산의 변동

1) 기본재산의 종류

「민법」상 비영리법인의 경우에는 재산의 종류에 대하여 구체적으로 규정하고 있지 않으나, 반면 공익법인법상 공익법인의 경우에는 재산을 기본재산과 보통재산으로 구분한다. 이 경우 기본재산은 ① 설립 시 기본재산으로 출연한 재산 ② 기부에 의하거나 기타 무상으로 취득한 재산(다만, 기부목적에 비추어 기본재산으로 하기 곤란하여 주무관청의 승인을 얻은 것은 예외) ③ 보통재산 중 총회 또는 이사회에서 기본재산으로 편입할 것을 의결한 재산 ④ 세계잉여금 중 적립금으로 규정하고 있고, 보통재산은 기본재산 이외의 모든 재산으로 규정하고 있다(공익법인법 제11조, 동령 제16조 제1항). 주무관청은 공익법인의 보통재산이 과다하다고 인정할 때에는 그 일부를 기본재산으로 편입하게 할 수 있도록 하고 있다.

2) 기본재산의 관리

공익법인의 모든 재산의 평가는 취득 당시의 시가에 의하고, 재평가를 실시한 재산은 재평가액으로 하도록 하고 있다(공익법인법령 제24조). 기본재산은 그 목록과 평가액을 정관에 적어야 하며, 평가액에 변동이 있을 때에는 지체 없이 정관변경 절차를 밟아야 한다(공익법인법 제11조 제2항).

3) 기본재산의 변동

사단법인이든 재단법인이든 그 재산은 기본재산과 보통재산(운영재산)으로 구분할 수 있는데 그중 기본재산(재단법인의 경우에는 출연재산에 해당)은 정관기재 사항이기 때문에 이를 처분하거나 취득하기 위해서는 정관변경이 필수적이다. 따라서 기본재산을 증가시키거나 감소시키는 경우에는 사단법인인 경우 사원총회, 재단법인의 경우에는 이사회 결의를 거쳐 정관을 변경하고 이를 주무관청에 허가를 득하는 동시에 법인 등기부등본도 변경등기를 해야 한다.

4. 비영리법인의 관리 감독

1) 사업실적 및 사업계획 등의 보고

(1) 민법상 비영리법인

주무관청 소관 『비영리법인의 설립 및 감독에 관한 규칙』에 따르면 일반적으로 비영리법인은 매 사업연도 종료 후 2개월 이내에 다음의 서륯를 주무관청에 제출하도록 규정하고 있다.

① 다음 사업연도의 사업계획 및 수입 · 지출 예산에 관한 서류

② 해당 사업연도의 사업실적 및 수입 · 지출 결산서

③ 해당 사업연도 말 현재의 재산목록

다만, 문화체육관광부 소관과 인사혁신처 소관『비영리법인의 설립 및 감독에 관한 규칙』에는 매년 예산서와 결산서 및 재산목록을 제출하도록 하는 규정이 없다. 또한, 중앙선거관리위원회 소관 비영리법인의 경우에도 매 사업연도의 종료 후 2일 이내에 사업실적과 사업계획에 관한 서류를 위원장에게 제출하여야 하지만, 「정당법」 제38조 제1항에 따라 설치된 정책연구소가 같은 법 제35조 제3항에 따른 연간 활동실적보고와 「정치자금법」 제40조 제1항에 따른 회계보고를 한 경우에는 제출을 면제하고 있다.

(2) 공익법인법상 공익법인

공익법인법상 공익법인의 경우 회계연도는 정부의 회계연도에 따라야 하며, 주무관청에 다음 해에 실시한 사업계획 및 예산서를 매 회계연도가 시작되기 1월 전까지 ① 추정재무상태료 및 그 부속명세서와 ② 추정손익계산서 및 그 부속명세서를 첨부하여 제출해야 한다(공익법인법 제12조 제2항).

2) 법인 사무의 검사와 감독

(1) 민법상 비영리법인

「민법 제37조」에 의하면 비영리법인은 그 설립부터 소멸 시까지 설립허가를 준 주무관청에 의하여 관리 · 감독을 받는다. 다만 해산과 청산의 경우에는 비영리법인의 잔여재산을 정리하는 것이어서 다수의 이해 관계자들과 관련이 있을 수 있으므로 주무관청이 아닌 법원의 감독을 받게 된다.

(2) 공익법인법상 공익법인

「공익법인법 제14조 제1항」에 의하면 공익법인의 주무관청은 공익법인의 업무를 감독한다. 이에 따라 주무관청은 공익법인의 업무의 적정을 기하고, 목적사업의 원활한 수행을 위하여 지도 · 감독상 필요한 경우 공익법인에 대하여 그 업무보고서와 관계 서류 · 장부 기타 참고자료의 제출을 명하거나 소속 공무원으로 하여금 법인의 사무 및 재산 상황을 검사하고 회계를 감사 할 수 있다. 또한「공익법인법 제17조」에 의하면 효율적 감독을 위하여 필요하면 공인회계사나 그 밖에 관계 전문기관으로 하여금 감사하게 할 수 있다.

3) 설립허가의 취소 요건

민법과 공익법인법 설립 허가의 취소 요건은 〈표 3-1〉과 같다.

〈표3-1〉 설립허가의 취소 사유

민법상 비영리법인	공익법인법상 공익법인
1. 목적 이외의 사업을 하는 경우 2. 설립허가의 조건에 위반하는 경우 3. 기타 공익을 해하는 행위를 할 때	1. 거짓이나 그 밖의 부정한 방법으로 설립허가를 받은 경우 2. 설립허가 조건을 위반한 경우 3. 목적달성이 불가능하게 된 경우 4. 목적사업 외의 사업을 한 경우 5. 이 법 또는 이 법에 따른 명령이나 정관을 위반한 경우 6. 공익을 해치는 행위를 한 경우 7. 정당한 사유 없이 설립허가를 받은 날부터 6개월 이내에 목적사업을 시작하지 아니하거나 1년 이상 사업실적이 없을 때

4) 기타 벌칙

「민법」상 비영리법인에 대한 주무관청의 감독 업무를 엄정하게 하기 위하여 사무에 대한 검사와 설립허가의 취소 그리고 과태료 처분의 권한이 주어진다. 반면 공익법인법상 공익법인의 경우에는 추가로 이사취임의 승인을 취소하고 수익사업의 시정 또는 정지를 명할 수 있다.

「민법」상 비영리법인의 경우 주무관청은 법인의 이사, 감사 또는 청사 인은 다음 각호의 경우에는 500만 원 이하의 과태료에 처할 수 있다.

(1) 각종 등기를 해태한 때

(2) 재산목록작성 · 사원명부의 비치를 하지 않았거나, 재산목록 또는 사원명부에 부정 기재를 한 때

(3) 법인의 사무에 관한 주무관청의 검사 · 감독 또는 법인의 해산 · 청산에 관한 법원의 검사 · 감독을 방해한 때

(4) 주무관청 또는 총회에 대하여 사실 아닌 신고를 하거나 사실을 은폐한 때

(5) 청산인이 채권신고 기간 내에 채권자에 대한 변제를 한 때

(6)이사 또는 청사인(청산법인의 경우) 이 파산선고의 신청을 해태한 때

(7) 청산인이 채권신고에 관한 공고를 해태하거나 부정한 공고를 한 때

공익법인법상 다음 각호의 공익법인의 경우에는 3년 이하의 징역 또는 3,000만 원 이하의 벌금에 처할 수 있다.

(1) 주무관청의 승인 없이 수익사업을 하거나 승인내용을 변경하여 수익사업을 한 경우

(2) 주무관청의 허가 없이 기본재산을 매도, 증여, 임대, 교환, 용도변경, 담보제공 및 보통재산 편입을 한 후 신고하지 아니한 경우
(3) 결산상 잉여금을 기본재산에 전입하지도 않고, 익년도에 이월하여 목적사업에 사용하지도 않는 경우

한편, 다음 각호에 해당하는 공익법인법상 공익법인은 1년 이하의 징역 또는 1,000만 원 이하의 벌금에 처한다.

(1) 수익사업의 시정 또는 정지 명령을 위반한 경우
(2) 회계연도 개시 1개월 전까지 사업계획 및 예산을 첨부서류와 함께 제출하지 아니하거나, 회계연도 종료 후 2개월 이내에 사업실적 및 결산을 첨부서류와 함께 보고하지 아니하거나, 거짓으로 제출·보고한 경우
(3) 주무관청의 감사를 거부하거나 기피한 경우
(4) 감사가 정당한 사유 없이 직무수행을 거부하거나 직무를 유기한 경우

5. 비영리법인의 소멸

비영리법인의 소멸은 자연인의 사망과 비슷한 개념으로 권리능력을 소멸하는 것을 말하지만 궁극적으로는 자연인과는 달리 상속인이 없기 때문에 그 잔여재산을 정리하는 문제가 발생한다, 따라서 잔여재산을 정리하기 위하여 일정한 절차를 거치게 되는데 먼저 해산절차와 청산절차를 거쳐 소멸하게 된다. 해산은 해산 사유가

발생하여 비영리법인의 본래 목적으로 하는 활동을 정지하고 청산절차에 진입하는 것을 말하고, 청산은 법인의 잔무(해산등기와 신고, 현존사무 종결)를 처리하고 재산 관계를 정리(채권추심, 채무변제, 잔여재산의 인도)하고 완전히 소멸할 때까지의 절차를 말한다.

1) 해산절차

비영리법인은 ① 존립기간의 만료, ② 법인의 목적달성 또는 달성의 불능 ③ 기타 정관에 정한 해산 사유의 발생, ④ 법인의 파산 ⑤ 설립허가의 취소 등의 사유로 해산한다, 다만, 사단법인의 경우에는 사원이 없게 되거나 정관에 다른 규정이 있는 경우를 제외하고는 총 사원 4분의 3 이상의 동의로 해산할 수 있게 된다.

2) 청산

청산이란 해산한 법인이 남아 있는 잔존사무를 처리하고 잔여재산을 정리하여 완전히 소멸할 때까지의 절차를 말한다. 청산절차는 비영리법인이 파산으로 해산한 경우에는 「채무자 회생 및 파산에 관한 법률」에서 정한 파산절차에 따라 청산절차를 진행하면 된다.

Chapter 04

선진국의 비영리조직 운영 형태

Chapter 04

선진국의 비영리조직 운영 형태

이 장에서는 각국의 사회복지정책 기조, 복지국가의 형성과 발달 과정, 정부 간 관계 등이 다르므로 비영리조직 운영에 대한 정부 간 역할 분담 원칙과 이에 대응하는 재정 관계는 국가별 여건에 따라 매우 다양하게 나타난다. 특히 선진국 미국 일본 독일이 각각 정부와 민간 비영리조직들이 어떤 체계 안에서 상호 협력하여 사회복지서비스를 제공하고 있는지 그들의 경험과 제도를 살펴본다.

미국, 일본, 독일에서 각 나라의 사회복지서비스 공급을 위한 정부와 비영리 부문 간의 협조 형태와 이를 발생시킨 역사적 배경을 함께 고찰한다. 이를 통하여 각국의 정부와 비영리 부문 간 협조방식의 독특성을 규명한다. 각국 정부가 비영리 부문과 협조하는 방식은 각국의 역사와 각국의 정체성에 따라 차이를 보인다.

미국은 건국 시 헌법정신을 바탕으로 민간기관들이 주도하고, 일본은 중앙정부가 민간기관들을 통제 관리하는 중앙집권적 형태로, 독일은 국가 권력이 강력했던 전체주의 경험을 통한 반성을 바탕으로 중앙집권화를 반대하여 하부조직이 우선하여 복지서비스 실행을 주도하고 국가는 보조하는 형태로 발전해 왔다.

1. 미국의 비영리조직과 계약제도

미국은 민간기관이 사회복지서비스를 제공하는 주체로서 중요한 역할을 할 수 있도록 정부가 제도적으로 뒷받침하고 있다. 미국 자선통계국 NCCS(National Center for Charitable Statistics)이 2019년 발표한 통계에 따르면, 2016년에 미국 국세청(IRS)에 등록된 비영리단체는 약 154만 개로 2016년보다 4.5% 증가했다. 비영리 부문은 2016년 미국 경제에 약 1조 47.2조 달러를 기여하여 미국 국내 총생산(GDP)의 5.6%를 차지했다. IRS에 등록된 비영리단체 중 501 (c)(3)[1] 공공 자선 단체는 비영리 부문 전체(각각 2조 4천억 달러 및 1.94조 달러)의 수입과 비용의 4분의 3을 약간 넘었고 비영리 부문 총자산의 3분의 1(3조 7,900억 달러)이다.

2018년 개인, 재단과 기업의 총 사적 기부는 총 4, 2771억 달러(Giving USA Foundation 2019)로 2017년(인플레이션 조정 후)에 비해 -1.7% 감소했다. Giving USA(2018)에 따르면 총 자선 기부는 2014년부터 2017년까지 연속으로 증가하여 2017년은 인플레이션을 조정한 후에도 민간 자선 기부에서 가장 큰 해가 되었다.

미국 성인의 약 25.1%가 2017년에 자원하여 약 88억 시간을 기여 했다. 이는 2016년에 비해 1.6% 증가한 것이다. 이 시간의 가치는 약 1,950억 달러다.

미국의 사회복지서비스 부문에 있어서 이렇게 비영리 부문의 약진이 가능했던 것은 1930년대 이후 연방정부가 사회복지와 관련하여 주도적인 기능을 수행함에 따라 사회복지 기능 관련 정부 간 재정 관계에서 보조금(grants-in-aid)이 가장 중요한 수단이 되었다. 레이건 행정부의 사회복지 재정 개혁을 통해 사회복지 관련 기능에서 주 정부의 자율성이 확대되었지만, 보조금은 여전히 중요한 재정적 수단으

1) 501 (c) (3) 조직은 연방 소득세 면제 대상으로 미국 세무 코드임. 미국에 있는 29개 유형 비영리단체 중 하나임.

로 남아있다.

연방정부는 사회복지 기능 관련 정부 간 재정 관계에서 주도적인 역할을 담당하며 특정 프로그램의 수행을 전제로 주 정부에 재정을 지원한다(곽채기, 강혜규, 초의수, 2008). 연방정부의 재정 지원은 일반적으로 보조금 방식으로 이루어진다. 보조금 방식 이외에 재원의 사용 목적을 규정하지 아니하고, 아무런 조건 없이 주 정부에 보조금을 제공하는 방식인 일반 교부세(GRS: General Revenue Sharing)[2)]가 운영되었던 적이 있었으나, 현재 연방정부의 일반 교부세 방식 지원은 폐지되었다(임성일, 2009). 보조금은 특정 보조금(earmarked grants), 범주적 보조금(categorical grants)이라고도 불리는 개별보조금과 포괄보조금(block grants)으로 구분된다.

1) 보조금의 종류

(1) 개별보조금

개별보조금은 재원의 사용 목적이 상세히 규정되며 제약 조건이 따르는 보조금이다. 개별보조금은 공식에 따라 분배되거나 해당 수혜 기관의 재량에 의해 분배될 수 있다. 개별보조금은 행정 절차, 보고서 작성 등에 관한 조건을 부여함으로써 재정 및 프로그램 운영의 책임성을 높이고 있다(임성일, 2009). 개별보조금은 분배방식에 따라 사업보조금(project grants), 공식 보조금(formula grants)으로 나누어 볼 수 있다.

사업보조금(project grants)은 특정 사업이나 정해진 기간의 특정 서비스 공급과 관련한 재원을 제공하는 보조금이다. 사업보조금의 가장 큰 특징은 이 보조금이 그

2) 일반 교부세(GRS: General Revenue Sharing): 일반 교부세는 일반적으로 주 및 지방 정부에 대한 무조건 연방 보조금으로 정의됩니다. 이러한 보조금은 주 및 지방 정부에 지출 유연성을 제공하기 위한 것입니다.

지급에 관해 연방정부에 자유 재량권을 주는 보조금이라는 점이다. 사업보조금은 모든 보조금 유형 중에서 지원 대상 및 활동 범위가 가장 좁다는 특징을 지닌다. 사업보조금을 신청하는 것은 매우 복잡하고 시간이 많이 소요되며, 사업이 완료된 후 사업 운영 및 결과에 대한 감사가 진행된다(윤태섭, 2018).

공식 보조금(formula grants)은 연방 법령(federal statue)[3]에 의해 정해진 산정 공식에 따라 주 정부에 재원을 제공하는 것으로, 공식 보조금이 사용되는 정책영역의 범위는 매우 넓으나 보조금의 사용 목적의 범위는 매우 좁은 특징이 있다. 일반적으로 공식 보조금은 특정 사업을 위한 보조금이 아니라 지속성을 띠는 활동에 대해 기금을 지급하는 것이다(김태희, 2011). 재원 배분을 위한 공식에는 지역, 소득 수준, 인구 등과 같은 다양한 변수가 사용된다. 공식 보조금은 일반적으로 주 정부를 거쳐 수혜자에게 배분된다. 미국은 공식 보조금의 규모가 매우 큰 편인데, 공식 보조금은 법에 따라 배분이 이루어지기 때문에 자금의 계획적인 운영과 투명한 자금 배분이 가능하다(임성일, 2009).

(2) 포괄보조금

포괄보조금(block grants)은 지원 대상 범위가 개별보조금과 비교하면 상대적으로 더 넓다. 즉, 예방접종 지원사업과 같은 구체적인 영역이 아니라 공중보건과 같이 일반적이고 광범위한 영역을 지원 대상으로 한다. 일반적으로 포괄보조금은 기존의 범주적 보조금을 하나의 포괄적 사업으로 통합한 경우가 대부분이다. 포괄보조금은 문제 영역을 규명하고 규명된 문제를 해결하기 위해 추진될 사업을 설계할 때 수혜자에게 더 많은 재량권을 부여한다는 특징이 있으며, 이에 따라 행정 절차가 간단해진다는 장점이 있다(김태희, 2011). 반면 이러한 장점으로 인해 지출의 투

3) 연방 법령(federal statue): 연방 법령은 대통령의 승인을 받아(일부 경우에는) 의회에서 제정한 법률입니다.

명성, 사업 목적의 달성 여부 확인이 어렵다는 단점 역시 제기된다.

또한, 포괄보조금은 사업 진행에서 주 정부의 많은 재량이 인정되어 지역 현실에 맞는 다양한 세부 사업 운영이 가능하다는 장점이 있다. 특히 사업의 수혜자가 되는 주민을 참여시킴으로써 주 정부가 해당 지역의 문제점과 수요를 더욱 잘 파악할 수 있고 지역 주민의 특수 요구에 잘 대처할 수 있다는 장점이 있다(윤태섭, 2018).

2) 보조금에 의한 비영리조직 활성화

미국은 독일이나 일본과 달리 정부가 '계약'을 통하여 비영리조직이 사회복지서비스를 직접 생산하여 전달하게 하고, 정부는 보조금을 통해 재정을 지원하는 '제3부문(third sector)[4]'라는 독특한 정부와 민간비영리 부문의 협조 형태를 만들었다. 미국의 제3부문 조직 활성화는 정부와 영리기업이 미치지 못하는 영역을 맡아서 창조적으로 사회복지서비스를 개발하는데 큰 효과를 거두었다.

'제3부문'은 공공부문이나 영리를 추구하는 민간 부문에 속하지 않는 다양한 구조와 목적을 가진 다양한 조직을 낳았다. 자발적 지원 부문, 비정부 조직, 비영리조직 등으로 불리는 모든 조직은 모두 동일한 기본 요소를 공유하는 조직을 설명한다.

예를 들면 각종 자선 단체, 자발적 및 지역사회 단체, 사회적 기업 및 협동조합, 싱크 탱크 및 민간 연구 기관, 주택 협회와 같은 일부 조직은 정부에서 분리되어 공공서비스를 제공하더라도 준 제3부문 그룹으로 간주한다.

제3부문의 장점은 민간자본을 유치하여 대규모의 사회간접자본 시설을 건설하는 것이 용이하고, 정부에서 독립된 조직이므로 공공 서비스의 경직성에서 벗어나 독

4) 제3부문(third sector): 제3부문은 정부 부문인 제1 섹터와 민간영리 부문인 제2 섹터를 혼합해서 만들어진 새로운 형태의 공급서의 공급 주체이다.

립성과 신축성을 가지고 빠른 환경변화에 능숙하게 대처할 수 있으며, 정부 부문과 민간 부문의 장점이 동시에 활용되어 시너지 효과를 유도할 수 있다. 반면에 제3부문의 단점은 과도한 기업적 경영성 추구로 공익을 상대적으로 등한시할 수 있고, 주식회사나 재단법인일 때 이들을 국가나 지방 정부가 통제할 방법이 많지 않지만, 만약 지방 정부가 지분율을 가지고 통제하면 과잉 개입의 우려가 있으며, 시장실패와 정부결함이 동시에 일어날 수 있어 기업의 부실화를 야기할 수 있고, 수익성과 경제성에서, 공동 출자한 사기업이 적자 혹은 도산 시 그 부담이 최종적으로 주민에게 부담된다.

2. 일본의 비영리조직과 조치위탁제도

1) 비영리조직의 발달 역사

일본의 사회복지정책은 제2차 세계대전 이후 전승국인 미국에 의해 전개된 미군정(1945~1952)[5]의 복지정책을 통하여 일본의 군국주의 복지정책을 근본적, 체계적으로 개조하려는 의지와 노력을 보여주었다. 1944년 미 국무성, 육군성, 해군성의 3성 조정위원회가 설치된 이후 유럽 중심의 대독일 정책이 대일본 정책으로 전환되었다. 1945년 6월에 설정된 미국의 초기 대일본 정책 방침은 다음과 같다.

5) 미 군정: 1945년부터 1952년까지 연합국 점령 하의 일본이 재구성되는 시기로, 일본 제국이 패망한 후 연합국에 지배를 당한 시기이다.

① 미국의 일본 점령 목적은 비군사화와 민주화이다.

② 대일본 경제 정책의 목적도 비군사화와 민주화이다.

③ 대일본 빈곤 정책은 일반 경제 정책과 연계되어 있다.

④ 빈곤 정책의 주체는 일본 정부로서 일본의 자력을 갱생함을 목적으로 한다.

미 군정이 일본 정부를 통한 간접통치방식을 취했고, 미군 최고 사령관으로부터 일본 정부에 각종 명령이 전달되었다. 특히 사회복지에 관한 명령, 지령은 공중위생국으로부터 중앙섭외국을 통하여 일본 정부의 후생국에 전달되었다. 또한 지방정부 차원의 사회복지정책은 광역지방자치단체의 책임 하에 실시됨과 동시에 해당 광역지방자치단체에 파견된 군정팀에 의하여 감시, 감독 받음으로써 간접통치를 받았다.

위와 같이 일본은 제도적 측면과 이념적 측면에서 미 군정 복지정책으로부터 많은 영향을 받았고, 특히 미 군정의 간접통치 방식으로 일본 정부가 주도하는 사회복시정책이 빌진하였고, 제도적 측면에서 생활보호법, 아동복지법, 신체장애 복지법의 복지3법이 미 군정 기간 정립되었으며, 그 외에도 실업보험 제도, 정신위생법, 사회복지사업법 등의 법제화가 활발하게 진행되었다. 이념적인 측면에서도 (신)생활보호법의 개정 과정에서 보듯이 생존권 보장의 원칙, 자립구호의 원칙, 통합적 사회보장제도 지향의 원칙 등과 같은 근대적 복지이념이 정립되었다.

미 군정이 끝난 이후 일본은 중앙정부가 사회복지에 관한 일체의 제도 수립 및 집행 그리고 총괄 관리하는 중앙정부 중심으로 사회복지서비스가 설계되고 민간기관에 사회복지서비스를 제공하도록 지시하는 방식을 취하는 방식으로 발달하였다. 이러한 일본식 관리 방식을 조치위탁제도라고 한다. 조치위탁은 시군구의 장이 자격을 갖춘 민간기관을 선정하여 허가한 후 해당 민간기관에 필요한 서비스를 위탁하고, 위탁을 맡은 민간기관이 운영하다가 운영 상태가 어렵다고 해당 관청이 판단

할 경우 해당 관청이 민간기관에 보조금(grant)을 지급하는 것이다. 따라서 조치위탁은 미군정에서 간접통치 방식으로 일본 정부를 관리했듯이, 일본 정부도 군국주의 방식으로 정부가 위탁자가 되고 민간사회복지법인이 수탁자가 되어 서비스 제공에 대한 수행을 맡는 것이다(이혜원 · 이영환 · 정원오, 1998).

독일은 히틀러 정부에서 전체주의식 중앙정부 통합 행정이 문제가 많은 것을 경험하고 학습한 후 모든 사회복지서비스 주체를 지방 정부와 종교단체에 이양했으나, 2차 세계대전 이후 미 군정을 통해 서구식 복지체계를 학습했음에도 불구하고, 일본은 교훈을 얻지 못하고 아직도 여전히 군국주의식으로 중앙정부가 모든 국민에게 필요한 사회복지서비스를 입법하여 민간기관들을 관리 통제한다는 것이 독일과 일본의 사회복지체계의 매우 큰 차이점이다.

2) 조치위탁제도와 미 군정 간접통치

일본은 1945년 제2차 세계대전 이후 경제적으로 많은 어려움을 겪게 되자 당시 미 군정 정부가 민간사회복지시설의 공적인 자금공급을 제도적으로 지원하기 위하여 조치위탁제도를 시행하였다. 당시 민간사회복지사업 분야가 재정적으로 위기에 직면하자 민간의 사회복지사업을 정부가 구입한다는 의미로 "민간복지사업 구입이론"*하에 조치비 제도가 더욱 활성화되었다. 그 때문에 민간사회복지사업 분야에 조치비가 차지하는 비중은 크게 향상되었으나 결과적으로 민간사회복지사업을 통제 위축시키는 결과를 낳았다는 비판도 있다.

복지의 조치가 법률용어로 등장하게 된 것은 1947년 아동복지법의 제정과 함께였으며, 그 후 제정된 신체장해자복지법(1949), 정신박약자복지법(1960), 노인복지법(1963), 모자 및 과부 복지법(1964) 등에서 사용되었다.

이러한 조치비라고 하는 용어는 1851년 제정된 사회복지사업법 제5조 2항의 규정에 따라서 국가가 민간시설에「 조치 」에 의한「 위탁 」이라는 형식으로 일반화되었다. 조치란 용어의 의미는 개별대상자들에게 복지서비스를 제공하기 위하여 도움이 되는 수단이며, 또한 어떻게 하면 그것이 유효 적절히 사용될 수 있을까 하는 과정(process)을 말한다. 그리고 이러한 권리를 실질적으로 보장하기 위하여 조치비의 재원 확보가 필요하다. 또한, 조치의 과정을 어떻게 하면 민주적이고도 효율적으로 운영하느냐 하는 전문성이 필요하게 된다. 각종 사회복지 관련 법에 명시된 복지의 조치에 관한 내용은 조치대상자의 신병보호, 생활상의 보호, 의료의 납부, 각종 자금의 대여, 가정봉사원을 통한 서비스, 장애인 수첩의 교부, 보장구의 교부, 연락조정, 지도 계발, 각종 조사에 이르기까지 다양하다.

1945년 이후 미군정시절에 점령군에 보고한 "복지의 조치와 보장"이라고 하는 용어는 민간복지사업 구입이론(Welfare Program Security)[6] 라고 영역하여 조치라는 용어를 복지의 서비스에 해당하는 프로그램으로 표현하였다. 그 후에는 미 점령군에 보고하는 법률 조문에서 조치라는 용어를 Measures(수단, 조처)와 Procedures(순서, 절차)의 영역 대체 단어로 사용하였다. 또한, 현행 일본의 사회복지용어 사전에서는 조치비라는 용어를 영문으로 Placement Service Fee로 표현하고 있다.

이러한 내용을 살펴보면 조치라는 용어의 의미 속에는 복지의 서비스와 수단과 방법 등에 의한 내용이 포함되어 있는 것을 알 수 있다. 우리나라에도 아동복지사업운영지침과 노인복지법, 장애인복지법에 조치라는 용어를 사용하는 근거는 알 수 없으나 이러한 의미가 있다는 것은 인식해 둘 필요가 있을 것이다. 또한, 일본에서는 "복지의 조치"란 법률용어로, "조치비"는 행정용어로 사용하고 있다. 정부의 예산항목에서는 아동, 노인, 장애인 등의 용어와 함께 보호 조치비라는 용어를 사

6) 민간복지사업 구입이론: 민간이 주도해 온 사회복지사업이 재정난에 의해 지속성을 잃게 되자 일본 정부가 민간 사회복지사업에 비용을 지불하는데 사용된 이론.

용하고 있다. 조치비란 조치권자(도지사, 시장, 구청장, 군수)가 요보호자를 사회복지시설에 입소시킨 후 지원되는 필요한 경비를 말한다. 아동복지법에서는 조치비를 “아동복지시설을 운영하는 최저기준을 유지하기 위하여 국가에서 지급하는 필요한 경비”로 규정하고 있다.

국가가 조치를 취하여 민간에게 위탁한다는 말은 사회복지시설에 관한 책임이 정부에 있다는 의미가 있다. 따라서 민간은 어디까지나 정부에서 위탁해준 일을 성실히 수행만 하면 된다는 뜻으로 해석할 수 있다.

조치의 종류는 일반적으로 보호의 조치, 보장의 조치, 원조의 조치로 구분하고 있다. 또한, 조치라고 했을 때 일부 짧은 기간 동안 입소하는 경우도 있으나 대개 장기적인 입소가 많다. 국가가 조치를 취하고 조치비를 지급하기 때문에 사회복지시설의 경영은 안정화될 수 있다는 장점이 있는 반면 시설을 지역사회에 개방하여 사회화를 추진하는데 적극적이지 못하고 소극적으로 안주해 버린다는 비판이 있다. 그리고 사회복지시설에 대한 입소가 꼭 행정기관의 조치에 의한 입소가 바람직하냐에 대한 논란도 있다. 시설의 경영도 전문가들에 의해 많이 개선되었고 시설에 따라 이용자 부담에 의한 시설이용도가 높아져 가고 있는 이때 40여 년 전에 제정된 조치제도도 개선이 필요하다는 요구가 높다.

이 조치라는 용어는 다시 조치위탁, 조치 회의, 조치기관, 조치권자, 조치기준, 조치비, 조치신청 등으로 나누어 사용되었다. 일본의 소위 복지 6 법이라 불리는 생활보호법, 아동복지법, 신체장애자복지법, 정신박약자복지법, 노인복지법, 모자 및 미망인복지법 등의 법률에서는 복지서비스를 수행하는 것이 행정관청의 의무로 부여되어 있다. 이와 같은 행정기관의 의무와 권한 또는 그것에 근거하여 이루어지는 복지서비스 자체를 ‘조치’라고 부르고, 조치하도록 의무가 부여되거나 권한을 부여받고 있는 행정기관을 ‘조치권자’라고 칭하였다. 원래 이들 사회복지 관련 법률에 의하여 조치권자는 광역자치단체의 장 또는 기초자치단체의 장이 되며, 조치사무는 국가가 지방자치단체의 장에게 위임한 기관위임사무로 되어 있다.

그러나 일본의 경우 1987년에 '기관위임사무정리법에 의해 이들 업무를 기관위임사무로부터 단체위임사무로 변경하였다. 따라서 복지사무소장, 아동상담소장, 구청장, 동장 등이 조치권자가 되어 해당 지역의 민간사회복지시설에 보호자를 수용 위탁하는 형태가 조치위탁이고, 이에 대한 비용을 조치비라고 하여 공공기관이 민간시설에 지급한다. 조치비는 시설운영 관리비로서, 사무비와 입소 관련 사업비(처우비)로 나누어 지원된다. 사무비는 주로 상근직원과 비상근직원의 급여와 시설의 관리에 드는 비용을, 사업비는 각 시설에 공통으로 지급되는 일반생활비(입소자의 생활, 즉 의식주)와 교육비, 학교급식비, 견학비, 의료비, 입학금, 작업보조비, 취직지원금, 장례비와 같은 특별생활비용을 지급하였다(일본 전국사회복지사협회, 1987).

조치비는 1950~1966년까지는 입소자 1명에 한하여 1일 단가를 중심으로 산정한 방식으로 지원되다가, 1967~1971년에 표준시설방식으로 시설의 종류마다 표준규모의 시설을 선정한 후에 1개 시설당 소요되는 금액을 기준으로 산정하여 지원하는 방식으로 전환되었다. 그 후 1972년부터 '시설 직종별 직원 산정방식'인 시설 종별 규모에 따라 정해진 직종별 직원 정수에 인건비 단가를 포함시킨 산정방식이 채택되어 조치비 수준이 크게 향상되었다. 그리고 조치기준은 사회복지시설의 입소기준을 말한다(한국보건사회연구원, 1990).

3) '조치에 의한 위탁'과 정부 주도 복지정책

이 조치제도는 제2차 세계대전 이후 일본이 경제적 어려움을 겪게 되었을 당시 점령군 정부가 민간사회복지시설에 공공자금을 제도적으로 지원하기 위하여 실시한 것에서 유래하였다. 사회복지사업을 정부가 구입하는 "민간 복지사업 구입이론"

하에 이 제도가 활성화되었다. 그리고 이 복지의 조치가 1947년 아동복지법의 제정과 함께 법률용어로 등장하였고, 그 후 1949년 일본의 신체장애자복지법 제35조에 행정조치에 필요한 비용이라는 항목에서 처음으로 공식적으로 사용되었다. 그 후 1961년에 제정된 사회복지사업법 제5조 제2항에서 국가가 민간시설에 '조치에 의한 위탁'이라는 형식으로 일반화되었다(한국보건사회연구원, 1990: 19). 그러나 일본은 이 제도가 일반화되면서 공공기관이 조치비를 지불하는 것을 빌미로 그 책임을 민간에 전가하게 될까 봐 이를 금지하는 법 또한 규정되어 있다.

'복지의 조치'란 법률용어이지만 조치비(expense for welfare placement)[7)]란 용어는 법률상의 용어가 아니라 행정상의 용어이다(최용욱 외, 1990), 위탁 역시 행정적인 조치이다. 원래 위탁이란 대등한 관계에 있는 기관/사람 사이에 행해지는 뜻으로 사용된다. 민간 위탁은 행정권한의 위임 및 위탁에 관한 규정으로 각 법령에 규정된 행정기관의 사무 중 일부를 지방자치단체가 아닌 법인, 민간기관, 개인에게 맡겨 위탁자의 자유재량에 따라 행사하도록 한 것이다. 그러므로 일단 위탁된 사무는 수탁자의 명의와 책임하에서 처리되며, 처리의 법률 효과도 일단은 수탁자에게 귀속된다.

실질적으로 수탁자에게 권한이 이전되는 특징이 있다. 그러나 의탁이 사무 처리의 권한을 실질적으로 이전하는 것이기는 하지만, 법적으로는 위탁자가 여전히 그 정식의 권한을 보유하고 수탁자의 사무 처리에 관해 지휘, 감독을 하는 특성을 지니고 있다. 결국, 조치위탁이란 서비스 공급의 결정권과 책임은 정부가 계속 가지되, 서비스 생산 활동은 민간 사업자에게 맡기고, 여기에 대한 비용을 부담하는 방식이다.

이 조치위탁의 방법을 미국의 계약 형태와 비교하여 보면 정부가 보조금을 지원

7) 조치비(expense for welfare placement): 공공기관이 사회복지서비스를 제공하는 사회복지기관에 필요한 비용을 조치비란 명목으로 지불하면서 공공기관과 사회복지기관 사이에 수직적 관계가 생기는 원인이 되고 있음.

하고 민간기관이 서비스를 제공한다는 측면에서는 유사하지만, 미국의 계약 형태보다 정부의 개입과 규제, 관리, 감독이 강한 것이 다른 점이다. 이는 민간사회복지시설과 정부 간에 피조치권자와 조치권자라는 법률적 관계가 형성되고, 또한 민간기관과 공공부문 간에 상하 수직적 관계가 형성되기 때문이다.

3. 독일의 비영리조직과 보충성원칙제도

1) 비영리조직 발달 역사

독일에 있어서 비영리 섹터 발달의 근원은 신분 사회가 시민사회로 변화되는 19세기에시 출빌하나, 비영리 섹터의 모든 세도들이 이 시대에 완전히 새로이 생겨난 것만은 아니다. 비영리 섹터의 발달에 있어서 특징적인 것은 자발적인 결사체, 길드나 교회 소속의 재단 등과 같은 중세 신분 사회의 특성을 가지고 있는 공법상의 영조물 및 법인이 혼합된 새로운 형태의 혼합체들이 등장하게 되었다. 과거 신분사회가 지닌 조직적 특성과 현대 시민 사회적 요소가 혼합되어 있다는 것은 독일 비영리 섹터의 정치적 · 제도적 절충주의에서 잘 나타나고 있다.

자발적 결사체의 대다수가 과거의 중앙집권적 국민국가에 대항하는 세력으로 간주되어 온 미국과는 달리 독일의 자발적 결사체들은 그 근원의 대부분을 구제국과 당시의 정치 질서에서 찾을 수 있다. 독일의 자발적 결사체의 대부분은 19세기 말에 등장하였으며, 자유와 민주화(Democratization) 등과 같은 시민적 이상을 구현하는 데에 기여하였다.

국가기구의 제도적 분화와 더불어 이러한 이중적 발전경로는 변하게 되었다. 그러나 독일의 국가발전은 정치적 현대화라는 관점에서 볼 때 상당히 뒤떨어져 있었으며, 정부 권력의 의회로의 이전과 시민계급의 통합은 정치적 계급구조의 차원에서 이루어지지 않았다. 다만 행정구조의 차원에서 시민계급은 다양한 방법으로 국가조직에 흡수되었다. 19세기 말에 나타난 조직형태의 분화, 사법상의 단체, 공법상의 영조물, 재단 등과 더불어 독일 비영리 섹터의 조직형태가 더욱 다양화되었다. 이와 같은 법과 조직형태의 다양성은 상당한 정도로 제도적 유연성을 보장하게 되었다.

20세기에 들어와서 정치적 불 안정이나 정권 변혁으로 인하여 제도적 단절을 경험한 것과는 달리 독일 비영리 섹터는 상당한 정도의 영속성을 지니고 있다. 실질적으로 독일의 비영리 섹터는 공공행정과 더불어 사회적 · 정치적 안정을 위한 구조적 보증인의 역할을 담당하였다. 서독과는 달리 동독지역은 1933년부터 1989년까지 전제주의 정권이 집권하고 있어서 NPO의 사회적 · 정치적 통합력은 전혀 인정되지 않았다. 사회주의 국가인 동독에서는 시장 부재와 국가지배로 인하여 비영리 섹터가 속할 수 있는 중간영역이 존재하지 않았다. 그러나 취약한 경제력으로 인하여 의식적으로든, 무의식적으로든 인민부양 상의 문제들이 나타나는 분야에 국가 부양의 공백을 메우기 위해서 다양한 조직들이 존재하게 되었다(Priller, 1997). 따라서 동독에서 NPO 개념의 사용은 상당히 제한되어 있다고 볼 수 있다.

이러한 맥락에서 독일의 비영리 섹터는 1989년까지 동 · 서 이원론으로 특징지을 수 있다. 1990년에 이루어진 동서독의 통일과 더불어 구서독의 비영리제도는 구동독 지역으로 고스란히 이전되었다. 구동독도 비영리 제도들을 수입하여 가능한 한 빠른 시일 내에 구서독과 유사하게 발전시키는 일에 많은 노력을 기울이게 되었다.

그러한 노력의 결과로 규모, 구조 및 구성 등에 있어서 구서독의 비영리 섹터와 상당히 유사한 형태로 발전하게 되었다.

2) 비영리조직의 제도적 특성

비영리조직이 독일에서 잘 발달한 것은 이러한 제도들이 갖고 있는 역사의 산물이다. 독일의 비영리조직이 다른 나라와 구분되는 것은 국가와 NPO 간의 관계가 고도로 구조화되어 있어서 조합주의 모델의 표본이라고 할 수 있다(Bessels, 2000). 역사적인 발전과정에서 국가는 특정한 NPO와 협력하도록 강요받거나, 그렇게 하는 것을 의무로 생각하고 있다. 독일의 경우 국가는 통일과 더불어 비영리 부문뿐만 아니라 거의 모든 분야의 제도들이 구동독으로 이전되었다. 구동독 주민들은 새로운 제도의 도입으로 인하여 제도적 단절을 경험하게 되었으나 제도 도입 여부에 대해서 자율적으로 결정할 수 없었다.

19세기 말경에 상대적으로 미약한 도시 중산층으로 인해 영향력이 있는 교회와 협력을 하게 되는데, 이와 같은 협력은 국가중심적인 복지체계의 근거를 제공하게 되었다. 그 이후로도 국가중심적인 복지체계가 교회와 제3 섹터의 존립을 가능하도록 만들었다. 이러한 발전 형태는 보충성 개념으로 이어지게 되는데, 이는 제2차 세계대전 이후 독일 사회보장제도의 핵심적인 원칙이 되었다. 그 결과로 국가와 복지단체 간에 공생적인 관계(symbiotic relationship)가 형성되고(Salamon/Anheier, 1998), 국가가 중심이 되는 사회보장급부와 발달된 제3섹터의 공존이 가능하게 된다. 독일의 비영리섹터는 3가지 주요 원리들에 의해서 특징지을 수 있는데, 보충성의 원리, 자치행정의 원리, 공동경제의 원리 등이 이러한 원리들에 속한다(Anheier, 1998).

보충성의 원리(Subsidiary Principle)는 복지나 사회서비스를 공공분야가 공급하는 것에 비해서 사 부문이나 NPO에서 공급하는 것에 우선권을 부여하는 것이다. 이러한 원리 하에서 정부는 한편으로는 NPO의 자치행정과 자율관리를 인정하며, 다른 한편으로는 NPO에 대한 재정적 지원을 보장한다.

자치행정의 원리(Self-governance Principle)는 19세기부터 생겨난 국가와 시민들 사이의 갈등에서 유래하며, 단지 부분적으로 협회의 자유를 인정하는 권위주의 국가에서 NPO의 발달을 허용하였다. 그러나 국가는 19세기 초에 지방 차원에서 공사협력을 명령하기 위해서 이러한 원칙들을 이용하였다. 그 당시 시민들은 특별한 의무를 이행하거나 명예직을 떠맡도록 강요되었다.

공동경제원리(Public ownership management)는 자본주의와 사회주의에 대한 하나의 대안 추구와 관련된다. 특히 금융이나 주택산업에 있어서 상호적 결사체뿐만 아니라 협동조합 운동의 발달에 기여한다. 경제적인 측면에서 볼 때 보충성의 원리는 다른 두 원리에 비해서 상당히 중요하다고 할 수 있다. 본질적으로 보충성의 원리는 민간 부분에서 감당하기 어려운 업무나 기능들만 국가가 담당한다는 것을 내포하고 있다. 또한 보충성은 국가행정과 같은 대규모 조직체가 지역이나 지방 차원의 소규모 조직, 교회, 가족공동체 등과 같은 소단위 조직들의 능력 범위를 벗어나는 업무들을 담당하는 것을 의미한다(안하이어/자이벨, 1997).

보충성은 국가기능의 분권화(Decentralization)나 민영화(Privatization)와 같은 요소들과 연결되어 있기 때문에, 국제적으로 보충성 원리에 대한 논의는 상당한 매력을 지니고 있다고 할 수 있다. 보충성의 원리는 사회서비스나 보건복지 분야에서 두드러지게 나타난다. 독일에서는 이들 두 분야에 대규모의 협회들이 활동하고 있으나 사회서비스와 보건복지의 경계는 명확하지 않고 상당히 유동적이다. 다음으로 자치행정의 원리는 경제나 직업 분야에서 고도로 구조화된 협회 체제의 생성과 많은 지역조직의 형성을 촉진한다. 이러한 과정을 통해서 생겨난 조직의 상당수는 공법상의 법인으로 준 국가조직의 자격을 향유하고 있다. 마지막으로 공동경제원리는 주택사업이나 협동조합 분야에서 잘 나타나고 있다. 이들 두 분야는 지난 수년 동안 상당히 많은 변화를 하게 되어 상업적 섹터와 상당히 유사해지고 있다(박해육, 2002).

대표적 복지국가 중의 하나인 독일에서 사회복지서비스 부문에서 활동하는 비영리조직이 많은 이유는 독일 사회정책의 근간을 이루고 있는 중요 세 가지 원칙 즉 보충성의 원리, 자치행정의 원리, 공동경제의 원리가 근간을 이루고 있기 때문이다.

3) 비영리조직의 과제와 미래

NPO는 독일 사회에서 규모가 크고 상당히 복잡한 제도들의 세트로서 인간 생활에 중요한 기여를 할 뿐만 아니라, 중요한 경제력이 되며 정치나 사회생활에 많은 기여를 하게 될 것이다. 그러나 독일 비영리조직의 지속적인 성장과 발전을 위해서 산적한 많은 문제들이 해결되어야 한다. 앞으로 해결해야 할 과제로는 크게 4분야를 들 수 있는데, 이에 대해서는 아래에서 구체적으로 살펴보기로 한다.

첫째, 비영리조직 대부분이 국가의 지원에 크게 의존하고 있다는 점이다. 독일 비영리조직은 수입과 활동 측면에서 영역별로 이원화되어 있어서 모든 조직들이 국가에 의존하는 것은 아니다. 한 부류는 문화, 레크리에이션, 스포츠, 환경 등과 같은 분야로서, 주로 비영리적 활동들로 구성되어 있다. 이러한 분야는 상당한 정도의 시민성을 강조하며, 활동 자금은 회비나 자원봉사활동에 크게 의존하고 있다. 다른 한 부류는 보건이나 사회서비스 분야에 주로 활동하는 NPO로 구성되어 있다. 이들 분야는 독일 복지국가의 통합적 요소이며, 보충성의 원칙이 가장 확고하게 자리를 잡고 있다(Zimmer, 1999).

보충성의 원칙에 따르면 민간복지단체의 활동이 우선순위를 차지하고 공공기관의 사회복지행정은 차순위를 차지하게 된다. 보건과 사회서비스 조직은 고도로 전문화되어 있어서 시민활동에 의존하는 조직과는 근본적으로 구분되며, 주로 사회보장지불이나 직접적인 국가보조금에 의한 수입에 의존하고 있다. 국제 활동이나 지역개발 등과 같이 상당히 많은 보조금이 투자되는 영역과 마찬가지로 이 분야의 NPO는 공공 섹터와 긴밀한 협조 관계를 유지한다.

따라서 수입 측면에서 국가 의존 테제를 독일의 전체 비영리단체에 적용하기는 어렵다. 그러나 NPO가 거의 준정부적이거나, 그들의 운영 형태가 독일의 국가 관료제와 구분할 수 없는 분야에는 일반적으로 적용될 수 있을 것이다. 장기적으로 NPO가 국가로부터 독립할 수 있도록 하며, 조직을 활성화해서 독립적인 재원 창출이 가능하도록 하는 것은 독일 NPO가 해결해야 할 과제이다.

둘째, 독일통일로 인하여 비영리단체를 구동독 지역으로 이전하게 되었으나, 제도 이전으로 인하여 많은 문제가 나타나게 되었다. 독일 비영리단체가 지닌 구조적 특성들은 1990년 통일 이후 구동독 지역으로 고스란히 이전되었다. 통일조약 제32조는 보건과 사회서비스 분야를 담당할 자발적 조직들을 새로 편입되는 지역에까지 확대한다는 내용을 담고 있다.

연방 및 지방자치단체 등의 공공조직과 민간단체의 공동 작업이 사회복지 분야에 필수적이라는 것과 이들의 설립과 확충을 촉진할 것으로 규정하고 있는 이 조항은 보충성의 원리에 바탕을 둔 것이다. 이를 위해서 연방정부는 핵심 복지서비스 분야에 비영리단체 설립에 필요한 인프라를 구축하는 데에 소요되는 사업자금을 제공하였다. 그 외에도 스포츠, 레크리에이션, 문화 등의 분야에 생겨나는 NPO들에 대해서도 재정적 지원이 이루어졌으나 보건이나 사회서비스에 비해서는 빈약하였다. 구동독의 비영리단체는 이 지역 전체의 경제성장과 비교할 때 통일 이후 상당히 빠른 속도로 성장하여, NPO의 규모나 사회적 중요성 측면에서 독일의 동·서부 지역에서의 비영리단체 간에는 큰 차이가 없다고 할 수 있다. 구동독 지역의 NPO는 서독의 모델에 의거하여 발전되었기 때문에 서독의 비영리단체가 지닌 많은 문제점을 고스란히 물려받게 되었다. 우선적으로 재원 조달 측면에서 국가의 지원에 크게 의존하고 있다는 점이며, 상당수의 비영리단체가 앞으로도 정부 지원에 의존하게 될 것이다. 그 원인은 재단이나 후원단체가 많지 않으며, 구동독 주민들의 기부행위도 발달하지 않았기 때문이다(Priller und Zimmer, 2001).

즉, 구동독 지역에 시민적 혹은 사회적 자발성이 부족하다는 것은 널리 알려진 사실이며, 새로이 생겨난 비영리단체들은 지역공동체에 어떤 뿌리를 두고 있는 것이 아니라 통일과 더불어 구서독 제도 이전의 결과로 나타난 것이다.

셋째, 비영리단체의 상업화(Commercializing)와 시장 지향성의 문제를 들 수 있다. 비영리단체의 변화 현상은 재원 조달 구조의 변화에서 잘 나타나고 있는데, 특히 국가지원의 규모가 줄어들고 있는 것을 들 수 있다. 그 이유로는 첫째, 재정 부족으로 인하여 연방과 지방 정부 차원에서 지원을 줄이게 되었다. 둘째, 비영리단체가 수수료나 분담금을 통해서 재원을 충당할 수 있는 대인 서비스 분야에서의 시장수요에 민첩하게 대응하기 때문이다. 즉, 비영리단체들이 수익성이 보장될 수 있는 다양한 대인 서비스 분야에 진출하면서 수익금을 늘려나가게 되었다.

그러나 비영리단체의 상업화 추세는 국제적으로 강하게 대두되고 있으나(Weisbrod, 1998), 독일 비영리단체의 수익 추구 활동은 다른 나라들과 비교할 때에 상당히 제한되어 있다고 볼 수 있다. 물론 일부 단체에서는 정부 지원이 줄어들게 되어 수익사업을 추구하고 있으나, 완전히 상업화로 나아가는 데는 많은 제약이 따르고 있다. 비영리단체가 추구하는 노선도“국가 축소, 시장 확대”보다는“국가 축소,

시민사회 확대"의 방향으로 나아가고 있다(Priller und Zimmer, 2001). 특히 국제 활동과 같은 분야는 1990년대에 자선금이나 후원금을 통한 자원 조달의 몫이 크게 증대 되었다.

넷째, 유럽통합으로 인하여 비영리단체와 관련된 규정, 제도 및 위상의 변화를 들 수 있다. 유럽연합은 비영리단체나 시민사회에 대한 접근에 있어서 상당히 주저하는 입장이다. 이러한 제도들은 로마조약(Treaty of Rome)에서는 무시되었으며, 또한 이 조약은 고도의 경제성장, 저실업 및 동서냉전 시대에 체결되었다. NPO가 외국의 영리조직이나 NPO와 경쟁을 하게 되자 정부 지원은 공정한 경쟁을 왜곡시키는 것으로 간주하게 되었다. 따라서 NPO가 공공의 목적을 정확하게 상술하거나 방어하는 것을 계약에 의해서 정당화하지 못하면 정부 지원은 금지되었다. 이것이 왜 유럽화와 더불어 NPO가 점차적으로 그들과 경쟁 관계에 있는 사기업과 비슷하게 되어갈 위험이 있는가에 대한 이유이다. 재정수입의 50% 이상을 정부로부터 받고 있는 공익목적의 NPO는 유럽 차원에서는 공법상의 조직으로 간주된다.

따라서 이러한 조직은 공공기관과 유사해질 수 있는 위험을 지니고 있다. 다른 한편으로는 비영리조직은 사 부문에 의해 흡수될 위험에 처해 있다. 실제로 비영리단체를 옹호하는 입장은 유럽연합 차원에서의 시장주도의 논리와 다투고 있다. 유럽의 규제 완화 절차로 인해서 독일의 NPO가 미래에도 보건이나 사회서비스 분야에서 그들이 시장에서 차지하던 몫을 지킬 수 있을지는 불분명하다. 유럽통합에 관한 규칙들에 따라서 NPO에 대한 최근의 독일입법들은 이미 일부 분야에서 보충성의 원리를 지키지 않고 있다. 따라서 재단의 법적인 지위, 기업 및 개인기부의 세제 공제 혜택, NPO의 수익사업이나 사업 활동에 대한 처리 등에 대한 커다란 변화가 나타나게 될 것이다.

독일의 경우는 국가와 비영리단체 간의 관계가 상당히 구조화되어 있으며, 비영리단체는 재화나 서비스의 생산과 제공에 상당한 기여를 하고 있다. 특히 사회복지 분야에 많은 비영리단체가 관여하고 있으며, 국가가 적극적으로 이를 장려하고 있는 실정이다. 그러나 정부의 지원이 비영리조직의 수입에서 차지하는 비중이 상당히 높아서 재원 조달 방법의 다원화와 국가 의존의 탈피가 강하게 요청되고 있으며, 유럽통합으로 이러한 요구는 더욱 거세질 것이다. 유럽통합의 가속화로 인하여 비영리 섹터의 상업화 경향이 강하게 나타나고, 다양한 조직들의 법적인 지위, 세제상의 혜택 등에 있어서 커다란 변화가 일어날 것이다. 그럼에도 불구하고 비영리조직의 재정자립을 위해서 독일은 다른 나라들과는 달리 상업화를 추구하기보다는 시민들의 기부와 자발적인 참여를 강조하는 방향으로 나아가고 있다.

Chapter 05

비영리조직: 민간단체 설립과 운영

Chapter 05

비영리조직: 민간단체 설립과 운영

1. 비영리민간단체 설립 및 등록

1) 비영리민간단체 설립 목적

「비영리민간단체 지원법 제1조」에 의하면 비영리민간단체의 자발적인 활동을 보장하고 건전한 민간단체로의 성장을 지원함으로써 비영리민간단체의 공익활동 증진과 민주사회 발전에 기여함을 목적으로 한다.

2) 비영리민간단체 정의

비영리민간단체는 영리활동이 아닌 공익활동을 주된 목적으로 하여 자발적으로 구성된 민간조직 또는 법인을 말한다. 이들 단체는 구성원에게 이익을 분배하지 않으며, 특정 정당이나 종교의 교리 전파를 주된 목적으로 하지 않는다. 우리나라에서는 2000년 4월 「비영리민간단체 지원법」이 시행되면서 '비영리민간단체'라는 용어가 공식화되었고, 등록된 단체는 공익사업 수행을 위한 행정적 · 재정적 지원을 받을 수 있다. 이러한 단체는 불특정 다수를 위한 자발적 활동을 통해 민주사회 발전과 공공의 이익 증진에 기여한다(경기도공익활동지원센터, 2020; 법제처, 2023).

3) 비영리민간단체 등록 요건

비영리민간단체는 「비영리민간단체 지원법」 제2조 및 같은 법 시행령 제2조에 따라 다음 각 호의 요건을 모두 충족해야 등록할 수 있다.

(1) 사업의 직접 수혜자가 불특정 다수일 것
(2) 구성원 상호 간에 이익분배를 하지 아니할 것
(3) 특정 정당 또는 선출직 후보를 지지하거나 특정 종교의 교리 전파를 주된 목적으로 하지 않을 것
(4) 상시 구성원 수가 100인 이상일 것
(5) 최근 1년 이상 공익활동실적이 있을 것
(6) 법인이 아닌 단체일 경우에는 대표자 또는 관리인이 있을 것(「비영리민간단체 지원법」 제2조; 같은 법 시행령 제2조)

4) 등록 제외 대상 단체

다음 단체는 원칙적으로 비영리민간단체로 등록할 수 없다(「비영리민간단체 지원법 시행령」 제3조 제3항).

(1) 정당 및 정당 유사 단체

(2) 직능단체, 학술단체, 연구단체, 예술단체, 체육단체

(3) 종교단체(예: 교회, 사찰 등)

(4) 다른 법률에 의해 보조금을 받는 사회복지법인

(5) 친목단체(예: 향우회, 동창회, 종친회 등)

이러한 등록 제외 대상은 공익활동과 정치 · 종교 · 사적 친목을 명확히 구분하여, 국가의 공적 재정 지원이 공정하게 운영되도록 하기 위한 목적에서 설정되었다.

2. 비영리민간단체 현황 및 통계

1) 비영리민간단체 현황

최근 7년간 비영리민간단체 등록 누계는 다음과 같은 추이를 보이고 있다. 2018년 14,275개에서 2022년 15,577개로 점차 증가해왔으나, 2023년에는 13,892개로 전년 대비 1,685개(-10.8%) 감소하는 급격한 변화가 있었다. 이는 비영리민간단체 등록요건에 대한 정비와 등록 말소 조치 등이 주요 원인으로 분석된다. 2024년 현재는 13,937개로 소폭 증가하였으며, 이 중 중앙행정기관에 등록된 단체는 1,472개, 시 · 도에 등록된 단체는 12,465개로 집계되었다.

2) 비영리민간단체 등록 수 통계

아래 〈표 5-1〉은 2024년 기준 비영리민간단체의 등록 현황을 나타내며, 2018년부터 2024년까지 등록 단체 수의 추이를 보여준다. 2023년에는 1,685개의 단체가 감소하였으나, 2024년에는 소폭 증가하여 13,937개로 집계되었다.

〈표 5-1〉 비영리민간단체 등록 수 (단위: 개)

		2018	2019	2020	2021	2022	2023	2024
등록누계(개)		14,275	14,699	15,051	15,458	15,577	13,892	13,937
구분	중앙행정기관(개)	1,662	1,685	1,707	1,733	1,754	1,471	1,472
	시 · 도(개)	12,613	13,014	13,344	13,725	13,823	12,421	12,465
전년대비증감단체수		342	424	352	407	119	−1,685	45
증감비(%)		2.5	2.9	2.4	2.7	0.7	−10.8	0.3

(출처: 행정안전부, 2025)

3) 사회단체참여율 그래프 및 연관지표

사회단체참여율은 시민들이 비영리단체, 시민단체, 자원봉사단체 등에 얼마나 적극적으로 참여하는지를 나타내는 중요한 사회적 지표이다. 2015년부터 2018년까지는 안정적인 수준을 유지했으나, 2019년 이후 감소세를 보였고 2020년에는 최저치를 기록하였다. 이후 점차 회복세를 보이며 2023년에는 약 60%로 크게 상승하였다. 이러한 흐름은 자원봉사율, 기부율, 시민신뢰도 등 연관 지표에서도 유사하게 나타나며, 사회참여문화의 회복과 확산을 보여준다.

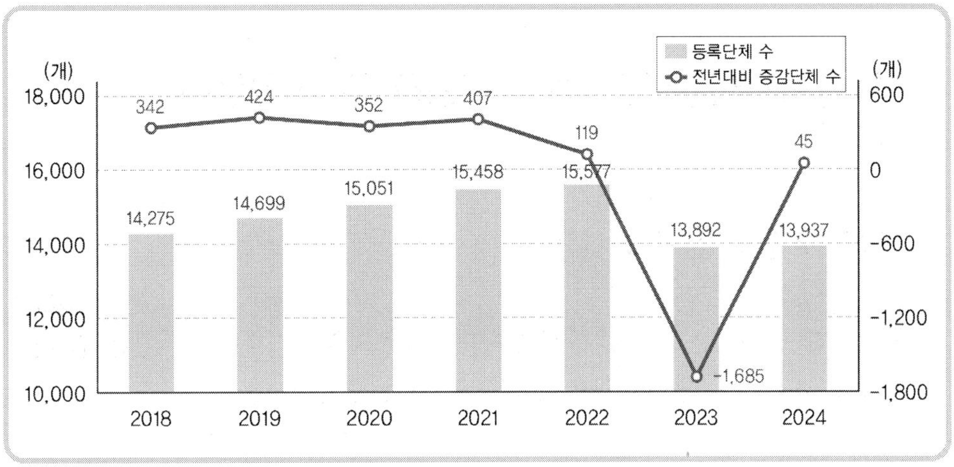

[그림 5-1] 사회단체참여율 그래프

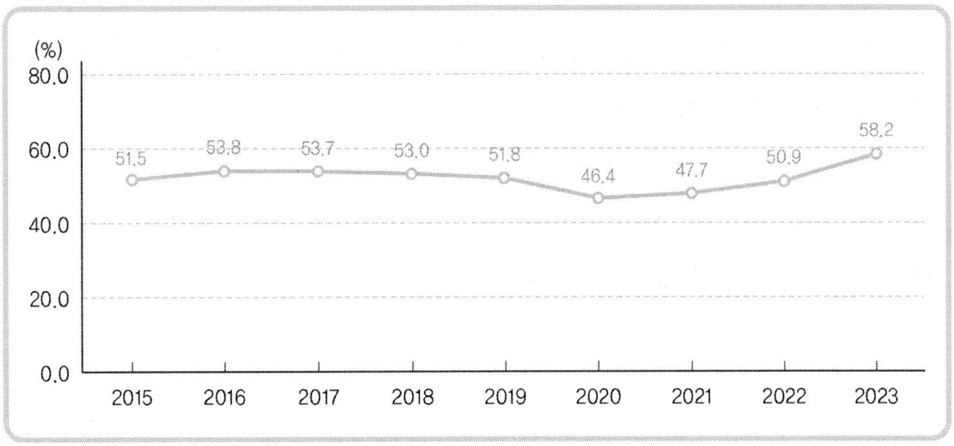

(출처: 행정안전부, 2024)

[그림 5-2] 사회단체참여율 연관지표

3. 비영리민간단체 신규등록 및 변경등록

1) 신규등록 절차 및 구비서류

비영리민간단체의 신규등록은 「비영리민간단체 지원법」 제4조 및 같은 법 시행령 제3조에 따라 정해진 절차와 요건을 충족하여 이루어진다.

(1) 처리절차

① 등록서류 검토

② 등록신청서 접수 및 요건 확인(단체 요건, 구성원 수, 공익활동 실적 등 검토)

③ 관련 부서 조회 및 현장 확인

④ 등록번호 부여 및 등록대장 기재

⑤ 등록증 교부 및 등록사항 통보

⑥ 관보 또는 공보에 등록 사실 공고

(2) 구비서류

① 등록신청서 1부(시행규칙 별지 제1호서식)

② 단체의 회칙 또는 정관 1부

③ 총회 회의록(해당 연도 및 전년도), 참석명부, 총회 개최 사진

④ 사업계획서 및 수지예산서(해당 연도)

⑤ 전년도 사업실적서, 예산서 및 결산서

⑥ 상시 구성원 100인 이상의 회원명부

⑦ 단체 소개서 1부

⑧ 사무실 확보 관련 서류(임대차계약서 또는 무상 사용증명서 등)

⑨ 대표자의 이력서 또는 약력

⑩ 최근 1년 이상의 공익활동 실적을 증명할 수 있는 자료(활동 내용, 장소, 일시, 참여자 수, 사진 등)

※ 회칙 또는 정관에는 총회의 성립 요건(출석 정족수, 의결 요건 등)이 명시되어 있어야 한다.

(3) 등록신청 방법 및 범위(법 제4조, 영 제3조)

① 중앙행정기관 등록
단체의 사업 범위가 둘 이상의 시·도에 걸쳐 있으며, 각 지역에 사무소를 두고 있는 경우

② 사업 범위가 하나의 시·도 내에 국한되는 경우 또는 중앙행정기관에 등록된 단체의 지역 조직

2) 변경등록[1] 절차 및 공통 제출서류(변경등록)

비영리민간단체는 등록 이후 명칭, 대표자, 사무소 소재지, 주된 사업 등 주요 사항에 변경이 생긴 경우, 반드시 관할 행정기관에 변경등록을 신청해야 하며, 이는 「비영리민간단체 지원법」 제4조의2 및 같은 법 시행령 제6조에 근거한다.

1) 서울특별시, 비영리민간단체 변경 참고, https://news.seoul.go.kr/gov/archives/78467.

(1) 변경등록절차

① 등록변경신청서 접수 및 검토

② 「비영리민간단체등록증」 원본 회수

③ 등록대장 정리

④ 변경된 등록증 재교부

⑤ 관보 또는 공보에 변경사항 공고

⑥ 행정안전부장관에게 통지

※ 접수 후 10일 이내 처리 완료

(2) 신청방법

① 신청 방식: 방문 또는 우편

② 처리기관: 해당 중앙행정기관 또는 시 · 도지사

③ 수수료: 없음

④ 신청 자격: 단체 대표자 또는 정당한 대리인

⑤ 신청서식: 「비영리민간단체 지원법 시행령」 별지 제1호서식

(3) 공통 제출서류

비영리민간단체 변경등록을 위해 다음과 같은 공통서류를 제출해야 한다.

〈표 5-2〉 비영리민간단체 변경등록 시 공통 제출서류

연번	목록	내용
1	등록변경신청서 1부	
2	회칙 또는 정관 1부	간인 날인
3	변경사항이 논의된 총회 회의록 1부	간인 날인, 참석자 서명부, 사진 등- 원본 제출(원본 제출이 어려울 경우, 사본에 원본대조필 날인하여 제출)- 정관(회칙)에 위임규정이 있는 경우에 한해 의결권 위임이 가능하며, 위임 시 위임장 제출 필요
4	비영리민간단체 등록증 원본	등록증을 분실한 경우, 분실사유서를 작성하여 첨부
5-1	사업계획서, 수지예산서	주된 사업 변경 시
5-2	대표자 인적사항 (기본 인적사항, 주요경력 등)	대표자 변경 시
5-3	사무소* 사용에 관한 권리관계를 확인할 수 있는 서류(지부포함) 각 1부	주된 사무소 변경 시- '사무소' 란 건물등기부 등본, 건축물대장 등에 용도가 사무실로 되어있으며, 회원이 상시적으로 이용 가능한 장소를 뜻함

(출처: 법제처, 2023)

4. 비영리민간단체 말소 및 지원

비영리민간단체는 특정 사유에 따라 관할 기관의 판단 또는 단체의 신청으로 등록 말소될 수 있으며, 이는 직권 말소와 신청 말소로 나뉜다. 또한, 공익활동을 자율적으로 수행할 수 있도록 보장되며, 행정안전부장관 또는 시 · 도지사는 안정적인 활동을 위해 행정적 · 재정적 지원을 제공할 수 있다.

1) 직권 말소 및 절차

(1) 직권 말소

관할 행정기관(중앙행정기관 또는 시 · 도지사)은 등록된 단체가 다음 사유에 해당할 경우 등록을 직권으로 말소할 수 있다.

① 단체가 특정인의 이익을 위한 사업을 수행한 경우
② 구성원 상호 간 이익을 분배하거나 사적 활동을 한 경우
③ 정당 또는 선출직 후보 지지 · 지원 활동을 수행한 경우
④ 종교 교리 전파를 목적으로 활동한 경우
⑤ 상시 구성원 수가 100인 미만으로 감소한 경우
⑥ 최근 1년 이상 공익활동 실적이 없는 경우
⑦ 대표자 또는 관리인이 부재한 경우

(2) 신청 말소

비영리민간단체가 자발적으로 등록 말소를 희망하거나 사유가 발생한 경우, 등록 말소 신청을 할 수 있다.

① 단체 자체의 요청에 따라 말소를 희망하는 경우
② 경기도 등록 단체가 중앙행정기관 등록을 희망할 경우
③ 시 · 도를 달리하여 주된 사무소를 이전하는 경우
④ 복수 단체가 통합하여 새로운 단체로 등록하고자 하는 경우
⑤ 기타 정당한 사유가 있는 경우

(3) 말소 절차

① 말소 요건 확인

② (직권 말소의 경우) 「행정절차법」에 따른 청문 실시

③ 등록증 회수 및 말소 공고

④ 행정안전부에 말소 통보

※ 신청 말소의 경우 청문 절차는 생략 가능함

2) 보조금 지원 및 행정적 지원

(1) 보조금의 지원

비영리민간단체 지원법 제6조」에 의하면 비영리민간단체는 등록된 단체(비영리민간단체 지원법 제4조 제1항 참조)로서, 다른 법률에 따라 이미 보조금을 받는 사업이 아닌 경우, 공익활동을 위한 사업에 대해 국가 또는 지방자치단체로부터 소요경비의 일부를 지원받을 수 있다(법제처, 2023).

(2) 행정적 지원 및 공공기관 협력

비영리민간단체 지원법 시행령 제13조」에 의하면 비영리민간단체가 공익사업을 수행하는 과정에서 필요한 경우, 관련 공공기관이나 행정기관에 대해 사업 관련 사항에 대한 협조를 요청할 수 있으며, 이 경우 행정기관은 필요한 범위 내에서 협조해야 한다(법제처, 2023).

(3) 공익사업 선정 방식

「비영리민간단체 지원법 제7조」와 「시행령 제5조~제8조」에 의하면 비영리민간단체가 보조금을 지원받기 위해 공익사업을 신청할 경우, 공모방식으로 접수된 신청서를 민간 전문가로 구성된 공익사업선정위원회가 심사하여 선정하며, 이를 통해 사업비 일부가 지원된다(법제처, 2023).

(4) 우편요금 감면

「비영리민간단체 지원법 제11조」에 의하면 비영리민간단체는 공익활동에 사용하는 우편물(별납 또는 후납)에 대해 일반 우편요금의 100분의 25를 감면받을 수 있다(법제처, 2023).

(5) 조세 감면

「비영리민간단체 지원법 제10조」에 의하면 등록 비영리민간단체는 「조세특례제한법」 및 기타 조세 관련 법령에 따라 법인세, 소득세, 재산세 등 일부 세목에 대해 조세 감면을 받을 수 있으며, 이는 비영리성과 공익성에 대한 제도적 인정에 기반한다(법제처, 2023).

5. 비영리민간단체의 공익활동

1) 공익활동 지원법 및 목적

(1) 법적근거

「비영리민간단체 지원법」은 비영리민간단체의 자발적 활동을 보장하고, 건전한 민간단체로 성장할 수 있도록 지원함으로써 공익활동을 촉진하고 민주사회 발전에 기여함을 목적으로 한다(비영리민간단체 지원법 제1조, 법제처, 2023). 공익사업 지원과 관련된 세부 절차는 같은 법 제7조 및 시행령 제5조~제9조, 「보조금 관리에 관한 법률」 등에서 정하고 있다.

(2) 지원목적

공익활동에 참여하는 비영리민간단체가 사회 문제를 해결하고 공동체 발전에 기여할 수 있도록 자발적인 활동 기반을 마련해주는 것이 주된 목적이다. 이를 위해 행정안전부는 매년 사업공고를 통해 공익활동 지원사업을 운영하고 있다(행정안전부, 2024).

2) 지원대상 및 공익사업 유형

(1) 지원대상

비영리민간단체 지원사업은 「비영리민간단체 지원법」 제4조에 따라 중앙행정기관 또는 시 · 도지사에 등록된 단체 중 공익활동 실적을 갖춘 단체를 대상으로 한다.

(2) 공익사업 유형 및 결정

행정안전부장관은 매년 사회적 수요와 정책 방향을 고려하여 공익사업의 유형을 결정하며(지원법 제7조 제1항), 그 기준은 시행령 제5조에 따라 아래와 같이 구분된다.

① 국가 또는 시 · 도의 사업과 중복되지 않는 사업
② 정책을 보완하거나 상승효과를 가지는 보완형 사업
③ 전국 단위 또는 광역 단위에서 수행되어야 할 사업

2024년 비영리민간단체 공익활동 지원사업 선정결과 및 2025년 사업 제외대상 안내 공고 * 참고: https://viewstory.net/previewAjax.do

3) 공모 및 선정 절차

「비영리민간단체 지원법 제7조 제2항」과 「비영리민간단체 지원법 시행령 제8조」에 의하면 공익사업은 공개 공모방식으로 신청을 받고, 민간 전문가로 구성된 공익사업선정위원회의 심사를 거쳐 사업의 적절성, 사회적 파급력, 자체 부담 능력 등을 종합적으로 평가하여 선정된다(법제처, 2023).

〈표 5-3〉 공익사업 보조금 공모 및 선정 절차

단계	내용
① 공모	행정안전부 또는 지방자치단체에서 연간 공익활동 지원사업 공고
② 사업설명회	신청 대상 비영리민간단체를 대상으로 사업 안내 및 질의응답 진행
③ 신청서 접수	온라인 시스템(NPAS)을 통해 신청서 및 구비서류 제출
④ 심사	공익사업선정위원회가 신청사업을 심사하여 적절성, 파급성, 예산 타당성 등 평가
⑤ 결과 통보 및 교부	선정 결과 통보 후, 교부 결정 및 보조금 지급 절차 진행

(출처: 비영리민간단체 공익활동 지원사업 관리정보시스템, 2024)

※ 모든 절차는 비영리민간단체 공익활동 지원사업 관리정보시스템(NPAS)을 통해 온라인으로 운영됨.

4) 공익활동 추진 절차 및 단계별 업무[2)]

비영리민간단체의 공익활동이 효과적으로 수행되기 위해서는 각 추진 단계마다 명확한 절차와 역할이 요구된다. 이에 따라 「2024년 비영리민간단체 공익활동 지원사업 집행지침」에서는 사업공고부터 신청, 평가, 집행, 정산에 이르는 전 과정을 체계적으로 안내하고 있다.

2) 2024년 비영리민간단체 공익활동 지원사업 집행지침(최종) (https://www.mois.go.kr/frt/bbs/type001/commonSelectBoardArticle.do?bbsId=BBSMSTR_000000000058&nttId=106261)

구분	업무내용
사업공고 및 설명회	• 2024년 지원사업 시행공고('23.12월) 〈NPAS 및 행안부 홈페이지〉 • 사업설명회 개최('23.12월)
NPAS 회원가입 및 사업신청	• 관리정보시스템(https://mpas.mois.go.kr, 이하 'NPAS')에 접속 후 민간단체 명의로 회원가입 〈민간단체〉 • 공익사업지원신청서 작성·제출 〈민간단체〉
사업심사 및 선정	• 신청사업 심사 및 지원사업 선정 〈공익사업선정위원회〉
교부신청	• 지원사업 선정 확인 후 보조금 교부 신청 〈민간단체〉 –교부조건, 집행지침, 보조금 교부신청 절차 숙지(실무교육 필참) –전용계좌개설, 이행보증보험가입, 실행계획서 제출 등
사업승인 및 보조금 지급(1차)	• 교부신청(실행계획) 검토, (필요시) 보환요청, 실행계획 승인 및 1차 보조금 지급 〈행정안전부〉
사업집행	• 평가기준 및 방법, 회계처리, 집행등록 교육 〈행정안전부〉 • 사업 진행 및 사업비 집행내역 등록 〈민간단체〉 • 사업진행 관리 〈행정안전부〉
중간평가 및 보조금 지급(2차, 3차)	• 중간보고서 제출 〈민간단체〉 • 현장점검 및 중간평가 〈행정안전부, 평가기관〉 • 중간평가결과 조치 및 2차 또는 3차 보조금 지급 〈행정안전부〉
최종평가	• 최종보고서 제출 〈민간단체〉 • 최종평가: 사업평가 및 회계평가 〈평가기관〉 –(필요시) 사업관리, 회계 자료 보완 〈민간단체〉
사업비 정산 및 평가결과 공개	• 집행잔액, 이자/수수료, 부당집행 환수금 반납 〈민간단체〉 • 평가결과 공개 〈행정안전부〉 –단체별 사업계획서, 사업실적·지출내역 등 평가결과

[그림 5–3] 사업추진 단계별 업무 내용

5) 공익활동의 실제 사례와 지원기관 현황

비영리민간단체의 공익활동은 정부 및 민간기관의 다양한 지원을 통해 실질적으로 운영된다. 다음은 주요 지원기관과 그들의 대표적 공익사업 사례이다..

〈표 5-5〉 공익활동 지원기관별 주요 사례

구분	기관명	지원 사례
정부 · 지자체	행정안전부	비영리민간단체 공익활동 지원사업을 통해 다양한 공익활동을 지원하며, 이를 위해 NPAS 시스템을 운영하고 있다.
	서울특별시	2025년 비영리민간단체 공익활동지원사업을 시행하여 다양한 단체의 공익활동을 지원하고 있다.
	우체국공익재단	무의탁환자 야간 간병 등 다양한 공익사업을 추진하여 사회적 약자를 지원하고 있다.
민간단체	아름다운재단	공익단체 인큐베이팅 지원사업, IT인프라 지원사업 등 다양한 공익활동 지원사업을 통해 공익단체의 성장을 지원하고 있다.
	한국여성재단	여성 인권 신장과 복지 향상을 위한 다양한 공익사업을 지원하고 있다.
	재단법인 동천	공익인권법 관련 활동을 지원하며, 사회적 약자의 권리 보호를 위해 노력하고 있다.
	공동모금회	다양한 사회복지사업을 지원하며, 지역사회 발전과 복지 향상을 위해 기여하고 있다.
	재단법인 바보의나눔	소외계층 지원 및 다양한 공익사업을 통해 사회적 가치를 실현하고 있다.
	교보생명	사회공헌활동의 일환으로 다양한 공익사업을 지원하며, 지역사회 발전에 기여하고 있다.

이러한 기관들은 다양한 공익사업을 통해 사회적 가치를 실현하고 있으며, 각 기관의 지원 프로그램은 해당 기관의 공식 웹사이트를 통해 확인할 수 있다.

6. 비영리민간단체의 운영 및 관리

비영리민간단체는 공익 실현을 위해 체계적이고 투명한 운영이 필요하다. 이를 위해 조직 구조, 의사결정 방식, 재정 관리 등의 효율적인 관리가 필수적이며, 이해관계자와의 협력을 통해 지속 가능한 운영 기반을 확보해야 한다.

1) 조직운영 체계 및 정관

(1) 조직운영 체계

비영리민간단체는 일반적으로 다음과 같은 구성으로 운영된다.

〈표 5-4〉 비영리민간단체의 조직 구성 및 역할

구성기구	주요 역할
총회	최고의결기구로, 정관 개정, 예 · 결산 승인, 임원 선출 등을 담당
이사회 / 운영위원회	주요 정책 결정, 사업계획 수립, 예산 집행 관리 등 운영 전반 감독
사무국	실무 집행조직으로, 사업 실행, 대외협력, 보고서 작성 등을 담당
감사	회계 및 운영에 대한 감시와 평가 기능 수행

(출처: 서울시 NPO지원센터, 2023; 행정안전부, 2024)

※ 총회와 이사회는 회의록을 필수로 작성하고, 정족수 및 의결 요건을 정관에 명시해야 한다.

(2) 정관 및 규정 운영

단체 운영의 기본은 정관에 있으며, 정관에는 다음의 내용이 반드시 포함되어야 한다(비영리민간단체 지원법 시행령 제2조, 법제처, 2023).

가. 목적 및 사업 내용
나. 회원의 자격과 권리 · 의무
다. 임원의 구성, 임기, 선출 · 해임
라. 총회 및 이사회 운영 규정
마. 회계 및 재산 관리
바. 해산 및 잔여재산 처리

정관 외에도 "사업규정", "재무규정", "인사규정" 등 내부 규정을 통해 운영의 투명성과 합리성을 강화할 수 있다.

2) 재정 및 회계 관리

비영리민간단체는 수익을 목적으로 하지 않기 때문에, 투명한 회계 운영과 책임 있는 재정관리가 필수이다.

① 예산 편성 시 총회 또는 이사회의 승인을 받아야 함
② 모든 수입과 지출은 회계장부에 기록하고 영수증 · 증빙자료 보관 필수
③ 외부 회계 감사 또는 내부 감사 실시 권장
④ 보조금 수령 시, 정산보고서와 함께 사용 내역을 공개해야 함

※ 「보조금 관리에 관한 법률」, 「비영리민간단체 지원법」 기준에 따라 정산 필요(법제처, 2023).

3) 사업 운영의 투명성 및 윤리 기준

(1) 사업운영의 투명성과 책임성

공공재원을 지원받거나 시민의 기부로 운영되는 단체는 운영의 투명성을 확보하고, 사회적 책임을 다해야 한다.

가. 정기 보고서(사업보고서, 회계결산서)를 정기적으로 발행 및 공개
나. 회의록, 총회 사진, 회계 장부 등 증빙자료 보관
다. 보조금 수령 시, NPAS 시스템 등에 사업 결과 등록 의무
라. 공익법인 등록 시 국세청 홈택스를 통한 결산 공시 필요

(2) 운영상 유의사항 및 윤리 기준

비영리민간단체는 다음과 같은 윤리적 기준과 유의사항을 준수해야 한다.

가. 구성원 간 이해충돌 회피(이해관계인의 이중직책 금지 등)
나. 보조금 목적 외 사용 금지(유용 시 환수 및 처벌 가능)
다. 공익성에 반하는 활동(정당 지지, 종교 전파 등) 금지
라. 회계 부정, 허위보고 등 발견 시 등록 말소 또는 형사처벌 가능

7. 비영리민간단체의 지속가능한 운영 전략

비영리민간단체는 시대적 변화와 사회적 수요에 발맞추어 지속 가능한 방식으로 운영되어야 한다. 이를 위해 전략적 사고와 실행 가능한 운영 방안을 수립하여야 하며, 다음과 같은 구체적 전략을 추가로 고려할 수 있다.

1) 재원 확보 전략

기업 CSR 협력, 정부 보조금, 크라우드 펀딩, 자체 수익사업, 기부자 관계 관리 등을 통해 재정 안정성 확보를 위한 주요 전략이다. 다음은 재원 확보를 위한 주요 전략이다.

가. 기업 협력: CSR 기반의 기업 파트너십을 통해 재원을 확보한다.
나. 정부 지원 확대: 공공 보조사업 참여로 안정적인 지원금을 확보한다.
다. 크라우드 펀딩 활용: 온라인을 통해 공감을 얻고 후원자를 모집한다.
라. 자체 수익사업: 합법적 수익사업으로 자립 재원을 마련한다.
바. 기부자 관계 관리: 기부자와의 소통으로 재후원을 유도한다.

2) 인적 자원 관리 전략

조직의 성과와 지속가능성은 인적 자원의 전문성, 자원봉사 관리, 리더십, 공정한 인사제도 구축이 핵심 전략이다. 이러한 목표를 달성하기 위한 전략은 다음과 같다.

가. 전문성 강화: 워크숍과 직무교육을 통해 구성원의 역량을 높인다.
나. 자원봉사 체계: 교육부터 보상까지 자원봉사를 체계적으로 관리한다.
다. 리더십 개발: 리더의 전략적 · 윤리적 역량을 강화하는 교육을 실시한다.
라. 공정한 인사제도: 공정하고 투명한 인사 관리 시스템을 마련한다.

3) 정보공개 및 대외 커뮤니케이션 전략

비영리조직의 신뢰성과 책임성을 높이기 위해서는 정보 공개와 대외 커뮤니케이션을 통해 이해관계자와의 신뢰를 구축하는 것이 중요하다. 아래는 정보공개 및 대외 커뮤니케이션 전략에 대한 주요 실행 방안이다.

가. 연간보고 및 회계공시: 주요 활동과 재정 내역을 정기적으로 공개한다.
나. 온라인 플랫폼 활용: 홈페이지 및 SNS를 통해 활동 정보를 투명하게 공유한다.
다. 미디어 활용: 다양한 매체를 활용해 홍보 효과와 공감대를 높인다.
라. 이해관계자 참여: 소통창구와 간담회를 통해 의견을 반영하고 신뢰를 쌓는다.

4) 네트워크 및 협력 강화 전략

비영리조직은 다양한 주체와의 네트워크 형성 및 국내외 기관 연대를 통해 사회적 가치를 실현하고 지속 가능한 발전을 이끌어낼 수 있다. 다음은 네트워크 및 협력 관계를 강화하기 위한 전략이다.

가. NGO/NPO 협력: 유관 단체와의 공동사업으로 시너지를 창출한다.
나. 공공기관 협약: 지자체 · 공공기관과 협약을 맺어 협력 체계를 구축한다.
다. 민관 네트워크: 네트워크 · 포럼에 참여해 공공성과 실효성을 높인다.
라. 국제 교류: 해외 기관과 협력해 글로벌 의제에 공동 대응한다.

5) 평가 및 피드백 체계 구축

조직의 성과 향상과 전략적 의사결정을 위해 정량 · 정성 지표를 통합한 체계적인 평가 및 피드백 시스템이 필요하다. 다음은 평가 체계 강화를 위한 실행 방안이다.

가. 내부 평가 체계: 사업 결과에 대해 내부 평가를 수행하고, 외부 전문가의 평가를 병행한다.
나. 피드백 시스템: 참여자와 이해관계자 피드백을 수집하여 개선점을 도출한다.
다. 사업 성과 지표(KPI): 사업 성과를 측정할 수 있는 지표를 설정하고, 정기적으로 점검한다.

6) 디지털 전환 전략

비영리조직은 업무 효율성과 유연한 대응을 위해 디지털 전환 전략을 도입하는 것이 필수적이다. 이를 위해 다음과 같은 세부 실행 방안이 필요하다.

가. 클라우드 시스템: 원격 협업과 정보 공유를 위한 기반 마련
나. 온라인 교육 및 회의 시스템: 비대면 방식으로 지속적인 역량 개발 지원
다. 온라인 마케팅: 전자기부 및 SNS로 후원자와의 관계 강화
라. 데이터 기반 의사결정: 사업 성과 분석을 통한 전략적 판단 지원
마. 사이버 보안 강화: 정보 보호와 공격 대응 체계 구축

7) 조직의 투명성과 윤리경영 실현

조직의 투명성과 윤리경영을 위해 내부 관리 체계 강화와 신뢰 기반 시스템 도입이 필요하다. 주요 실행 방안은 다음과 같다.

가. 정기감사 실시와 결과 공개로 조직 신뢰 확보
나. 윤리강령 제정과 교육을 통해 윤리적 조직문화 형성
다. 부정수급 방지를 위한 신고센터 운영 및 체계 구축
라. 이해충돌 예방을 위한 매뉴얼 수립과 정기 점검

Chapter 06

비영리조직:
법인 설립과 운영

Chapter 06

비영리조직: 법인 설립과 운영

1. 비영리 법인의 일반 사항

1) 비영리 법인

「민법」제32조에 따른 사단법인과 재단법인은 비영리 법인이다. 법인이란 일정한 사람의 집합(사단)이나 일정한 목적을 위해 출연된 재산의 집합체(재단)에 법인격을 부여하여 법률상 권리와 의무의 주체가 되도록 한 것을 말한다(법인의 권리능력). 권리와 의무의 귀속 주체가 될 뿐만 아니라 기관(이사, 주주총회 등)을 통하여 법률 행위를 할 능력도 가진다(행위능력). 법인의 종류는 일반적으로 공법인과 사법인, 영리법인과 비영리법인, 사단법인과 재단법인 등으로 분류할 수 있다.

〈표 6-1〉 법인의 종류

구분	종 류	내 용	비 고
국가 공권력의 적용 유무	공법인	국가나 지방 공공단체	
	사법인	사단법인, 재단법인, 각종 회사	
영리성 유무	영리법인	상사회사, 민사회사	
	비영리법인	학술, 종교, 자선, 예술, 사교 등을 목적으로 하는 민법상 법인	공익법인 포함
존재형태	사단법인	영리법인, 비영리법인	
	재단법인	비영리법인	

(출처: 찾기쉬운생활법령정보[1], 2021, 재인용)

2) 유사 개념과 구분

(1) 비영리단체

비영리를 목적으로 하지만 설립 근거법이 「비영리민간단체 지원법」제4조이며, 국가나 지자체의 지원을 받기 위해 행정청에 등록하는 단체로, 비영리 법인이 비영리민간단체가 되려면 별도의 등록 절차가 필요하다.

(2) 공익법인

공익법인은 학자금, 장학금 또는 연구비의 보조나 지급, 학술, 자선에 관한 사업을 목적으로「공익법인의 설립 · 운영에 관한 법률」에 따라 설립된다.

자선사업을 목적으로 하는 사단 · 재단법인이라 하더라도「공익법인의 설립 · 운영에 관한 법률」에 허가받은 법인이 아니면, 공익법인이 아니다. 비영리법인의 유

1) https://easylaw.go.kr/CSP/CnpClsMain.laf?popMenu=ov&csmSeq=83&ccfNo=1&cciNo=1&cnpClsNo=1&search_put

사단체로는 법인이 아닌 사단 · 재단과 조합 등이 있다. '법인 아닌 사단'은 단체의 행동이 그 기관에 의해 행해지고 법률 효과도 단체 자체에 귀속하는 등 사단의 실질을 가지고 있지만 법인으로는 인정되지 않는 단체를 말한다.

3) 사단 · 재단법인의 설립허가

(1) 법인의 자유 설립 부정

「민법」제31조 '법인의 성립은 법률의 규정에 의함이 아니면 성립하지 못한다'고 규정하여 법인의 자유설립을 부정하고 있다.

(2) 허가주의 채택

「민법」제32조에서'학술, 종교, 자선, 기예, 사교 기타 영리 아닌 사업을 목적으로 하는 사단 또는 재단은 주무관청의 허가를 얻어 이를 법인으로 할 수 있다.'고 규정하여 허가주의를 채택하고 있다.

(3) 사단 · 재단법인 관리 업무 및 소관

① 법인의 관리업무
② 법인 설립허가 및 허가의 취소
③ 정관 변경허가 및 법인 허가증 재발급
④ 사업실적 계획서 및 실적 보고서 제출
⑤ 해산신고 접수
⑥ 잔여재산처분의 허가
⑦ 이외의 각종 보고 및 신고 업무

(4) 법인 업무의 소관

지방자치단체(2013. 1. 1. 이후「행정권한의 위임 및 위탁에 관한규정」)에 의해 지자체 장의 허가에 의해 설립된 법인인 경우는, 외교부 소관이 아닌 지자체 소관 관리 감독 사항이다. 설립허가 및 취소, 해산 신고의 수리, 기타 지도 감독은 다음과 같다.

① 시 · 도: 법인의 활동 범위가 2개 이하의 인접한 특별시 · 광역시 · 도의 관할구역 안에 속하는 경우

② 주무관청: 법인의 활동 범위가 3개 이상의 시 · 도에 또는 연접하지 않은 2개의 시 · 도에 해당하는 경우

2. 법인의 설립

1) 법인의 설립

(1) 법인의 설립 절차

「민법」제31조 "법인의 성립은 법률의 규정에 의함이 아니면 성립하지 못한다" 고 규정하여 법률 규정에 벗어난 법인 설립은 인정하지 않는다. 법인의 설립절차는, 발기인 또는 설립자에 의한 「단체의 설립 단계」와 설립된 단체에 국가 기관의 행정 행위에 의한 「법인격 부여단계」로 구분한다. 이때, 설립되는 법인의 종류는 현행

민법상 사단 또는 재단법인이어야 하고, 민법에 근거하여 설립되는 법인은 "비영리" 사업을 추구하는 것을 전제로 한다.

「법인격 부여단계」에서는, 주무관청의 허가와 법인 설립등기가 이루어짐으로써 법인 설립이 완성된다. 사단 또는 재단법인이 주무관청에 법인 설립 허가 신청을 하고, 주무관청에서 설립허가 처분을 내린다. 이후, 단체는 주된 사무소의 소재지에 법인 설립등기를 함으로써 법인 설립이 완성된다(민법 제 31조 및 제 32조).

① 비영리를 목적으로 하는 단체(사단 또는 재단)가 법인으로 되기 위해서는 주무관청으로부터 허가를 받아야 한다(민법 제 32조). 주무관청의 허가를 받지 못하면 법인으로 성립하지 않는다.

② 법인 설립허가 신청을 하고자 할 때, 법인 정관에 기재된 목적에 따라 허가 신청을 하는 관청이 달라진다. 주무관청의 허가 여부는 주무관청의 재량에 속한다.

(2) 신청시 구비 서류

「민법」제32조의 규정에 의하여 법인의 설립허가를 받고자 하는 자는 법인 설립 허가 신청서에 다음의 서류를 첨부하여 법무부장관에게 제출하여야 한다.

① 정관 1부

② 설립 발기인의 성명 주민등록번호 주소 및 약력을 적은 서류

③ 재산목록 및 증명서류 1부

④ 재산 출연의 신청이 있는 경우, 사실을 증명하는 서류 1부

⑤ 해당 사업연도분의 사업계획서 1부

⑥ 수입 및 지출 예산을 기재한 서류 1부

⑦ 임원 취임 예정자의 성명, 주민등록번호, 주소, 약력을 적은 서류

⑧ 창립총회 회의록 1부

⑨ 임원 취임승낙서 1부

(3) 설립행위

사단법인의 설립행위는 법인의 정관 작성이지만, 재단법인의 설립행위란 법인의 정관 작성과 재산의 출연을 의미한다.

① 의의

사단법인의 설립행위란 설립자(발기인)가 사단법인의 근본 규칙인 정관을 작성하는 행위를 말한다.

② 설립자가 정관을 서면 작성하여 기명날인 한 것을 유구하여(민법 제40조), 설립행위로 규정하고 있다. 설립자의 기명날인이 없는 정관은 효력이 없다.

③ 민법에는 설립자의 수에 대해 언급이 없지만, 사단법인의 성질상 2인 이상은 필요하다고 해석한다(2011년 국회 제출되었던 민법 개정안은 사단법인의 구성원을 5인 이상으로 규정).

(4) 정관의 기재사항

정관은 반드시 기재되어야 하는 필요적 기재사항과 임의적 기재사항으로 구성된다.

① 필요적 기재사항

필요적 기재사항은 정관에 반드시 기재되어야 하고, 하나라도 빠지게 되면 정관으로서의 효력이 없어, 주무관청으로부터 법인 설립의 허가를 받을 수 없다.

㉠ 목적

㉡ 명칭

ⓒ 사무소의 소재지

ⓔ 자산에 관한 규정

ⓜ 이사의 임면에 관한 규정

ⓑ 사원 자격의 득실에 관한 규정

ⓢ 존립 시기나 해산 사유를 정하는 때에는 그 시기 또는 사유

② 임의적 기재사항

정관에 기재되어 있으나 필요적 기재 사항에 해당하지 않는 사항으로 특별한 제한이 없다. 필요적 기재사항과 마찬가지의 효력을 갖게 되며, 이를 변경하려면 정관의 변경 절차(주무관청의 허가와 정관 변경 등기)가 필요하다.

(5) 기관의 구성

법인이 의사를 결정하고, 의사에 의거하여 외부에 대하여 행동하며 내부의 사무를 처리하기 위해서는 일정한 조직이 필요하다. 이 조직이 법인의「기관」으로, 기관은 의사결정 기관, 의사 집행기관, 감독기관 등으로 이루어진다.

「기관」은 법률상 반드시 두어야 하는 필요기관과 둘 수도 있는 임의기관으로 나뉜다. 대표기관이자 집행기관인 「이사」는 모든 법인이 두어야 하는 필요기관이지만, 이사의 감독기관인「감사」는 민법상 법인에는 임의기관이다. 법인의 최고 의사결정기관인「사원총회」는 사단법인에게는 필요기관이지만, 재단법인의 경우는 존재하지 않는다.

〈표 6-2〉 법인 설립을 위한 기관구성

이 사	• 법인을 대표하고 법인의 업무를 집행하는, 상설적인 필요기관 • 사단법인 및 재단법인에 반드시 이사를 두도록 한다(민법 제 57조). • 이사의 수는 제한이 없으며, 정관에서 임의로 정할 수 있다. • 이사의 성명, 주소는 등기사항(민법 제49조 제2항)으로 미등기시 선임, 해임, 퇴임에 있어 제 3자에게 대항 할 수 없다(민법 제 54조 제1항).
이사회	• 이사들로 구성된 회의체인 이사회로, 현행 민법은 이사회에 관한 별도의 규정은 두지 않고 있으며, 필요기관이 아니라 임의기관이다.
사원총회	• 사단법인을 구성하는 사원의 전원으로써 최고 의사결정 기관인 사원총회를 반드시 두어야 하는 필요기관이다. 재단법인의 경우는 존재하지 않는다. • 정관의 변경, 법인의 해산 등의 최고 의사 결정 기관이면서 필요기관으로 정관의 규정에 의해서도 이를 폐지하지는 못한다.
감 사	• 정관 또는 총회의 결의로 감사를 둘 수 있지만(민법 제66조), 임의기관으로, 이사와는 달리 감사의 성명, 주소는 등기사항이 아니다.

(6) 주무관청의 허가서 교부

① 주무관청의 설립허가 업무

법인 설립허가를 하는 기준은, 법무부 소관「비영리법인의 설립 및 감독에 관한 규칙」에 규정되어 있다.

㉠ 비영리 법인의 목적과 사업이 실현 가능할 것

㉡ 목적하는 사업을 수행할 수 있는 충분한 능력이 있고, 재정적 기초가 확립되어 있거나 확립될 수 있을 것

㉢ 다른 법인과 동일한 명칭이 아닐 것

② 주무관청의 법인 설립허가

처리기간은 특별한 사유가 없는 한, 20일 이내에 이를 심사하여 허가 또는 불허가 처분을 하여야 한다(법인규칙 제 4조 제2항). 허가 또는 불허가 처분은 서면으로 신청인에게 통지하고, 허가하는 경우에는 법인 규칙 서식에 따른 법인 설립 허가

증을 발급한다. 주무관청은 법인의 설립 허가를 함에 있어 필요한 조건을 붙일 수 있다.

허가 조건의 예	• 법인 설립 허가일로부터 1년 이내에 목적 사업을 실시할 것 • 목적 사업을 계속하여 2년 이상 중단하지 말 것 • 법인의 목적과 관련이 없는 수익 사업을 하지 말 것 등

허가증 발급시 신청서 및 법인 관련 서류는 별도 대장에 관리하고, 설립 허가 후 법인의 명칭 변경(정관변경 허가 신청 필요), 사업내용 변경(정관 변경 허가 신청 필요), 허가조건 변경, 소재지 변경(정관 변경 허가 신청 필요), 대표자 변경시, 허가 관청은 적정성을 검토하여 허가증을 재발급하거나 발급된 허가증에 변경 사항을 기재한 후 통보한다.

(7) 허가 이후 후속 절차

① 법인

㉠ 설립등기: 관할등기소에 등기

㉡ 설립신고 및 사업자등록: 관할 세무서에 신고

㉢ 재산이전: 출연재산 법인 명의로 이전

㉣ 법인 설립등기 완료 및 법인에게 재산 이전완료 사실을 주무관청에 보고

② 법인 설립 허가사실 통보(주무관청 → 세무서)

주무관청은 다음의 사항을 지도 · 감독 한다.

㉠ 재산이전 및 등기 보고

㉡ 설립허가 취소 등 제재 사항

㉢ 임원 결원 방지

㉣ 사전허가(승인) 및 보고사항 적기 수행

2) 법인 설립 후 조치사항

(1) 법인 설립 등기

주무관청으로부터 법인 설립의 허가가 있는 때에는 3주간 내에 주된 사무소의 소재지 관할 법원(등기소)에서 설립등기를 하여야 한다(민법 제49조). 신청자는 주무관청의 허가서가 도달한 날로부터 3주간 내에 등기한다. 법인 설립의 등기는 법인을 대표할 사람이 신청하고, 등기 신청서에는 다음의 서류를 첨부하여야 한다(비송사건절차법 제63조).

① 법인의 정관, 이사의 자격을 증명하는 서면

② 주무관청의 허가서 또는 그 인증이 있는 등본

③ 재산목록

설립 등기사항(민법 제49조 제2항)은 다음과 같다.

㉠ 목적

㉡ 명칭

㉢ 사무소

㉣ 설립 허가 년월일

㉤ 존립 시기나 해산 사유를 정한 때에는 그 시기나 사유

㉥ 자산의 총액

㉦ 출자의 방법을 정한 때에는 그 방법

㉧ 이사의 성명, 주소, 주민등록번호

㉨ 이사의 대표권을 제한한 때는 그 제한

(2) 설립 등기의 보고

법인은 법인 설립 등기를 완료한 날로부터 10일 이내에 그 사실을 주무관청에 보고하여야 한다(법인 규칙 제 5조 제2항).

(3) 법인 설립 신고 및 사업자등록 신청

법인 설립 신고는 법인의 설립 허가를 받은 자는 설립 등기를 한 날로부터 2개월 이내에 소재지 관할 세무서에 법인 설립 신고한다(법인세법 제109조 제1항). 법인 설립신고서에 기재할 사항은 법인의 명칭과 대표자의 성명, 법인의 명칭과 대표자의 성명, 본점이나 주사무소 또는 사업의 실질적 관리 장소의 소재지, 사업 목적, 설립일이다. 법인이 영리이든 비영리이든 사업상 독립적으로 재화나 용역을 공급하는 경우에는 사업자등록을 해야 한다. 사업자는 사업장마다 대통령령으로 정하는 바에 따라 사업 개시일로부터 20일 이내에 사업장 관할 세무서장에게 사업자등록을 신청하여야 한다.

(4) 장부 및 서류의 비치

① 재산 목록의 작성(민법 제55조 제1항)

법인은 매년 3월내 재산 목록을 작성하여 사무소에 비치한다.

② 사원 명부의 비치(민법 제 55조 제2항)

사단법인은 사원 명부를 비치하고, 회원의 변경이 있는 때는 이를 기재하여야 한다.

③ 기타 장부 및 서류의 비치

㉠ 재산목록 ㉡ 장부와 중요 증빙 서류 ㉢ 전표 ㉣ 근로자명부, 근로계약서, 임금대장 등 근로 계약에 관한 중요 서류 ㉤ 사원(회원) 명부(사단법인) ㉥ 회의록 ㉦ 설립허가서, 정관 변경허가 ㉧ 임원 취임(해임) 승인 문서 ㉨ 기타 허가, 승인, 보고 문서

재산 목록이나 회의록의 보존 기간에 대한 직접적인 근거 규정은 없으나, 장부와 중요 증빙 서류의 보존 기간이 10년인 점을 감안하여 최소 10년은 보존할 필요가 있다. 사원(회원) 명부의 보존 기간에 대한 직접 근거 규정은 없으나, 민법이 사원(회원)의 변경 사항을 사원(회원) 명부에 기재하도록 하고 있다. 사원(회원)은 사단법인의 본질이므로 법인이 존재하는 동안 보존되어야 하고, 정관과 설립허가 또한 법인이 인격을 부여받은 근거가 되므로, 설립허가서(정관 포함) 및 정관 변경허가(정관 포함)는 법인이 존재하는 동안 보존되어야 한다.

3. 법인의 운영 관리

1) 법인의 기관 구성 및 운영

(1) 법인의 기관 구성

① 이사

이사는 대외적으로 법인을 대표하고(대표기관), 대내적으로는 법인의 업무를 집행하는(업무집행기관) 상설적인 필요기관이다. 사단법인이든 재단법인이든 이사를 반드시 두어야 하고(민법 제 57조), 이사의 수는 제한이 없으며 정관에서 임의로 정할 수 있다. 이사의 임명과 해임에 관한 규정은 정관에 정한다.

㉠ 이사의 직무권한

이사는 선량한 관리자의 주의로써 충실하게 그 직무를 수행할 법적 의무를 진다. 이사가 의무를 위반하면 법인에 대하여 채무불이행을 이유로 하는 손해배상 책임지고 수인인 경우는 연대 손해배상책임을 진다.

㉡ 법인의 대표권

이사는 법인의 사무에 관하여 각자 법인을 대표한다. 대표하는 사무는 법인의 모든 사무로 제한이 없다. 각 이사는 단독으로 대표할 수 있는 단독대표가 원칙이다. 이사의 대표권이 제한되는 경우는 다음과 같다.

ⓐ 정관에 의한 제한: 이사의 대표권을 제한은 반드시 정관에 기재하여야 하고 정관에 기재하지 않는 대표권의 제한은 무효이다. 정관에 기재한 경우에도 이를 등기하여야 제 3자에게 대항할 수 있다.

ⓑ 총회의 의결에 의한 제한: 이사가 사단법인을 대표하는데 총회의 의결에 의하여야 한다고 규정하고 있으므로 사단법인의 이사의 대표권은 회원 총회의 의결로써 제할 할 수도 있다.

ⓒ 이익 상반의 경우: 법인과 이사의 이익이 상반되는 사항에 관하여는 이사는 대표권이 없으며, 이 경우에는 임시이사 선임의 규정에 따라 특별대리인을 선임하여야 한다.

ⓓ 복임권의 제한: 이사는 원칙적으로 자신이 대표권을 행사하여야 하나 정관 또는 총회의 결의로 금지하지 않는 사항에 한하여 타인으로 하여금 특정의 행위를 대리하게 할 수 있다.

㉢ 법인의 업무집행권

이사는 법인의 모든 내부적 사무를 집행한다(민법 제58조 제 1항). 이사가 수인인 경우에는 정관에 다른 규정이 없으면 법인의 사무집행은 이사의 과반수로써 결정한다.

㉣ 임원의 선임보고

법인에서 임원을 선임한 때에는 등기를 완료하고 주무관청에 보고한다. 임원선임 보고 시 관련 서류는 법인등기부 등본과 신임 임원의 경우 이력서이다.

㉤ 임원의 임기

임원의 임기 및 중임, 연임의 여부는 정관에 정한 바에 따른다. 임원이 사임하는 행위는 단독행위로 사임의 의사표시가 상대방에게 도달함과 동시에 그 효력이 발생한다.

㉥ 임기의 개시

현 임원의 임기 만료 전에 선출된 후임 임원의 임기는 현 임원의 임기가 만료된 다음날부터 임기가 개시된다. 임기 만료 후에 선출된 후임 임원의 임기는 선출된 날부터 임기 개시한다.

② 감사

정관 또는 총회의 의결로 감사를 둘 수 있다. 감사 역시 선량한 관리자의 주의로 직무를 수행해야 하며, 의무 위반시 채무불이행으로 인한 손해배상의 책임이 있다(민법 제390조). 감사의 직무는 다음과 같다.

㉠ 재산 상황을 감사하는 일

㉡ 이사의 업무집행을 감사하는 일

㉢ 재산상황 또는 업무 집행에 관하여 부정, 불비한 것이 있음을 발견한 때에

는 이를 총회 또는 주무관청에 보고하는 일

㉣ 부정 또는 불비한 것을 보고하기 위하여 필요한 때에 이사회 또는 총회를 소집 요구하는 일

(2) 법인의 운영

① 사원총회

사원총회는 재단법인에는 없고, 사단법인에만 존재하는 기관으로 최고의 필수 의사결정기관으로 정관에 의해서도 이를 폐지할 수 없다. 사단법인의 구성원인 회원은 누구나 평등한 지위에서 사단법인의 운영에 관한 최고 의사 결정권을 가진다.

② 총회의 종류와 소집

㉠ 통상총회(정기총회): 매회 한번 이상 일정한 시기에 소집한다(민법 제69조).

㉡ 임시총회: 이사가 필요하다고 인정 한때, 총회원의 1/5이상이 총회의 목적사항을 제시하여 청구하는 때, 감사가 필요하다고 인정하는 때에 임시 총회가 개최된다(민법 제 70조).

㉢ 소집절차: 총회의 소집은 1주일 전에 그 회의의 목적을 통지한, 기타 정관에 정한 방법에 의하여 수행한다(민법 제71조).

㉣ 사원 총회의 권한: 정관으로 이사 또는 기타 임원에게 위임한 사항을 제외하고는 사단법인의 모든 사무에 관하여 결의할 권한을 가진다(민법 제68조). 정관의 변경(민법 제42조)과 임의해산(민법 제77조 제2항)은 사원 총회의 전속적 권한에 속하여 정관에 의해서도 박탈할 수 없다.

㉤ 사원 총회의 결의: 총회는 정관에 다른 규정이 없으면, 총회 소집시 통지한 사항에서만 결의할 수 있다(민법 제72조).

2) 정관의 변경

(1) 정관 변경의 의미

정관 변경은 법인의 동일성을 유지하면서 그 조직을 변경하는 것으로써 정관에 규정된 기존 사항을 변개하는 경우, 새로운 사항의 신설이나 기존 사항의 폐지, 수정이나 보완 등 형식적인 변경도 모두 포함한다. 사단법인에서는 원칙적으로 정관을 변경할 수 있으나, 재단법인은 정관을 변경할 수 없음이 원칙이다.

(2) 정관 변경의 요건

① 사단법인의 경우

사단법인의 정관은 총 사원 3분의 2 이상의 동의가 있는 때에 한하여 이를 변경할 수 있다. 정관변경을 위한 결의의 정수에 관하여 정관에 다른 규정이 있는 때에는 그 규정에 의한다(민법 제42조 제1항). 정관의 변경이 유효하기 위해서는 주무관청의 허가를 얻어야 한다(민법 제42조 제2항).

② 재단법인의 경우

재단법인은 원칙적으로는 정관을 변경하지 못한다. 다음의 경우는 예외적으로 정관 변경이 인정된다.

㉠ 재단법인의 정관이 그 변경 방법을 정관에 정한 때(민법 제45조 제1항)

㉡ 재단법인의 목적달성 또는 그 재산의 보전을 위하여 적당한 때에는 법인의 명칭 또는 사무소의 소재지를 변경할 수 있다(민법 제 45조 제 2항).

㉢ 재단법인의 목적을 달성할 수 없는 때에는 설립자나 이사는 주무관청의 허가를 얻어 설립의 취지를 참작하여 그 목적 기타 정관의 규정을 변경할 수 있다(민법 제 46조).

(3) 정관변경의 실무

① 주무관청의 허가

법인이 정관을 변경하고자 할 때에는 주무관청의 허가를 얻어야 효력이 있다. 법인의 정관 변경 허가를 신청하는 경우, 법인규칙 제6조에 따라 다음의 서류를 구비하여야 한다.

㉠ 정관 변경 허가 신청서 1부

㉡ 정관 변경 사유서 1부

㉢ 개정될 정관(신 · 구 대비표) 1부

㉣ 정관 변경과 관계있는 총회(사단법인) 또는 이사회(재단법인)의 회의록 1부

㉤ 처분 사유, 처분 재산의 목록, 처분 방법 관련 서류 1부(기본 재산 처분에 따른 정관 변경인 경우)

② 실무상 검토 사항

㉠ 적법성 및 타당성

㉡ 경과 규정이 필요한지 여부 검토

㉢ 정관 변경에 따른 재원 확보 여부

㉣ 구비 서류의 누락 여부 검토

㉤ 변경허가 및 변경 후 조치사항

3) 기본재산의 처분

(1) 기본재산의 처분

법인의 재산은 기본 재산과 운영 재산으로 구분된다. 법인의 존립 기초가 되는 재산을 기본재산이라고 하고, 재산을 처분하는 것을 기본 재산 처분이라고 한다.

기본 재산은 법인의 존립 기초가 되므로 법인이 기본 재산을 처분하기 위해서는 법인 기관(사원 총회 또는 이사회)의 적법한 결의와 정관 변경 및 이에 대한 주무관청의 허가와 변경 등기가 있어야 한다.

(2) 주무관청의 실무

① 기본재산 처분 등에 따른 정관 변경 대상

기본재산의 매도, 증여, 교환(대체)의 기본 재산에 관한 의무부담 및 권리의 포기 시에는 정관변경에 대한 주무관청의 사전 허가가 필요하다.

㉠ 매매: 원칙적으로 기본 재산의 매도 시, 매수 시 각각 별도의 정관 변경에 대한 허가를 받아야하나, 절차의 간소화를 위하여 1회의 정관 변경 허가로 한다.

㉡ 교환: 법인의 기본 재산을 등기 또는 등가 이상의 다른 재산과 교환하는 경우 기본 재산의 용도, 취득재산의 법인 목적에 대한 적합성 등을 종합적으로 고려하여 판단해야 한다.

㉢ 매수, 기부채납 기타 방법으로 재산을 취득한 때: 지체 없이 이를 법인의 재산에 편입조치하고 정관을 변경한다. 기본 재산 취득이 사업과 관련되어 있는 경우 법인의 목적사업 범위와 일치하는지의 여부를 주무관청에서 확인하고, 연도 말 1년간의 기본 재산 취득을 종합하여 정관 변경의 허가 신청이 가능하다.

② 구비서류

㉠ 법인 정관 변경 허가 신청서 1부

㉡ 정관 변경 사유서 1부

㉢ 정관 개정안(신구조문대비 첨부) 1부

㉣ 정관 변경에 관한 총회(사단법인) 또는 이사회의(재단법인) 회의록 1부

㉤ 변동된 사업계획서 및 수지 예산서

㉥ 처분의 사유, 처분 재산목록, 처분의 방법 등을 기재한 서류

③ 검토사항

㉠ 처분의 불가피성과 타당성 검토

기본재산처분 허가신청서의 내용을 면밀히 심사하여 처분의 불가피성과 타당성을 검토하고 법인의 재산이 손실 또는 유출되는 경우가 없는지 확인한다.

㉡ 이사회 결의의 적법성

이사회 소집 통지 일시 및 소집 일시, 장소, 의사 정족수, 의결 정족수, 회의 목적과 부의 안건 등을 확인한다. 이사회 회의록에 처분의 구체적 내용이 포함되고 참석 이사 전원의 기명 인감 날인 등 결의의 성립 등을 확인한다.

㉢ 처분의 구체성 확인

처분 재산 목록을 2개월 이내에 발행된 등기부 등본 등 관련 증빙서류를 통해 구체적인 내용을 확인한다.

㉣ 제 3자의 기본재산 처분 허가신청 자격 여부

채권자 등의 제 3자는 법인을 상대로 기본 재산에 대한 처분에 대한 이행을 청구 할 권한은 없다.

㉤ 허가 내용

기본 재산의 매각에 관하여 정지조건부 허가 또는 대체 재산의 선취득을 부관으로 하는 허가는 가능하다.

4. 법인의 사업

1) 사업 계획 및 실적 보고

(1) 공익법인법의 목적 및 적용 법률

공익법인은 주무관청에 대하여 매 회계연도가 시작되기 전에 다음 해에 실시할 사업계획 및 예산을 제출하고 매 회계 연도가 끝난 후에 사업실적과 결산을 보고하여야 한다(공익법인법 제12조 제2항). 비영리 법인은 「공익법인법의 목적 및 적용 법률」에 따라 매 사업 연도가 끝난 후 2개월 이내에 다음의 서류를 주무관청에 제출하여야 한다(법인규칙 제7조).

① 다음 사업 연도의 사업계획 및 수입 · 지출 예산서 1부

② 해당 사업 연도의 사업 실적 및 수입 · 지출 결산서 1부

③ 해당 사업 연도 말 현재의 재산목록 1부

(2) 사업계획 및 예산의 제출

공익법인은 다음 년도에 실시할 사업계획 및 수지 예산서를 당해 회계연도 개시 1개월 전까지 다음의 서류를 주무관청에 제출하여야 한다(공익법인법 시행령 제19조 제1항).

① 사업계획 총괄표

② 추정대차대조표 및 그 부속명세서

③ 추정손익계산서 및 그 부속명세서

④ 이사회 회의록 및 총회 회의록

2) 사업실적 및 결산

공익법인이 제출하는 사업실적 및 결산은 해당 사업의 회계연도 종료 후 3개월 이내에 다음의 서류를 첨부하여야 한다(공익법인법 시행령 제19조 제2항).

① 사업실적 총괄표

② 사업실적(증빙서 사본 첨부) 및 수지 결산서

③ 손익 계산서 및 그 부속 명세서

④ 공인회계사의 감사 증명서

3) 비영리 법인의 회계

민법상 법인의 회계에 관해서는 민법에 관련 규정이 없으므로 정관상 규정에 따라 구분한다. 민법에는 예산 및 결산에 관한 규정이 없지만, 법인 규칙 제7조에 따라 법인은 매 사업연도 종료 후 2개월 이내에 예 · 결산 서류를 주무관청에 제출하여야 한다.

4) 관련 업무 서식

① 비영리법인 설립허가 신청서

② 비영리법인 설립허가증

③ 비영리 법인 설립허가대장

④ 비영리법인 정관 변경허가 신청서

⑤ 비영리법인 해산 신고서

⑥ 비영리법인 정관 변경허가 신청서

⑦ 청산종결 신고서

5. 법인의 해산 및 청산

1) 법인 해산 사유

(1) 법인 공통해산 사유

① 존립기간의 만료

② 법인의 목적 달성 또는 달성의 불능

③ 기타 정관에서 정한 해산사유 발생

④ 법인의 파산

위 내용에 대해 주무관청은 법인 설립 허가를 취소할 수 있다. 법인의 목적 달성이 불능하게 된 경우, 법인의 해산 사유에 해당될 수 있어도 주무관청이 법인의 설립허가를 취소할 수 있는 사유는 아니다.

(2) 사단법인에 특유한 해산 사유

민법은 사단법인의 특유한 해산 사유로 다음 2가지를 명시하고 있다(제77조 제2항).

① 사원이 없게 된 경우

② 사원 총회의 해산 결의

(3) 취소 절차와 효력

민법은 설립 허가를 해준 주무관청이 설립 허가의 취소 권한을 갖는다는 것 외에 그 취소 절차에 관하여는 따로 규정을 두고 있지 않다. 따라서 주무관청은 「민법」 제37조에 의거하여 법인에 대한 검사 · 감독권을 행사한 다음 설립 허가를 취소하든지 또는 검사 · 감독권을 행사하지 않고, 설립 허가를 취소할 수 있다.

(4) 구제절차

주무관청에 의한 설립 허가의 취소는 공권력의 행사에 해당된다. 이에 불복이 있는 법인은 행정심판법에 기하여 심판청구와 행정소송법에 의하여 행정소송을 제기할 수 있다.

2) 법인 해산 절차

(1) 해산 등기

청산인은 파산의 경우를 제하고는 그 취임 후 3주간 내에 관할 등기소에 해산 등기를 하여야 한다. 해산 등기 전에는 제 3자에게 해산 사실을 가지고 대할 수 없다. 해산 등기의 기재사항은 다음과 같다(민법 제54조 제1항).

① 해산의 사유 및 연월일

② 청산인의 성명 및 주소

③ 청산인의 대표권을 제한한 때에는 그 제한

위 사항을 주된 사무소 및 분사무소 소재지에서 등기하여야 한다(민법 제85조 제1항). 해산 등기를 하지 아니하면 등기를 신청하여야 할 직책에 있는 이사나 청산인 등에게 과태료가 부과된다(민법 제97조 1호).

(2) 해산 신고

청산인은 파산의 경우를 제외하고는, 취임 후 3주 내에 해산 등기의 기재 사항을 주무관청에 신고하여야 한다. 주무관청에 대하여 사실이 아닌 신고를 하거나 사실을 은폐한 때에는 그 청산인은 「민법」 제85조 제1항에 따라 해산 등기를 마친 후 지체 없이 해산 연원일, 해산 사유, 청산인의 성명, 주민등록번호, 주소, 청산인의 대표권을 제한하는 경우 비영리법인 해산 신고서, 다음의 서류를 첨부하여 주무관청에 제출하여야 한다(법인규칙 제10조).

① 해산 당시의 재산 목록 1부

② 잔여재산 처분 방법과 개요를 적은 서류 1부

③ 해산 당시의 정관 1부

④ 사단법인이 총회의 결의에 따라 해산한 경우, 결의 한 총회의 회의록 1부

⑤ 재단법인의 해산시 이사회가 해산 결의한 경우, 결의한 이사회의 회의록 1부

(3) 해산에 따른 효과

법인은 해산 사유의 발생에 의하여 해산 등기의 경로 여부와 관계없이 해산하게 되고 그에 따라 청산 절차가 개시된다. 파산의 경우에는 파산 절차에 들어간다.

3) 청산

법인의 잔여재산 청산은 법인 해산과는 별도로 해산한 법인의 잔무를 처리하고 재산을 정리하여 완전히 소멸할 때까지의 절차다. 청산절차는 파산으로 해산하는 경우와 기타의 원인으로 해산하는 경우로 구별되며, 전자의 경우는 파산법에 정한 절차에 따르므로 주무관청이 관여할 사항이 없고, 후자의 경우는 민법에서 규정하

는 절차에 따라 법원이 이를 감독하고 주무관청이 관여한다.

(1) 청산기관

법인이 해산하면 이사는 당연히 그 지위를 잃고 청산인이 청산법인의 집행기관이 된다. 청산인은 청산 법인의 능력의 범위 내에서 내부의 사무를 집행하고 외부에 대하여 청선 법인을 대표한다.

(2) 청산절차

청산 순서는, 해산의 등기와 신고 → 현존사무의 종결 → 채권의 추심 → 채무의 변제 → 잔여재산의 인도 → 파산 신청 → 청산 종결의 절차를 거치며, 등기와 신고에 따른다. 법인의 채무가 있는 경우「민법」제88조에 따라 처리하고, 청산인은 채권 신고기간 내에는 채권을 변제할 수 없다.

(3) 청산 종결의 신고

청산이 종결된 날부터 3주간 내에 등기하고 청산종결신고서에 등기부등본을 첨부하여 주무관청에 지체 없이 신고한다.

(4) 해산 · 청산의 검사와 감독

법인의 해산 및 청산은 법원이 검사 · 감독하며(민법 제95조), 법인의 주된 사무소 소재지의 지방 법원의 관할로 한다(비송사건절차법 제33조 제2항). 청산인이 법원의 검사 · 감독을 방해한 때에는 과태료의 처분을 받는다(민법 제97조 3호).

Chapter 07

비영리조직: 사회적협동조합 설립과 운영

Chapter 07

비영리조직: 사회적협동조합 설립과 운영

1. 사회적협동조합의 개념과 특징

1) 사회적협동조합의 정의와 목적

사회적협동조합은 협동조합의 기본 정신을 중심으로 운영되지만 공공의 이익을 추구하는 비영리조직으로 조합원 및 지역사회의 공공의 이익에 기여하는 것을 목적으로 한다. 즉, 지역주민의 권익 및 복리증진과 관련한 사업 수행 및 취약계층에 대한 사회서비스와 일자리를 제공을 목적으로 비영리적 목적을 수행한다.

사회적협동조합은 일반협동조합과는 다른 공익적 사업을 목적으로 운영되기 때문에 설립 절차에도 차이가 있다. 일반협동조합은 시 · 도지사에 '신고'를 통해 설립인가를 받지만 사회적협동조합은 사업의 목적과 관계되는 중앙행정기관장의 '인가'를 통해 설립이 되는 차이가 있으며, 감독의 대상으로 사업을 통해 발생되는 이윤에 대한 배당이 금지되고, 청산 시 잔여재산을 국고, 유사단체, 비영리법인 등에 귀속해야 하는 의무 등이 있어 일반 협동조합과는 달리 공익성이 강화된 비영리법인격을 부여 받아 공익적 활동을 한다.

우리나라의 사회적협동조합은 2012년 제정된 협동조합기본법[1]을 기반으로 협동조합과 사회적협동조합 설립에 대한 법적근거가 마련되었으며, 사회적협동조합은 사회적 목적을 수행하기 위해 영리활동을 병행하는 비영리법인으로 설립 할 수 있는 조직의 형태로서 2024년 하반기 5,700개의 사회적협동조합이 설립되었다.[2]

「협동조합기본법」 제93조는 협동조합 중 지역경제 활성화, 취약계층 일자리 제공, 정부 위탁사업 등을 협동조합 전체 사업량의 40% 이상을 수행하면 '금융 · 보험업'을 제외한 모든 분야에서 협동조합이 설립이 가능하여 이와 같은 요건을 충족시켜 사회적협동조합을 설립하면 비영리 시설외에도 다양한 생활서비스 기반의 업종의 사업을 운영할 수 있다.

(1) 사회적협동조합의 개념

사회적협동조합은 사회적 가치를 추구하기 위한 가치를 중심으로 운영되는 협동조합이며 단순하게 조합원들의 경제적 이익을 추구가 아닌 공익적 목적과 사회적 문제 해결을 우선시하는 조직으로 다음과 같은 개념을 둘 수 있다.

첫째, 사회적협동조합은 협동조합의 원칙을 따르지만 공공 서비스를 개발을 통해 취약계층 지원 및 지역의 양질의 일자리를 창출하여 지역사회 발전에 기여한다. 「협동조합기본법」 제2조3은 '사회적협동조합은 협동조합 중 지역주민들의 권익 · 복지 증진과 관련된 사업을 수행하거나 취약계층에서 사회서비스를 또는 일자리를 제공하는 등 영리를 목적으로 하지 아니하는 협동조합'이라 정의하여 비영리적 활

---

1) 협동조합기본법은 5인이상의 조합원이 구성되면 금융 · 보험업을 제외한 모든 분야에서 협동조합을 설립할 수 있도록 규정하고 있으며, 2012년 12월 1일부터 시행되었다. 주요 핵심내용은 출자금이 3억원에서 제한을 없앴으며, 설립동의자 200명 이상에서 5명으로 줄이며 협동조합 설립에 대한 완화하였다. 사회적협동조합을 비영리조직으로 설립할 수 있도록 법적근거를 제시했다.

2) 출처: https://www.coop.go.kr/home/index.do coop협동조합 현황 통계자료

동을 강조하고 있따.

둘째, 사회적협동조합은 비영리적 성격으로 운영되며, 조합의 수익을 조합원에게 배당하지 않고 공익적 목적을 위해 재투자한다. 사회적 협동조합은 조합의 목적 사업 운영을 위한 전체 사업중 공익적 목적을 이루기 위한 사업을 40%이상 운영해야 하며, 조합의 잉여금의 적립금도 일반 협동조합의 10%보다 많은 30%를 적립해야 한다.

사회적협동조합의 해산 및 청산시에도 잔여재산은 국고, 유사단체, 협회 및 비영리법인등에 귀속해야 하는 의무가 있다.

셋째, 사회적협동조합은 공공성을 갖춘 조직으로서 정부 및 공공기관과의 협렵을 통해 비영리적 활동과 관련한 정부의 위탁사업 등에 참여 할 수 있는 자격이 있으며, 정부의 공공 구매 활성화를 위한 우선구매 대상으로 공공기관과의 높은 협력 활동이 이루어진다.

〈표 7-1〉 사회적협동조합과 일반 협동조합 비교

구분	사회적협동조합	일반 협동조합
목적	• 조합원의 실익 제고 목적 • 공공의 이익과 사회적 가치실현	• 조합원의 실익 제고
설립 절차	• 중앙행정기관 인가(인가제)	• 시 · 도지사 설립신고(신고제)
사업 내용	• 주사업 중 공익사업 40% 이상 수행	• 업종 및 분야 제한 없음, (금융 및 보험업 제외)
공시	• 의무사항	• 의무사항 아님
배당	• 배당금지	• 배당 가능
적립금	• 잉여금의 30/100 이상	• 잉여금의 10/100 이상
감독	• 필요시 주사업소관의 중앙행정기관장 (인가요건 위반시 인가 취소 가능)	• 필요시 소관 시 · 도지사가 조사 및 시정조치 명령 가능
법인격	• 비영리법인	• (영리)법인
청산	• 비영리법인 및 국고 귀속	• 정관에 따라 잔여재산 처리

(2) 사회적협동조합의 특징

사회적협동조합은 최초로 이탈리아에서 사회복지수요발생과 함께 40년 전부터 지역 내에서 자발적으로 등장하였으며 1991년 사회적협동조합법 제정(LAW381)을 계기로 공식적으로 인정되었다. 사회적협동조합 모델은 유럽지역을 중심으로 확대되어 프랑스는 2001년 '공익협동조합'제도를, 스페인은 1999년 '사회적 목적 협동조합', 포르투갈은 1998년에 '사회적연대협동조합', 그리스는 199년에 '유한책임 사회적 협동조합'제도를 각각 도입하게 되었다. 영국에는 커뮤니티 협동조합이 등장하고 캐나다는 2001년 사회연대협동조합을 설립한다(사회적협동조합설립 가이드북, 2021).

우리나라는 1980년대 이후 복지서비스 수요는 증가하나, 정부지출 축소 · 경제성장률 둔화 · 인구 고령화 등으로 복지재정이 복지수요 증가를 따라잡지 못하는 상황에서 복지서비스 공급자와 수혜자의 결합을 통해 복지서비스 질 제공 및 사업비 절감도모가 필요하게 되었다. 사회적협동조합은 이처럼 세계화에 따른 부작용과 고령화 · 실업 · 여성의 사회적 참가 요구라는 다양한 문제에 사회 자체가 대처할 수 없게 됨에 따라 5가지의 유형에 따라 사회적협동조합의 설립 유형을 구분한다.

가. 지역사업형

지역사업형은 지역 주민의 참여를 통해 지역의 자원을 활용한 지역경제 활성화에 기여하는 사업 유형으로 지역 특상품 및 인 · 물적자원을 적극 활용함으로 지역경제 활성화와 지역공동체 형성을 목적으로 운영하는 유형이다.

지역사업형의 주요 사업 내용으로는 마을기업 운영을 통한 지역경제 활성화, 지역 특산물 가공 및 유통 사업, 도시재생 및 지역관광사업, 지역공동체 활성화를 위한 공간 운영등의 사업이 있다.

나. 취약계층 사회서비스제공형

취약계층 사회서비스제공형은 저소득층, 장애인, 경력단절 여성 등에게 우선적으로 일자리를 제공하여 경제적 자립을 지원하는 유형으로 일반 노동 시장에서 취약계층에게 지속가능한 일자리 창출을 지원하는 것을 목표로 한다.

주요 사업 내용으로는 노숙인, 장애인, 경력단절 여성, 탈북민 대상의 직업훈련 및 재취업 프로그램을 통한 일자리 제공과 사회서비스 및 생산시설을 기반으로 하는 공용출 활동을 주 사업 내용으로 한다.

다. 취약계층 사회서비스 제공형

취약계층 사회서비스 제공형은 취약계층을 대상으로 사회서비스를 제공하는 유형으로 유형 인증시 전체 사업 대상 인원중 취약계층 예정인원 및 취약계층임을 확인하는 서류를 제출하여야 한다.

주요 사업 내용으로는 보육 및 아동, 노인 및 장애인에 대한 돌봄 서비스, 취약계층에 대한 의료 및 주거환경 개선 서비스등이 주요 사업 내용이다.

라. 위탁사업형

위탁사업형은 사회적협동조합이 조합의 목적 사업을 달성하기 위해 정부 및 지자체로부터 위탁받은 사업과 업무협약등으로 위탁 받은 사업을 영위하는 것으로 주로 보건 · 복지 · 교육 · 주거 · 환경 · 안전 등 다양한 분야에서 정부 정책과 협력하여 운영된다.

주요 사업 내용으로는 어린이 안전 돌봄서비스, 지자체의 공공시설 및 주요 공간에 대한 관리 및 운영, 사회서비스 위탁 운영 등이 있다.

마. 기타 공익증진형

기타 공익증징형은 취약계층, 사회서비스 등 특정하기 어려운 사회적 가치 창출을 목표로 하는 공익적 활동을 수행하는 사회적협동조합의 유형으로 주사업이 공익적 활동을 하고 있는지에 대한 관련 자료를 제출하여야 한다.

주로 문화 · 예술, 교육, 환경 등의 활동을 함으로 사회공헌을 강화함으로 활동을 하며 주요 사업 내용으로는 지역주민 대상 평생교육 프로그램 운영, 주민들의 문화예술 창작활동 지원, 지역의 환경보호 활동 등이 있다.

2) 사회적협동조합의 역할과 사회적 가치

(1) 비영리조직에서의 사회적경제의 의미

가. 사회적경제 조직의 발전

복지국가의 위기가 사회적 경제 발전의 계기가 되었지만 지역 경제 변화, 시민단체들의 인식변화 등으로 역동적 조직으로 변화되어왔다. 1997년~2012년은 도입기로 자발적 조직 및 활동, 법 · 제도마련, 사회적 경제 활성화 시범사업 추진, 사회적 경제 중요성에 대한 인식 확산의 시기였다. 2013년~2022년은 부처별 사회적 경제 기업 육성정책 본격 추진, 사회적 경제 기업 조직규모 · 매출 등 확대, 수익모델 개발 및 진출분야 확대, 사회적 경제 친화적 생태계 조성의 시기이다. 2023년 이후는 성숙기로서 민간 주도의 역량 제고 및 자생력 확보, 기존시장조직과 경쟁 · 보완 관례를 통한 순기능 활성화, 사회적 가치 확산, 민 · 관 상생협력 정착의 시기로 보고 있다(박찬선, 2019).

나. 사회적경제 조직 유형

우리 사회는 저성장 또는 고용 없는 성장으로 발생하는 실업, 소득과 자산 불평등, 저출생이나 고령화 같은 사회문제, 코로나와 같은 감염병 발생 등 점차 사회문제가 다양화되고 다양해지고 있다. 이런 사회문제 해결을 위한 대안으로 사회적경제에 대한 관심이 대두되면서 2007년 사회적기업 육성법, 2011년 마을기업육성 시행지침, 2012년 협동조합 기본법시행(자활기업도 포함)을 시행하고 있다. 사회적경제조직은 제도적유형과, 경제 · 사회적요건에 따른 목적과 성과가 다르다는 것을 알 수 있다(김형돈, 2019).

〈표7-2〉 사회적경제 조직의 제도적 유형

구분	사회적기업	사회적협동조합	마을기업	자활기업
목적	취약계층에 대한 일자리 · 사회서비스 제공, 지역사회공헌	취약계층에 대한 일자리 · 사회서비스제공, 지역주민들의 권익 · 복리 증진	생활환경 개선, 공동체 활성화, 소득 · 일자리 창출	기초생활 보장 수급자의 일자리 창출 및 탈빈곤 유도
대상	사회적 목적을 추구하면서 영업활동을 하는 조직	인가받은 사회적협동조합	지역단위 소규모 공동체(마을회, 지역 NPO등)	기초생활 수급자가 1/3이상인 기업
법적 근거	사회적기업 육성법(인증)	협동조합 기본법(인가)	도시재생 활성화 및 지원에 관한 특별법(지정)	국민기초생활 보장법(인정)
혜택	공공기관 우선구매, 판로개척,해외연수, 경영컨설팅 지원, 인건비 지원,세제혜택 등	세금감면, 공공기관 우선구매, 경영 컨설팅 · 창업 · 판로지원 등	사업비 지원, 전문교육, 경영 컨설팅 지원 등	공공기관 우선구매, 초기창업자금 · 인건비 지원
주무 부처	고용노동부	기획재정부	행정안전부	보건복지부

(출처: 김형돈, 2019 재인용)

(2) 사회적경제의 사회적협동조합

협동조합 기업은 산업혁명 시기에 생겨났지만, 서로 연대하고 가난을 배려하는 문화는 이미 그 수세기 전부터 있었다가 상인과 장인 같은 생산계층의 대표들은 각자 필요로 하는 부분을 협력하는 방식으로 해결하는 길드와 상인회의소 조직을 만들게 되었다. 생산계층에 속하지 못하거나 일시적으로 어려움에 처한 사람들을 돌보는 병원, 보육원, 수녀원 부속학교 등의 조직들을 세워 어떤 구성원도 배제하지 않으면서 도시의 일상과 조화를 이루어나가고 대외적으로는 활발한 무역 활동을 통하여 전반적인 번영을 활성화 시키는 그러한 시장의 관계망 속에서 운영되었다. '자본주의' 기업형태가 확고하게 자리 잡은 18시기 산업혁명기가 되면서 주식지분의 보유자들은 다른 모든 생산요소와 계약을 체결하고 제공 받은 서비스에 대해서는 최소한의 대가를 지불했다. 그리고 남은 이익을 모두 투자 자본의 보상으로 나누어 가졌다. 생산성이 떨어지거나 자립능력이 없는 사람들을 보호하기 위해 공장 노동자들의 이익을 보호하기 위한 노동조합이 생기고 시민이 참여해 운영하는 기업을 스스로 세워야 한다는 생각이 확산되기 시작했다(스테파노지마니 · 베라지마니, 2012).

최초의 협동조합 18세기 후반 프랑스에서는 유제품 협동조합이 세워지고 런던과 미국에서는 보험협동조합이 세워진 것으로 알려지고 있다. 19세기에 협동조합은 농업, 수공업 및 제조업 분야에서 유럽의 다른 나라로 빠르게 퍼져나갔다. 19세기 중반에 소비자협동조합(영국), 노동협동조합(프랑스), 신용협동조합(독일), 농민협동조합(덴마크) 4개 모델이 생겨나게 되었다. 한 세기 뒤에 이탈리아에서 사회적협동조합이 다섯 번째 모델로 등장하게 되었다. 특히 이탈리아에서 시작된 사회적협동조합은 1963.1.23 성요셉협동조합(브레스치아지역, 주세페 필리피니 카톨릭 운동가)은 사회적 부조와 연대와 연대를 목적으로 최초로 결성되었다.

(3) 시민사회조직의 사회적협동조합

사회적협동조합은 영리를 목적으로 하는 경제 조직에서 시장과 정부 사이의 시민들의 자발적인 참여로 공공의 이익과 사회적 가치 실현을 위한 조직에서 그 의미가 있다.

시민사회조직은 국가와 시장이 해결하지 못하는 사회적 문제에 대하여 시민 또는 문제를 직접 해결하고자 하는 당사자들이 자율적으로 참여하여 조직적으로 대응하는 형태의 단체를 의미하며, 이러한 의미를 볼 때 사회적협동조합은 공공성을 위해 참여자의 민주적 참여와 연대의 원칙을 가지고 있는 대표적인 조직으로 성장하고 있다.

시민사회에 대한 사회적협동조합의 역할은 첫째 지역사회 발전과 공동체 강화의 역할을 하고 있따. 시민들의 자발적인 참여를 통해 조합을 민주적으로 운영하며 지역의 고유한 인·물적 자원을 활용하는 지역공동체성을 가지고 있다. 둘째, 사회서비스 제공을 통한 사회적 약자를 보호한다. 사회적협동조합의 취약계층에 대한 사회서비스를 개발하고 서비스를 제공하며 재화를 생산하는 과정에서 취약계층의 삶의 질을 향상하기 위한 지속가능한 일자리를 창출하면서 지역사회에 정착하기 위한 지속가능성에 중심을 두고 있다. 셋째, 민주적 거버넌스를 실현을 위한 주민 참여를 강화한다. 이는 협동조합의 기본 정신이 민주적 의사결정 구조와 함께 조합원이 직접 조합운영에 대한 의사결정 과정에 참여시킴과 함께 해결하고자 하는 사회문제에 대한 당사자들도 의사결정구조에 참여시킴으로 민주주의 가치를 실현하는 조직으로 기능하고 있다. 마지막으로 공공영역과의 거버넌스 구조 확립이다. 사회적협동조합은 공익적 목적 실현을 중심으로 운영되고 있으며, 최근 공공은 사회적협동조합과의 협력적 관계를 유지하며 지역사회 문제 해결에 대한 아젠다를 발굴에 노력을 기울이고 있다. 이는 정부 정책과 연계하여 공공서비스를 보완하는 시민사회의 역할을 강화하는 것이다.

사회적협동조합은 시민사회조직의 중요한 축으로 역할을 하고 있으며 지역사회 기반의 공동체 및 지역경제 회복과 시장과 정부가 해결하지 못한 사회문제 해결을 위한 사회적가치 실현을 위해 민주적 의사결정 구조와 폭 넓은 거버넌스 구축으로 사회혁신의 주체로 자리잡고 있다.

2. 사회적협동조합의 운영 및 관리

1) 사회적협동조합의 사업 운영

(1) 협동조합기본법과 운영 원칙

협동조합이란 재화 또는 용역의 구매 · 생산 · 판매 · 제공 등을 협동으로 영위함으로써 조합원의 권익을 향상하고 지역사회에 공헌하는 사업조직(협동조합기본법 제2조 제1호)이며, 공동으로 소유되고 민주적으로 운영되는 사업체를 통하여 공통의 경제적, 사회적, 문화적 필요와 욕구를 충족시키고자 하는 사람들이 자발적으로 결성한 자율적인 조직(국제협동조합연맹 ICA), 이용자가 소유하고 이용자가 통제하며 이용규모를 기준으로 이익을 배분하는 사업체(미국 농무성, USDA)라고 정의하고 있다. 성공한 협동조합의 일반적인 운영원리와 공통점을 정리하여 협동조합을 장기적으로 발전시키기 위하여 협동조합 7원칙을 선언하고 있다.

가. 협동조합 기본법

우리나라에서는 2012년 협동조합 기본법이 제정되었다. 협동조합 기본법의 목적과 의의를 살펴보면 협동조합의 설립운영에 관한 기본적인 사항을 규정하여 자주적, 자립적, 자치적인 협동조합 활동을 촉진하고 사회통합과 국민경제의 균형 있는 발전 기여에 두고 있다. 협동조합 기본법 제정으로 법인격 부재로 인한 애로사항을 해소하고 새로운 경제사회 발전의 대안 모델로 주목받고 있는 협동조합의 설립과 운영을 규정함으로써 경제 사회적 수요를 반영하게 되었다.

협동조합 기본법의 내용을 살펴보면 '협동조합'이라는 새로운 [법인격] 도입으로 상법상 회사(주식회사 등), 민법상 법인(사단법인 등) 이외에 새로운 사업 형태인 '협동조합'에 법인격 부여(2층 구조: 일반협동조합과 사회적협동조합으로 운영)하게 되었다. 1인 1표의 민주적 의사결정, 최소인원 5인으로 협동조합 설립의 활성화, 기존 주식회사, 비영리법인과 달리 소액 · 소규모 창업, 취약계층 자활을 통한 '공생발전' 모델제시 등으로 우리사회 새로운 대안 모델을 제시하고 있다.

나. 협동조합 7원칙

협동조합 7원칙은 우리나라 '협동조합기본법'에도 명시되어 있으며, 협동조합 표준정관에도 반드시 들어가야 한다.

협동조합의 원칙은 협동조합이 민주적으로 자율적으로 운영되기 위한 방식으로 조합의 이익뿐만이 아니라 사회 전체가 발전할 수 있도록 협동조합이 지켜야할 최소한의 기본 원칙으로 1995년 국제협동조합연맹(ICA, International Cooperative Alliance)이 발표하였으며 모든 협동조합이 이 원칙을 따르고 있다.

〈표7-3〉 협동조합 7원칙(국제협동조합연행((ICA))

ICA원칙	내 용
1. 자발적이고 개방적인 조합원 제도	• 협동조합은 자발적이며, 모든 사람들에게 성(性)적 · 사회적 · 인종적 · 정치적 · 종교적 차별없이 열려있는 조직
2. 조합원에 의한 민주적인 관리	• 조합원들은 정책수립과 의사 결정에 활발하게 참여하고 선출된 임원들은 조합원에게 책임을 갖고 봉사 • 조합원마다 동등한 투표권(1인1표)을 가지며, 협동조합연합회도 미주적인 방식으로 조직 · 운영
3. 조합원의 경제적 참여	• 협동조합의 자본은 공정하게 조성되고 민주적으로 통제 • 자본금의 일부는 조합의 공동재산이며,출자배당이 있는 경우에 조합원은 출자액에 따라 제한된 배당금을 받음 • 잉여금은 ①협동조합의 발전을 위해 일부는 배당하지 않고 유보금으로 적립 ②사업이용 실적에 비례한 편익 제공 ③여타 협동조합 활동 지원 등에 배분
4. 자율과 독립	• 협동조합이 다른 조직과 약정을 맺거나 외부에서 자본을 조달할 때 조합원에 의한 민주적 관리가 보장되고, 협동조합의 자율성이 유지되어야 함
5. 교육, 훈련 및 정보제공	• 조합원, 선출된 임원, 경영자, 직원들에게 교육과 훈련을 제공 • 젊은 세대와 여론 지도층에게 협동의 본질과 장점에 대한 정보를 제공
6. 협동조합 간 협동	• 국내,국외에서 공동으로 협력 사업을 전개함으로써 협동조합 운동의 힘을 강화 시키고 조합원에게 효과적으로 봉사
7. 지역사회에 대한 기여	• 조합원의 동의를 토대로 조합이 속한 지역사회의 지속가능한 발전을 위해 노력

(출처: https://www.coop.go.kr/COOP/introduce/rule.do)

2) 사회적협동조합의 설립 절차

(1) 사회적협동조합의 설립

가. 조합원의 종류 및 자격

사회적협동조합의 조합원은 조합의 설립목적에 동의하고 조합원으로서 의무를 다한자를 의미한다.

사회적협동조합의 조합원의 종류는 생산자, 소비자, 직원, 자원보아자, 후원자 조합원으로 분류한다.

가) 생산자 조합원: 조합의 사업등에 관련하여 재화 또는 서비스를 공급하며 사업수행에 함께 하는 자

나) 소비자 조합원: 조합의 사업 등에 생산한 재화나 서비를 공급받거나 이용하는 자

다) 직원 조합원: 협동조합에 직접 고용된자

라) 자원봉사자 조합원: 조합 운영과 관련한 사항에 대해 무상으로 서비스를 제공하는자

마) 후원자 조합원: 조합 운영과 관련한 사항에 필요한 재정 및 물품을 후원하는 자

나. 사회적협동조합의 설립인가 절차

사회적협동조합은 시도지사의 설립신고를 하는 일반협동조합과는 달리 기획재정부장에게 인증을 받아 설립을 할 수 있다. 다음과 같은 단계를 통해 설립인가증 발급을 통해 설립등기 후 본격적인 사업을 위한 사업자등록증 발급의 단계를 가진다.

가) 발기인 모집

- 최소 5인 이상의 조합원 자격을 가진 발기인으로 모집
- 조합원의 자격은 자연인 또는 법인 가능
- 사단법인 또는 비영리민간단체에 비해 인원 제한이 낮은 것은 것이 장점

나) 정관 및 사업 계획서 등 작성

- 발기인을 중심으로 정관을 작성
- 설립할 사회적협동조합의 목적, 사업내용, 수익활보 수당등 작성

다) 설립동의자 모집 및 창립총회 공고와 개회

- 설립동의자 모집
- 창립총회 개최 7일전 창립총회 공고후 개최
- 과반수의 출석과 출석자 3분의 2이상의 찬성으로 총희 의결(창립총회 의사록 작성)

라) 설립인가 신청 및 검토

- 신청서류 검토·보완 및 현장 실사
- 한국사회적기업진흥원 및 권역별 통합지원 기관에서 현장 실사 실시
- 실시기관의 신청서류 및 현장실사 결과를 종합한 검토보고서 작성후 중앙행정기관에 회신

마) 설립인가증 발급

- 설립인가증은 신청일로 60일 이내 발급
- 설립인가 구비서류 미비, 설립의 절차, 정관 및 사업계획서 내용 위반 등 기준에 미치지 못한 경우 기간 연장

바) 출자금 납입

- 조합원이 이사장 명의의 통장으로 출자금 납입

사) 설립등기

- 주된 사무소 소재의 관할 등기소에서 설립등기 진행
- 설립 인가를 받은 날로부터 60일 이내

아) 사업자등록 및 사업 운영

- 주된 사무소 소재지 관할 세무서에서 사업자등록후 사업자등록증 발급
- 사업 개시일로부터 20일 이내

3. 사회적협동조합의 발전 방향

1) 사회적협동조합의 사회서비스

최근 몇 년 사이 비영리조직과 관련한 제도적 환경이 빠르게 변화하고 있다. 특히 「사회서비스 이용 및 이용권 관리에 관한 법률」[3], 「협동조합기본법」, 「도시재생활성화 및 지원에 관한 특별법」[4], 「지역개발 및 지원에 관한 법률」[5], 「사회보장급여의 이용제공 및 수급권자 발굴에 환한 법률」[6]등은 빠르게 변화하는 환경속에서 사회서비스에 대한 환경과 제도의 변화와 관련한 비영리조직의 역할을 알 수 있다.

복지환경도 큰 변화가 일어나고 있다. 지역사회를 중심으로 공공과 민간, 그리고 시장이 어우러져 하나의 복지구조를 이루어 복지 문제를 지역에서 해결하는 지역중심의 복지체계가 부각되고 있다. 사회복지실천의 주체로서 지역사회가 부각되는

3) 「사회서비스 이용 및 이용권 관리에 관한 법률」 제1조 사회서비스 이용 및 이용권 관리에 필요한 사항을 정함으로써 사회서비스의 이용을 활성화하고 이용자이 선택권을 보장하도록 하여 국민의 복지증진에 이바지하는 것을 목적으로 한다.

4) 「도시재생 활성화 및 지원에 관한 특별법」 약칭 도시재생법의 제1조(목적)은 도시의 경제적 · 사회적 · 문화적 활력 회복을 위하여 공공의 역할과 지원을 강화함으로써 도시의 자생적 성장기반을 확충하고 도시의 경쟁력을 제고하며 지역 공동체를 회복하는 등 국민의 삶의 질 향상에 이바지함을 목적으로 한다.

5) 「지역개발 및 지원에 관한 법률」은 약칭 지역개발지원법으로 제1조(목적)은 지역의 성장 잠재력을 개발하고 공공과 민간의 투자를 촉진하여 지역개발사업이 효율적으로 시행될 수 있도록 종합적 · 체계적으로 지원함으로써 지역경제를 활성화하고 국토의 균형 있는 발전에 이바지함을 목적으로 한다.

6) 「사회보장급여의 이용제공 및 수급권자 발굴에 환한 법률」 약칭 사회보장급여법은 「사회보장기본법」에 따른 사회보장급여의 이용 및 제공에 관한 기준과 절차 등 기본적 사항을 규정하고 지원을 받지 못하는 지원대상자를 발굴하여 지원함으로써 사회보장급여를 필요로 하는 사람의 인간다운 생활을 할 권리를 최대한 보장하고, 사회보장급여가 공정하고 효과적으로 제공되도록 하며, 사회보장제도가 지역사회에서 통합적으로 시행될 수 있도록 그 기반을 구축하는 것을 목적으로 한다.

이유는 지역, 마을, 이웃 공동체가 지역 주민들이 가장 필요로 하는 돌봄 서비스를 가장 효율적으로 제공하기에 적합하기 때문이다.

(1) 생활 아젠다 중심 사회서비스

국가 중심 복지는 광대하지만 서비스 효율성이 낮고 주민들의 접근성이 떨어진다. 반면 가정과 같은 비공식 보호는 친근하지만 계층별 편차가 크고 제도적이지 못하다. 이런 편차에 대해 지역사회는 적절하게 제도적이면서도 적절하게 친근한 서비스를 제공할 수 있어 필요한 복지서비스를 받아가면서 기존 일상 속에서 삶을 유지해 나갈 수 있다. 이런 이유로 지역사회가 주체이자 대상이 되는 새로운 패러다임의 지역사회복지가 국가복지의 대안으로 떠오르고 있다.

(2) 당사자 중심 사회서비스

사회서비스와 사회적경제가 결합된 '사회서비스의 시민화(civilization),사회화'가 새로운 지역사회복지의 모델로 대두되고 있다. 사회적경제를 통해 공공복지의 한계와 민간복지의 시장화로 인한 서비스 양극화 문제에 전략적으로 대응하고 있다. 특히 사회적 협동조합 방식이 주목받고 있는데, 새로운 사회적 위험으로 개인의 힘으로 해결할 수 없고 그렇다고 정부에 전적으로 의존하기 어려운 문제와 비슷한 문제와 욕구를 지닌 사람들이 함께 모여서 협동조합 방식으로 풀어나가는 것이 효율적이기 때문이다.

(3) 공동체 중심 사회서비스

지역사회복지 실천과정에서 사회적경제는 세 가지 역할을 수행하고 있다. 첫째, 사회적경제 조직은 국가와 시장이 해결하지 못하는 문제들에 혁신적으로 대처하는 특징을 갖기 때문에, 지역사회의 욕구와 문제를 해결하고 지역 기반의 사회서비스를 다양하게 제공하면서 사회복지의 효율성을 증진시킨다. 둘째, 지역의 일자리와 소득을 증대시킴으로써 지역의 자원이 지역내에서 선 순환하는 지역순환의 경제체계를 만들어간다. 셋째, 사회적 경제 조직은 다중이해관계자들의 협동과 호혜를 통해 주민들이 가장 필요로 하는 사회서비스를 제공한다. 이 때문에 최근의 지역사회복지는 사회적 경제의 이념과 가치, 그리고 조직체의 다양한 활동에 기반하여 새로운 실천모델을 만들어 내고 있다(안윤숙 외, 2019:178-179).

향후 지역사회복지 활성화에 사회적 경제가 기여할 수 있는 부분은 매우 크다고 할 수 있다. 정부도 이점을 인식하여 지역 중심의 삶과 '사회적'복지를 추진하려는 제도적 노력을 많이 기울이고 있다. 지역 주민들이 시급하게 필요로 하는 복지서비스를 효율적으로 제공하기에 지역사회가 최적의 단위이며, 사회적 경제의 방식을 활용한 서비스 제공이 상대적으로 연대와 호예의 가치에 적합하기 때문이다(안윤숙 외, 2019:194).

2) 사회적협동조합의 지속가능한 성장 전략

사회적협동조합의 지속가능한 경영을 위해서는 조직 운영의 안정성, 사회적 가치 실현, 정책적 지원등이 필요하지만 사회적협동조합은 기존 비영리조직과는 다른 경제적 지속가능성이라는 비즈니스 모델에 대한 중요성을 추가적으로 제시할 수 있다.

기존 비영리조직은 단순히 정부 지원과 기부금에 의존하는 소극적 조직운영이라면 사회적협동조합은 사회적 가치 창출의 극대화를 위해 조직의 장기적인 존속을 위한 중요성을 가지고 있다.

그러나 사회적 협동조합의 지속가능성은 이윤 창출 등 경제적 수익이나 재정적 요인에 의해서만 결정된다고 볼 수 없다. 경제적 효과로 측정되지 못하는 다양한 사회적 요인들이 함께 영향을 미친다(김태영, 2021; Speckbacher, 2003; 조혜진, 2018 재인용).

(1) 비즈니스 모델 수립

비즈니스 모델 수립은 경제적 지속가능성을 위한 중요한 전략이다. 사회적협동조합은 경제적 지속가능성을 통해 발생되는 이윤을 지역사회에 환원하며, 이러한 활동은 지역구성원들의 참여를 이끌어 내는 순환의 역할을 한다.

경제적 지속가능성을 확보하기 위해서는 다양한 수익모델을 구축해야 한다. 공공서비스에 대한 위탁사업 및 지역사회의 특산물 및 고유한 자원을 활용한 상품 개발 및 서비스를 개발한다.

또한, 수익을 창출하는 과정에서 중요하게 다루어야 할 것은 조직 운영과 관련한 재적의 투명성으로 조합원 및 이해 관계자들의 신뢰를 확보해야 한다.

(2) 조직 운영 안정성

조직 운영의 안정성을 위해서는 조합원의 조합 운영에 대한 의사결정구조에 대한 투명한 참여 보장과 사회적 목적을 실현하기 위한 사회적협동조합의 기존 조합원 및 신규 조합원들의 적극적 참여를 유도해야 한다.

이를 이해서는 조합원들의 역량을 강화해야 하는 필수적인 과정이 필요하다. ICA의 협동조합 5원칙인 교육, 훈련 및 정보 제공에 관한 내용을 포함한다. 사회적 경제 조직의 성공이나 지속적 운영에 관한 연구들은 대부분 조합원 교육이 필요하다는 점을 지적하고 있다. 조합원 교육은 조합의 실질적인 운영에 필요한 경영, 실무와 관련된 역량 강화를 의미하기도 하지만 협동조합이라는 사회적 경제 조직에 대한 이해와 본인이 소속된 협동조합 조직이 추구하는 가치에 대한 교육을 의미한다(김기태, 2016; Corcoran & Wilson, 2010).

(3) 지역사회와의 적극적 연계

사회적협동조합의 사회적 가치 실현과 공익적 목적 유지를 위해서는 조합은 지역사회와의 협력적 관계를 통해 지역사회에 대한 영향력을 강화해야 한다. 이는 정부 및 지자체에 대한 지원을 유도하며 지역사회에 사회적 경제에 대한 생태계를 조성하여 지역문제를 해결하는 다양한 정책적 지원을 만들 수 있다.

Chapter 08

비영리조직의 인적자원관리

Chapter 08 비영리조직의 인적자원관리

1. 전략적 인적자원관리의 개념

1) 전략경영 지원

전략적 인적자원관리의 큰 테두리는 전략적 경영에서 나온다. 인적자원관리를 지원하기 위하여 전략성을 강조한다는 의미이다. 전략경영이란 조직의 목표를 달성하기 위해서 체계적이고 제도적이면서 계획적으로 접근하는 것을 의미한다.

즉 조직목표달성을 지원하기 위해 교육훈련을 어떻게 해야 하고, 어떤 사람을 뽑아야 하는지, 미래의 인력을 확보하기 위해서 미래의 인적 자원에게 어떤 유치 전략을 사용해야 하는지, 어느 조직과 어떻게 업무연결을 맺어야 업무 효율성이 높아지고 이를 위해서 어떻게 인사교류를 해야 하는지 등이 전략적 인적자원관리의 예이다.

2) 조직목표 우선의 인력관리

조직목표의 달성은 모든 조직 활동에 우선한다. 즉 인력관리도 조직목표 달성을 위한 것이어야 하고, 이때 전략경영 차원에서 인력관리도 이루어져야 한다.

3) 부서관리자의 인사관리 지원

오늘날은 예전과 달리 개인의 평가뿐만 아니라 부서단위의 평가를 하고, 부서단위의 평가는 그 부서의 장을 평가함으로써 이루어진다. 결국은 부서장이 자기 조직을 잘 관리하면 부서 자체의 평가가 높아진다. 그래서 부서 관리자 중심의 인력 관리를 지원하는 방향으로 인적자원관리가 변화하고 있는 것이다.

4) 성과중심 인사관리

지금까지는 명목상 성과중심 실적관리를 주장하였으나 실제로는 연공서열 중심이었다. 성과를 중시하지만 실질적으로 성과중심으로 이루어진 예가 거의 없었다고 해도 과언이 아니다. 목표관리제를 실시하였을 때도 연공서열 중심으로 성과평가가 이루어졌고 성과급 제도를 한다고 하더라도 연공서열 중심으로 거의 유명무실하게 이루어졌다. 명실상부한 성과중심으로 인사를 관리하기 위해서는 척도, 측정방법, 문화의 변동에 이르기까지 성과중심으로 하는 것을 목표로 삼아야 한다. 이것이 전략적 인적자원관리의 방식이라고 할 수 있다.(오성호 외, 2021.).

5) 기준설정–조정–심사–평가

전략적 인적자원관리를 위해서는 누구나 수용할 수 있고 조직목표달성에 어긋나지 않는 기준을 설정하고 조정, 심사, 평가를 해야 한다. 과거 통제적 인사관리 시절에는 인사제도를 인사부서에서 만들어 적용하고 평가 서식을 제공하면 되었으나 이제 인사부서는 부서의 장이 인력관리를 잘하여 업무수행을 함으로써 소기의 목적을 달성할 수 있도록 지원하는 역할을 한다. 지원의 한 측면에는 자율적이란 의미를 가지고 있으며 부서의 장이 자율적으로 인력운영을 할 수 있도록 허용하는 한편, 수행업무의 전반적인 결과를 통합적으로 관리 하겠다는 의미도 포함하고 있다.

통합적 성과관리를 하려면 부서 구성원 개개인에 대한 평가보다는 부서의 장을 평가한다. 즉 부서가 추구하는 목표달성의 양과 질 등을 예산, 조직운영, 직원관리 등을 하나로 묶어서 동시에 평가하는 것을 의미한다. 부서의 장에 대한 평가를 하다 보니 구체적이고 세밀하게 통제하는 것에서 벗어나서 각 부서에 인력관리의 기준만 제공하고 이 기준에 맞추어 잘했는지를 감시한다. 각 부서마다 자율성이 있으므로 기준을 적용하는 방법이 다른데 이를 부서별로 형평성에 맞게 운용될 수 있도록 인력관리부서가 조정해 준다. 이렇게 기준을 결정하여 심사, 평가하고 서로 조정해 주는 역할을 하는 것이 바로 인력 관리부서이다(이선우 외, 2021.).

2. 전략적 인적자원관리의 방향

1) 인적자원관리의 철학

(1) 관리자층의 적극적 지원

인력관리의 새로운 접근 방법은 통제 위주의 인사행정을 지양하고, 조직원인 구성원을 제1차 내부고객으로 간주하여 모든 결정과정에 대한 참여를 허용함으로써 조직목표달성의 동반자로 인정해야 한다. 궁극적으로는 고객 지향적, 결과 지향적 문화창조에 대한 관리자와 일반직원들의 몰입된 자세를 도출해야 한다(윤관혁, 2006.).

(2) 우수인력 유치를 위한 가치의 설정

우수인력(high performers)이 공적조직에 진입하기 위해서는 진입경로의 다양화와 민간기업 대비 상대적으로 높은 보수 및 후생복지 혜택 이외에도 관심을 가져야 할 부분이 바로 상하 간 신뢰 및 상호존중의 문화 창출이며, 이로 인해 형성되는 동반자관계가 구축되어야 한다. 이 외에도 우수인력이 제대로 평가받고 대우받을 수 있는 평가문화와 자율성의 대폭적인 확대 등이 전제 되어야 한다. 그런데 새로운 인사행정의 접근에서는 민간 기업에서 개발하여 적용해 온 다양한 인간중심적 가치들을 도입하여 적용하고 있으며 많은 호응을 받고 있다.

(3) 차별적 형평성의 강조

계급이 같으면 동일한 보수를 지급하는 보편적 형평성과는 달리 업무수행자격(Qualification), 공헌도(Contribution), 성취도(Achievement), 잠재력 등에 근거하여 능력에 따라 보수 및 대우를 달리하는 것이 오히려 형평의 원칙에 맞음을 강조한다.

(4) 관리자의 태도변화와 조직원의 위험감수

관리자의 태도는 통제 위주에서 조직원의 창의성, 참여, 성취, 성장의 분위기를 조성하고 관리하는 것으로 전환하기 시작하였으며, 관리자의 관리실적 및 행태에 대한 실적평가와 교육훈련이 계속되면서 조직 구성원들 또한 적극적이고 도전적인 사고를 갖기 시작하였다. 이러한 조직문화의 변화는 조직원들로 하여금 위험을 감수하도록 독려하고 있으며, 위험감수(cost-risk analysis)에 따른 대가는 성패에 관계없이 보상을 받는다. 다만 실패의 원인이 정당한 이유에 기인할 경우에 해당하며, 성공일 경우에는 많은 반대급부가 따른다.(임현정 외, 2021.).

2) 인적자원에 대한 기본적 시각

인력관리를 조직관리의 주요한 축으로 간주하고 조직관리전략과 인적자원관리를 연계한다. 더욱이 인력을 인적자원, 즉 자산으로 생각하여 최대한의 해고 회피 노력을 경주하며, 자산 가치를 높이기 위하여 교육훈련 등 능력배양에 많은 투자를 한다(이선우 외, 2021.).

3) 동기 및 성과관리

(1) 조직원의 창의성개발 강조

조직원의 솔선수범, 사기, 창의성 등을 장려하는 인사제도의 개발에 역점을 두기 때문에 가능한 한 절차의 간소화, 자율성의 확대 등을 보장하고자 한다. 따라서 인사행정의 새로운 접근방법에서는 임파워먼트(empowerment)를 강조하고, 동시에 조직원들이 사고의 대전환(revolution of mind)을 시도할 수 있도록 규정과 절차 대신 업무수행원칙만 제공하고 있다. 이것은 "GO Back To the Basic"이라 하여 클린턴 행정부가 행정개혁을 이끌면서 시도하였던 대명제이기도하다.

(2) 조직과 조직원 개인의 생산성을 동시에 강조

전통적으로 조직원의 실적을 평가할 때 중시한 기준은 개개인의 실적이었으나, 새로운 접근에서는 개인과 조직의 성과에 근거한 실적평가와 성과 보상체계를 구축하고 있다. 특히 개인보다는 개인이 소속되어 있는 작은 조직, 예를 들어 팀이나 계, 과 등의 성과를 우선적으로 평가하고 소속 집단에 대한 개인의 공헌도를 상대평가 하는 방법을 도입하고 있다.

(3) 도전과 다양한 기회를 제공하는 내재적 보상체계 강조

전통적 동기이론 중 매슬로(A. H. Maslow)가 강조하는 자아실현의 욕구는 동일하지 않으며, 모든 조직원이 조직 내에서 충족될 수도 없다. 그렇기 때문에 가족친화적 정책(family-friendly program)을 도입하여 복잡, 다양한 직원들의 욕구체계를 충족시키기 위해 노력한 것이다. 내재적 보상체계(intrinsic rewards system)는 경제적 보상만을 강조하는 전통적 접근방법과는 다른 차원의 것으로 조직원들의 자존

심을 세워주고 조직과 직원 간의 신뢰를 형성하면서 직원의 욕구와 조직의 목표를 동시에 추구할 때 이루어지는 것으로 생각한다.(오성호 외, 2021.).

(4) 차별적 형평성에 따른 보수의 계산

동일계급이면 동일한 보수가 지급되는 것이 아니라, 수행하는 업무의 시장가격, 그 업무를 수행하는 필요한 역량과 경험 그리고 수행실적 등을 고려하여 보수를 결정한다. 다시 말하면, 시장원리, 습득기술, 숙련도, 성과 등 다양한 기준을 적용하여 보수를 결정한다.

(5) 실적 측정 및 분석의 다원화 및 구체화

실적을 평가한다는 것은 그렇게 용이한 일이 아니다. 아무리 객관적이고 공정하게 실적을 측정하였다 하더라도 조직원들 중엔 불만과 불평이 있게 마련이다. 또 한편으로는 실적 평가에 관대한 조직과 엄격한 조직 간에 실적 평가의 불평등이 발생하기도 한다. 그렇기 때문에 평가내용은 매우 자세하게 구성하고 평가는 엄격하나 체계적으로 시행하여 피 평가자의 장단점과 강약점을 구체적으로 제시함으로써 능력을 배양할 수 있는 기회를 제공한다. 그러나 평가결과는 단순화하여 통상 사용하는 수 우 미 양 가 또는 탁월, 우수, 보통, 미흡, 불량 과 같은 평가등급은 부여하지 않고 합격, 불합격의 2단계 단순화 한다.

4) 인력관리 원칙

(1) 분권화 속에서의 중앙집권화

인력계획, 임용 및 배치, 능력개발, 복무관리 등 거의 모든 인사업무를 개별조직 단위로 권한을 위임 및 이양하는 것을 원칙으로 한다. 그러나 행정조직 간의 형평성 등을 고려하고, 조직별 합리적 인사운용을 지원하기 위한 제도개발 및 관리, 효과성 관리, 지식관리 및 개발은 중앙집권적으로 수행한다. 그리고 인력관리 기준의 설정, 감시, 감사 등도 중앙집권적으로 관리한다.

(2) 전략적 인력관리 및 인력관리 정보체계의 수립, 활용

인력관리는 조직의 목표를 달성하기 위하여 필요인력을 단기적으로 채용하고 직무 관련 교육훈련을 제공하는 한편, 조직의 장기목표를 달성하기 위해서는 필요인력을 육성하거나 능력을 개발할 수 있도록 프로그램을 개발, 운영한다. 인력관리 정보체계는 전국의 우수한 잠재인력을 유치하고 과학적, 경험적 인력관리 및 연구가 가능하도록 인사담당자와 연구자들을 지원한다.

(3) 지원부서로서의 역할 변화

전통적으로 인사담당부서는 상당한 권한을 가진 힘 있는 부서로 지칭되어 왔다. 그러나 이제는 더 이상 다른 부서들 위에 군림하는 부서가 아닌 조직의 목표에 맞추어 그 목표를 달성할 수 있는 질 좋은 인력을 양성하고 적재적소에 보급할 수 있는 종합적 지원전략을 수립하는 지원부서로 정의되고 있다. 그리고 고객지향적 인사운영이라는 차원에서 간섭을 최대한도로 줄이기 위해서는 무엇보다도 인력관리 제도 자체가 단순화되어야 한다. 따라서 규제중심의 인력관리제도는 대폭 간소화하고 간편한 용어와누구나 활용할 수 있는 단순한 원칙 혹은 기준만 제공하되 최대한 분권적으로 운영될 수 있도록 지원한다(이선우 외, 2021.).

3. 인적자원관리의 목적과 기능

1) 인적자원관리의 목적

인적자원관리(HRM: human resource management)는 조직의 미션, 목표 전략을 뒷받침하기 위해 재능과 에너지가 넘치는 인력을 획득하고 개발 시키며 유지 하는 프로세스이다. 이러한 정의와 관련해서는 두 가지 견해가 있다. 조직의 가치창출과 관련된 모든 활동의 주체는 결국 사람이므로 유능한 인적자원을 보유해야 한다는 주장과, 경쟁우위로서 지속가능한 시스템을 설계해야만 그러한 역량도 지속될 수 있다는 주장이다. 어느 쪽이든 전체 조직이 관리되는 방식에 HRM의 원칙과 기법이 영향을 끼친다는 데에는 이견이 없어 보인다. HRM의 성공은 곧 조직의 성공으로 이어지게 된다. HRM이 효과적이게 되면 그 조직은 최상의 성과를 낼 수 있고, 그러한 조직의 직원과 고객들은 직무나 회사에 대한 만족도가 높아지기 때문이라고 풀이된다. 이에 따라 조직의 대외적인 인지도나 명성도 동반하여 상승하게 된다.

HRM은 조직의 성과를 강화시키기 위한 인적자원의 효과적인 활용이며, 인적자원이란 임금, 급여, 기타 보상을 대가로 여러 직무, 과업, 기능을 수행하기 위해 조직이 고용한 사람들을 의미한다. 기업의 성공에 영향을 주는 요인들은 다양하지만 인적자원의 효과적인 관리 없이 조직이 성공하기란 매우 어려운 일이다. 인적자원의 관리는 인력을 선발, 훈련, 평가하는 등 관리활동의 조직화 기능 가운데 필수 부분이다. 또한 조직의 지속적인 경쟁우위 획득에 도움을 주는 중요한 전략적 수단이기도 하다. 이외에도 인적자원의 관리는 고성과 작업관행을 통해 개인 및 조직의 고성과를 유도함으로써 기업 가치를 드높일 수 있다. 이렇듯 HRM의 철학은 사람이 조직에서 제일 중요한 자산으로서, 다음의 방법들로써 무한정 개발하고 증진시킬 수 있다는 신념에 근거한다.

(1) 솔직함, 열정, 신뢰, 호혜와 협력의 가치를 지닌 건강한 조직문화를 조성
(2) 개인과 조직 모두에게 이로운 인적자원관리를 계획하고 감독
(3) 소속감을 향상
(4) 기본적 욕구와 더불어 상위욕구의 만족을 실현
(5) 업무마다 개인별 능력과 잠재력을 개발하고 활용(강대석, 2020.)

2) 인적자원관리의 기능

인적자원관리의 기능에는 관리기능(managerial functions)과 운영기능(operational function)으로 구분된다.

(1) 관리기능

가. 기획(planning)

기획이란 예정된 조치들의 흐름으로서, 사전에 조직의 목표에 기여할 HR 프로그램 및 변화 전략들을 수립하는 것이다. 이를 테면 인력, 자격, 모직, 선발, 훈련 등

에 관한 계획 수립과 관련된다. 또한 종업원들의 니즈 예측이나 변화하는 가치, 태도, 행동의 예측과 더불어 이것들의 조직에 대한 영향까지도 포함한다.

나. 조직화(organizing)

다음은 조직화로서 목표를 이루려는 각각의 일마다 사람과 자원을 배치하는 것을 일컫는다. 협력적으로 사람들이 모여서 업무를 분배하고 관계를 인식하며 공동 목표를 향해 활동을 통합시키는 구조이자 프로세스를 조직이라고 하듯이, 조직화를 통해 직원들 사이에 관계를 설정함으로써 집합적으로 기업 목표의 달성에 기여토록 할 수 있다.

다. 지휘(leading)

기획과 조직화 완료 후에는 계획의 실행, 즉 지휘 기능이 요구된다. 어느 수준에서든 HRM의 기본 기능은 사람들의 동기부여, 명령, 지휘하며 움직이도록 하는 것이다. 조직의 목표달성을 위한 직원들의 자발적이고 효과적인 협력은 올바른 지시가 있을 때 가능한 일이다.

라. 통제(controlling)

HRM 기능이 조직의 계획에 준거하여 수행되었는지 알기 위해서 성과가 확인되어야 한다. 가령 훈련 프로그램의 감사, 이직률 기록의 분석, 사기조사 실시, 개별 인터뷰 등의 통제 활동은 인사관리기능을 제어하고 이를 효과적으로 만드는 수단이다(강대석, 2020).

(2) 운영기능

가. 채용(employment)

채용은 조직의 목표를 달성하기 위해 필요한 유형과 수준의 인적자원을 확보해 사용하는 것이다. 채용은 직무분석, HR 플래닝, 모집, 선발, 배치, 유인과 내부이동 등의 기능들을 포함한다. 이러한 확보관리를 위해서는 다음과 같은 과제를 이행해야 한다.

가) 현재 사내 적정인원은 어떻게 판단할 것인가의 문제

나) 미래 인력확보를 위해 어떠한 관점에서 노동시장을 분석하고 수요를 예측할지의 문제

다) 우수 인력을 유인할 수 있는 조건 마련, 타당성과 신뢰성을 갖춘 선발 체계를 운영하고 적재적소에 배치하는 문제

라) 인적자원의 관리에 적합한 직무설계, 이동관리와 관련된 직무순환 및 승진 문제

나. 훈련/개발(training & development)

확보된 인적자원의 능력 개발과 핵심역량 강화를 통해 기업경쟁력을 향상시키는 기능이 다음으로 요구된다. 이러한 인적자원의 개발은 현재와 미래요구사항에 근거해 스킬, 지식, 창의력, 적성, 태도, 가치관, 몰입을 향상/형성/변화/개발시키는 과정이다. 이 기능은 교육훈련, 커리어 플래닝과 개발, 변화와 조직개발 등을 포함하며 관련된 과제들은 다음과 같다.

가) 구성원들을 대상으로 한 훈련의 니즈분석, 훈련 프로그램의 내용, 대상, 방식의 선정/실행/평가와 그리고 피드백에 관한 효과적인 방안 마련의 문제
나) 인사평가의 활용, 평가도구의 적정성, 평가절차의 적용과 결과의 활용에 관한 문제
다) 직원들의 커리어 개발 성향, 커리어경로에 따른 개발 프로그램의 활용 문제

다. 보상(compensation)

개발된 인적자원을 공헌도에 따라 금전, 비금전적인 보상을 제공하는 기능도 뒤따라야 한다. 직원에게 적합하고 공정, 공평하게 보답함으로써 모티베이션을 제공한다. 적절한 보상관리를 통해서 매니저들은 직원들이 조직을 위해서 최선을 다하도록 만든다. 보상은 직무평가, 급여관리, 인센티브, 보너스, 복지혜택, 사회보장연금정책 등을 포함하며 다음은 관련된 과제들이다(강대석, 2020).

가) 조직 전체의 임금수준 책정과 그에 따른 총액 인건비를 어떻게 관리할지의 문제
나) 임금구조 중 가장 적합한 유형 선정 및 복합 기준을 마련하는 문제
다) 개인 및 그룹 성과에 대한 인센티브
라) 수당과 퇴직금, 복지혜택의 문제

4. 창조경영과 인적자원관리

1) HRM 전문가에게 요구되는 역량

HR 운영을 잘하기 위해선 그들의 전문성(professionalism)에 대한 중요성이 더욱 뚜렷해졌다. 전문성은 일종의 핵심역량으로, 굳이 구분하면 역량에다가 특정 분야에서 성공을 거두기 위해 요구되는 행동들까지 포함된다. HR 담당자들의 역량은 HR 기능들을 궁리해 적용해야 하는 이들에게서 기대되는 성공과 고성과를 위해 요구되는 것들이다. HR 담당자들도 보유역량에 따라 성과가 좌우되는 것은 마찬가지다.

Vicere의 연구(1987)에서는 HR 매니저들에게 요구되는 역량들과 타 매니저 입장에서의 중요성을 검토한 바 있다. 비즈니스 및 전략에 대한 이해도와 함께 조직 니즈를 반영한 HR 방안/기법의 성공률을 분석하여 다음과 같은 HR 매니저 역량들을 언급한다. 즉 전략 운영, 비즈니스 지식, 조직 내 컨설팅, HRM전문성, HR프로그램 설계/적용, 매니지먼트/리더십이 그것이다. 또한 Heneman의 연구(1999)도 HR 매니저를 포함한 모든 HR 담당자들이 조직에서 가치를 창출하려면 분석 역량과 사회 역량이 필요하다고 했다.

데이터 가공, 결과의 분석/해석과 관계된 것이 전자라면, 후자는 리더십에 주로 관련된다. HR 담당자들의 역량에 관해 가장 많이 알려진 것은 Brockbank와 Urich가 이끌었던 연구(2012)일 것이다. 그들은 HR 컴피턴시 모델을 통해 전략 입안, 전략실천, 능력증진, 변화주도, HR개혁 · 창안, 기술 제안 같은 6개의 역량들을 구체화했다.

(1) 전략 입안(strategic positioner)

조직의 의사결정 프로세스에서 기여할 수 있는 역량으로 시장 판도를 꿰뚫어 보는 것도 이 역량의 한 부분이다.

(2) 전략실천(credible activist)

이 역량은 굳건한 대인관계를 구축하고 조직에서 선도해 가는 것으로 설명된다.

(3) 능력증진(capability builder)

조직이 잘할 수 있는 것을 규정하고 이를 구축함으로써 효과적이고 강한 조직을 만드는 역량이다.

(4) 변화주도(change champion)

조직의 변화 역량을 신장시켜 프로세스와 조직구조의 효과적인 변화를 이룩해내는 역량이다.

(5) HR 개혁/창안(HR innovator and inventor)

중요한 이슈들에 총력을 쏟을 수 있게 HR 제도들을 통합하고 나아가 성과를 계속 낼 수 있는 새로운 HR 제도나 프로세스를 창조하는 역량이다.

(6) 기술제안(technology proponent)

네트워킹 기술을 적용하여 사람들 간에 결속이 되도록 돕고 정보관리 측면에서도 역할을 다하는 역량을 말한다(강대석, 2020).

2) 변화하는 인적자원관리 환경

환경의 테두리 내에서 기업은 경영활동을 하며 그 환경에 적응하고 또 새 환경을 창조함으로써 존속, 발전해 나간다. HRM도 다른 경영활동 분야와 마찬가지로 외부 환경요인들의 영향에 놓일 수밖에 없으므로 이들을 염두에 둔 의사결정을 필요로 한다. HRM 환경의 변화는 기업이 운영되는 방식과 더불어 사람들을 관리하는 방식에도 직접적인 영향을 미친다. 그러나 이러한 영향력의 상당 부분은 불행히도 조직의 통제 밖에 있기 때문에 전략경영을 위한 탐색 과정에서부터 이들에 대한 고려가 있어야만 한다. 전략적 대응은 환경 변화에 대한 적응을 요구하게 마련인데, HRM 환경에 관한 다음과 같은 사항들이 있다.

(1) 글로벌시장

세계화는 기업이 제조, 판매, 그리고 서비스 사업을 해외의 신 시장으로 확장해 가는 경향이다. 거래와 투자의 형태로부터 인적자원의 관리에 큰 영향을 주는 글로벌 운영 및 생산, 전략적 제휴의 통합으로 비즈니스의 세계화는 변모해 가고 있다. 글로벌 경쟁자들로부터의 거센 압력으로 인해 기업들은 자국에서의 생산설비를 폐쇄하고, 생산성을 높이고 노동비 절감이 가능한 저비용 지역으로의 이동을 강요받고 있다. 이러한 오프쇼어링을 통해 기업은 판매도 확대하고 인건비용을 축소할 수 있기 때문이다. 또한 고숙련의 동기수준까지 높은 노동력을 얻을 수 있기 때문이기도 하다. 다만 매니져들은 다른 문화, 고용법, 비즈니스 관습 등을 포함한 세계화와 관련된 복잡한 사안들에게 균형을 잡아야 한다.

(2) 기술적 변화

기술은 세계 경제에서 경쟁방식의 변화를 가져왔다. 이에 따라 종업원의 수, 지역, 요구 역량에 영향을 끼쳤다. 기술적 변화는 조직에 적정 인원을 위한 우선순위의 변경을 가져왔다. 결과적으로 이것은 새로운 훈련니즈를 발생시켰고 종업원에 관한 중요 관심사를 바꾸었다. 기술의 발전, 특히 인터넷과 관련된 것은 너무 극적이어서 조직들은 비즈니스를 수행하는 방식을 바꾸고 있다. HR에서 기술을 도입하는 것은 관리 비용을 줄이는 데 결정적일 수 있다. 즉 자동화속에 기술을 도입하는 것은 관리 비용을 줄이는 데 결정적일 수 있다. 즉 자동화는 HR의 관리적 부담을 덜고, 전략적 기능에 전념할 수 있도록 분명 기회를 제공한다. 즉 IT기술의 발전이 의사결정 과정에서 인적자원에 관한 정보를 수집, 저장, 분석하는데 통합 사용되게 되었다.

(3) 생산성의 압박

생산성 압박은 세계화와 기술적 변화로 인해 가속화 되었고 세계화와 기술적 변화 역시 생산성 압박으로 더욱 가속화되고 있다. 생산성은 “일정한 양의 투입량으로부터 얻어지는 산출량”으로 정의된다. 조직은 투입량을 줄이거나 직원들의 생산량을 늘림으로써, 혹은 프로세스에 더 많은 인적, 물적 자본을 더함으로 그들의 생산성을 늘릴 수 있다. 그러나 인건비는 어느 조직에서든 지출에서 큰 부분을 차지한다. 서비스나 지식 집약적 회사에서는 더욱 그렇다. 조직 변화의 일부로서 관리자층 제거, 설비 축소, 타 회사와 합병, 외주인력 등을 통해 조직들은 적정인원을 향상시키기 위해 직원들에게 영향을 끼치는 직무와 작업 프로세스를 재설계하고 있다. 인적자원 정책과 실행에 대한 전략적 접근은 이와 같은 노력들에 큰 영향을 미친다.

(4) 노동시장 판도 변화

요구되는 기술을 지닌 노동자를 구하기 어렵다고 호소하는 경영자들이 많다. 이러한 인력부족은 이른바 신생 경제와 하이테크 직무들에서는 더 심각하다. 하지만 비교적 잘 교육받은 밀레니엄 세대 사회 초년생들을 개발도상국에선 쉽게 찾아 볼 수 있다. 기업들은 오늘날 베이비부머를 제외해도 X세대, 밀레니엄세대, 심지어 Z세대까지 다양한 인력 구성을 가지고 있다. 각 세대는 일에 대한 그들의 가치와 태도를 형성시킨 서로 다른 환경에서 성장했다. 미국, 유럽의 밀레니엄 세대는 경제적 안정성을 위해 고군분투하는 세대로 미래에 대해 비관적, 타인에 대한 불신, 정부와 기업에 대한 회의적인 성향이 있다고 한다. 아시아 지역 밀레니엄 세대 역시 비슷한 특성을 보이나 다만 미래에 긍정적이고 소비를 통한 표현을 주시한 표현이 다르다고 한다.

HRM이라고 예외적으로 조직 내/외부의 각종 영향 요인들로부터 자유로울 수는 없다. 가령 지역적 특징이나 국가 경제의 발전 수준에 의해 영향 받으며, 기업에 대한 사회적 태도가 적대적인지 우호적인지에 의해서도 영향을 받는다. 게다가 노조활동이 협조적인가 적대적인가에 따라서도 경영성과의 차이가 발생하며, 세계화로 인한 기업 활동의 글로벌 전개에 적합한 HRM 방안도 강구해야 한다. 경제적, 사회적, 기술적, 변화와 그리고 노동법을 비롯한 각종 법률적 영향요인들에 적절히 대응 못하면 곤란을 겪을 수밖에 없다는 것은 누구나 인식할 만큼 자명하다(강대석, 2020).

3) 인적자원관리의 경제 · 사회적 변화 요인

하루가 다르게 급변하는 경쟁상황 속에서 기업들은 비용 절감과 성과증진을 위해 다운사이징과 구조개혁 등 전략적인 조치들을 단행하게 되었다. 이로 인해 고용보장에 대한 기대는 점차 사라져 가고 심리적인 계약의 형태도 관계보다는 거래의 형태로 바뀌어 가고 있는 게 현실이다. 경제 · 사회적 변화들은 결국 직원들이 몰입해야 할 대상에서도 다양화를 불러왔다. 여기서는 이들 변화가 초래 한 HRM 관련 주요 쟁점들에 대해서 살펴본다.

(1) 고용불안

경기 후퇴, 산업구조 재편, 정보기술 발전, 글로벌 경쟁심화 등의 여파로 직장 생활에도 큰 변화가 찾아왔다. 비용을 절감하고 조직의 효과성과 경쟁력 강화를 위해 조직의 효과성과 경쟁력 강화를 위해 기업들이 대규모 인력감축을 단행하게 되면서 종업원들의 고용불안은 더욱 증폭되고 있다. 고용불안이라는 용어는 학계에서 정의하여 상용된 게 아니다. 사회에서 자연스레 생겨난 것으로 실직의 두려움과 재취업의 어려움에서 비롯되었다고 할 수 있다. 고용불안은 현 직무의 지속성에 대한 잠재적인 위협의 지각을 의미하며 다음의 특성을 지닌다(전상길, 2020).

- 소속된 현 조직 내에서의 지속성과 안정성에 대한 근원적이고 비자발적인 변화를 반영한다.
- 현 직무 환경의 불확실성에 대한 주관적인 평가로서 이는 같은 위험에 있더라도 지각하는 정도가 사람마다 다를 수 있음을 의미한다.
- 과거에는 당장의 실직 위협이라는 단순 개념에 추점을 두었지만, 최근엔 고용조건이나 커리어기회의 악화에 관한 사항들로까지 개념이 확장되고 있다.

고용불안은 정량적, 정성적인 것으로 다시 구분할 수 있다. 현 직무의 유지나 손실에 관한 것으로 직무를 계속 할 수 있을지 여부에 대한 불확실성이 정량적 고용불안이라면, 정성적 고용불안은 조직 내 커리어 기회감소, 기대수입, 자율성 및 가용자원 상실, 팀의 해체 등과 같은 고용관계의 질적인 저하 가능성에서 비롯되는 위협의 지각을 일컫는다. 재정적 사교적 사회적 자원의 상실을 의미하는 정량적 고용불안이 정성적인 것보다 더 위협적이며 부정적인 결과도 더 초래한다고 한다. 정량적 고용불안은 대체로 건강, 심리적 스트레스 와 같은 긴장지표와 강한 상관이 있는 반면, 정성적 고용불안은 직무만족과 같은 직무관련 태도변수들과 상관이 있다. 직무의 상실은 직무 외적인 삶의 질에까지 부정적인 영향을 미치지만, 직무 특성의 상실은 직무 외적인 삶보다는 직장 생활에 주로 영향을 미칠 수 있을 것이다.

고용불안은 스트레스 유발요인으로서 웰빙이나 직무태도 직무행동 과 같은 변수들에 영향을 미칠 수 있다. sverke 등의 메타연구(2002)에서도 직무 만족의 감소 건강이상의 악화 직무 몰입의 저하와 관련 있으며 또한 조직몰입이나 직무철회의 증가와도 관련 있는 것으로 나타났다. 최근 부쩍 잦아진 구조조정과 정리해고 같은 조직변화로 인해 잔류 직원들의 고용불안은 더해가고 있는 실정이다. 고용불안의 효과가 물론 직군(블루, 화이트)에 따라 다르며 고용력 통제위치 그리고 부정적 혹은 긍정적 정서 같은 개인의 특성에 따라서도 차이를 보이게 된다. 하지만 불안한 자신의 미래와 위치에 대한 불확실성은 직원들로 하여금 사기와 자발적인 참여 빈도를 낮추고 조직에 대해서도 냉소적 입장을 취하게 만든다.

고용불안이 커지고 심리적 계약 관계가 퇴색될수록 조직의 역기능은 증가하고 직원들의 불만족이나 저항도 커진다. 사용자와 상호간에 존재하는 의무에 대한 종업원의 인식이 심리적 계약이다, 개인은 조직의 니즈에 부합하는 시간과 노력, 충성심 등을 제공하고 조직은 이에 대한 대가로 개인의 니즈를 충족시켜 줄 임금, 고용안정 인정 등과 같은 유인을 제공함으로써 계약이 실현된다. 전통적으로 종업원들은 평생의 직장을 바랐고 조직도 이러한 기대에 부응하고자 다양한 혜택들을 제공하며 그들의 몰입과 헌신을 요구해왔다. 심리적 계약은 고용관계를 구체화시켜주는 상호간의 의무에 대한 지각이라는 점에서 일반적인 기대와는 사뭇 차이가 있다. 더구나 바로 반응이 나타나는 것이 아니고 시간이 어느 정도 경과한 후 신중한 계산의 결과로 나온다. 심리적 특징은 다음과 같다

① 상호적 특성

상호간의 의무감은 사회적 교환관계의 핵심요소로서 기대가 서로 일치하고 교환 개체에 대해서도 동의할 때 성립된다. 계약 당사자들은 자신이 해야 할 것이 있고 그에 대한 대가로 상대방에게서 받아야 할 것 또한 있다고 믿는다.

② 동태적 특성

한번 형성된 것으로 끝나는 것이 아니라 종업원이 그 조직에 근무하는 한 지속적으로 용인되는 특성을 가진다. 즉 조직에서 오랜 기간의 상호작용을 통해 세부 계약 내용이 구체화 되거나 변경될 수 있는 것이다.

③ 주관적 특성

심리적 계약은 주관적인 믿음 또는 지각으로서 계약 당사자들이 동일한 조적에 합의 했다고 해도 쌍방이 동일한 이해를 하고 있다고는 볼 수 없다. 심리적인 계약 내용은 받아들이는 정도가 제각각이라서 그 사치와 의미가 불분명한 게 사실이다.

심리적 계약의 가장 중요한 속성이라고 하면 그것이 종업원과 사용자의 기대가 변하고 경제/사회적 상황도 바뀌면서 계속 재협상된다는 점이다. 시장 경재와 다운사이징 같이 내/외부 환경에서 일어나는 변화들에 대한 반응으로 이러한 가변성은 생겨난다. 고용불안은 특히 단기, 임시 성격의 심리적 계약을 불러 오면서 쌍방이

서로에게 생존과 발전을 위해 의지하던 것을 덜하게 만들었다. 이는 과거보다 유연성과 적응력이 중요되는 데 따른 것이기도 하다. 심리적 계약 형태는 제각각이라서 개인과 조직 양측의 행동에 관한 개별 예측이 가능하고 몰입에까지 영향을 끼치게 되었지만 크게는 거래적인 것과 관계적인 외에는 별다른 게 없다.

전자는 조직과 개인 사이에 단기 관계를 전제로 하며 서로의 의무와 권리 내용을 명시하는 계약을 의미한다. 성과기반 보상, 상호간의 약한 몰입, 계약해지 용이성 등의 특성이 있다. 반면 후자는 상호간의 장기 관계를 전제로 해서 의무와 권리는 명시하지 않는 계약이나, 고용안정에 대한 약속을 통해 구성원들의 높은 몰입을 유도한다.

심리적 계약의 약속조건을 조직이 어겼다고 여기거나 느껴지면 일을 심리적 계약위반 이라고 한다. 약속을 이행할 의지/능력이 없어서거나 혹은 어쩔 수 없는 상황으로 인한 불이행과 쌍방 간의 오해로 비롯된 불일치로도 위반이 발생된다. 이때 상호 의무 내지 호혜의 특성 때문에 사실상 계약위반의 느낌은 직원 자신이 기여한 정도에 비례하게 된다. 지각 상태에만 그치는 게 아니고 실망, 좌절, 화, 분노 등의 정서적인 경험으로 이어질 수가 있다. 자신의 기여 정도와 조직이 이행치 않은 것 간에 차이가 얼마인지, 조직이 왜 약속을 지키지 않았는지, 이러한 상태에서 자신을 어떻게 대했는지 등의 인지적인 평가 외에 잠재의식에서 나오는 감정 상태로도 이해된다. 심리적 계약 위반은 이처럼 복잡한 개인의 주관적인 해석과정을 거쳐 나타나지만 실증연구들에서는 인지적 정서적 차원으로 구분하거나 아니면 이를 통합해 단일 개념으로 측정하는 것이 일반적이다.

(2) 커리어리즘

고용불안은 또한 직원들의 몰입 대상을 다변화시켰다. 최고 경영자, 상사, 동료,

노동조합, 고객과 같은 각기 다른 조직 요소들에 대한 다양한 몰입 정도를 갖게 되었다는 의미다. 단일 차원의 조직몰입을 주로 다루던 연구들도 근래에 와서 몰입의 다차원적인 면에 관심을 갖기 시작했다. 몰입의 다차원성은 개인 및 그룹의 가치와 목표에 따라 직원들이 여러 가지에 몰입할 수 있는 현실을 반영한다. 이를테면 커리어몰입은 속한 조직에 대한 애착과는 별도 차원에서 생성되는 것으로, 조직몰입이 조직의 목표와 관련된 것이라면 커리어 몰입은 개인의 내적 목표와 관계된다.

또한 커리어몰입은 조직몰입보다 더 장기적인 면이 있다. 커리어는 일생 동안의 직업 및 삶의 역할들이므로 커리어에 대한 태도는 현 조직에만 국한되지 않는 특성을 보인다. 이러한 두 유형의 몰입은 상호 견주며 균형을 찾으려 한다. 하지만 이들 간에 균형을 맞추거나 혹은 커리어 성장에 대인적으로 더 몰입할지, 조직에 더 헌신할지를 결정하는 일이 결코 쉽지만은 않다.

한 직장 내에서의 성장이 커리어에 대한 전통적 사고였다면 요즘은 일생에서 직장과 직업을 수차례 바꾸는 것은 다반사이고 커리어를 조직과 별개로 보는 경향마저 생겼다. 사람들이 이처럼 가치관에 바탕을 두고 자기주도로 커리어를 이끄는 데에는 고용관계에서의 거래적인 심리계약이 점차 보편화 된 것도 한몫 했을 것이다. 커리어관리에 대한 오너십과 책임이 점차 조직에서 종업원들에게로 귀속된다고 여기는 것이 어쩌면 바람직한 일이다. 하지만 조직을 불신하고 역량만으론 자신의 커리어 목표나 포부를 충족키 어렵다고 생각해 직장을 하나의 수단처럼 여기며 행동하는 것은 문제가 아닐 수 없다.

커리어리즘이란 이런 식으로 성과와 무관한 행동들을 통해 자신의 사적인 목표나 커리어목표를 달성하려는 경향을 말한다. 조직보다 자신의 이익을 더 우선시 하는 자들은 커리어리스트 성향의 사람이라고 일컫는다. 지금의 조직이 더 이상 입사에서 퇴직까지 성장을 도모하는 커리어 설계자가 아니라는 생각을 많이들 하게 된 것이다. 커리어 성장과 관련하여 직원들이 종전과 다른 태도, 즉 커리어리스트 성향을 갖게된 것은 그리 놀랄 일도 아니다. 고용관계가 예전보다 느슨해짐에 따라 사람들은 자시의 커리어관리에 대한 책임을 느끼기 시작했고 파트너로서 조직의 역할은 그만큼 희미해지기 시작한 것이다. 커리어리스트 성향 그 중심에는 개인의 커리어목표와 이에 대한 조직 입장이 결국엔 일치할 수 없으니까 자신의 이익을 알아서 챙겨야만 한다는 생각이 자리하고 있다. 조직에 대한 헌신은 결국 보상받지 못할 것이라는 의미이기도 하다. 자기주도적 이란 점에서는 커리어리스트 성향과 프로틴 커리어 태도가 흡사하다. 하지만 커리어리스트 성향은 인상관리 전술의 활용과 정치적 행동, 마키아벨리안적 행위를 인정하는 데서 차이가 있다. 커리어 리스트 성향이 조직에 부정적 영향을 끼칠 수 있는 것은 바로 이러한 이유들로써 조직에 대한 충성심을 그들에게서 더 이상 기대할 수 없기 때문이다(강대석, 2020).

Chapter 09

비영리조직의 회계

Chapter 09 비영리조직의 회계

1. 비영리조직 회계의 의의와 기본개념

1) 비영리조직회계의 의의

비영리조직회계(accounting for nonprofit organizations)는 비영리조직의 회계 정보이용자가 비영리조직과 관련하여 합리적인 의사결정을 할 수 있도록 회계 정보를 인식 · 측정 · 기록 · 전달하는 과정을 말한다.[1)]

(1) 비영리조직회계는 많은 면에서 기업회계와 유사하지만, 비영리조직의 목적, 구조, 기능(활동)상의 차이로 인해 회계 상의 독특한 측면을 가지고 있다.

(2) 비영리 회계조직의 특징은 기금회계와 예산회계를 사용한다는 것이다. 또한, 재무제표 구성요소에서 차이가 있다(노태일 외 1인, 2016).

1) 보통 비영리조직체라고 할 때는 정부를 포함한다. 비영리조직체란 영리를 추구하지 않는 조직체라는 것을 미리 부연하고자 한다.

2) 비영리 조직체의 개념에 대한 정의

(1) 미국회계학회(AAA)의 정의

미국회계학회(AAA)의 비영리 조직체 회계 위원회의 보고에 따르면 다음으로 열거한 특성 중 여기에 속하면 조직체를 비영리 조직체로 규정하고 있다.[2)]

가. 의도적 · 의식적인 이윤추구 동기가 없을 것
나. 개인 또는 개별적으로 지분을 소유하고 있지 않을 것
다. 지분이 매각 또는 교환되지 않을 것
라. 자본의 출자자 또는 기증자로부터 제공자원에 대해 직접적 또는 비례적으로 재무적 편익을 요구받지 않을 것(노태일 외, 2016).

이 기준을 적용하여 다음과 같은 비영리 조직체로 열거하고 있다(이동규, 2009).

가. 대학(Colleges amd Universities)
나. 종교단체(Religious Organizations)
다. 종합병원(Hospitals)
라. 자발적인 보건복지 기관(Voluntary Health and Welfare Agencies)
마. 자선단체(Charitable Organizations)
바. 정부 기관(Governmental Organizations)

그러나 다음의 조직체는 조직의 구성원, 회원 또는 출연자에게 재무상의 이익을

2) Robert N. Anthony Accounting for Non-profit Organization

제공할 수 있어 비영리조직의 범주에서 제외하고 있다.

가. 협동조합(cooperatives)
나. 노동조합(trade unions)
다. 무역협회(trade associations)
라. 골프 또는 컨트리클럽(golf or country clubs)(이동규, 2009).

(2) 미국 정부 회계기준위원회의 정의

GASB는 개념보고서 제1호 "정부 조직의 재무보고목적(1987)" 및 개념보고서 제2호 "서비스 노력 및 성과의 보고(SEA: Service Efforts and Accomplishments, 1994)"라는 개념보고서를 통해 정부 조직에 대한 특성, 재무보고목적 및 보고 내용 등에 대해 정의하고 있다.

2. 비영리조직(NPO) 회계의 목적

비영리조직은 비영리적인 목적으로 설립되고 운영되는 조직이므로, 영리조직에 적용되는 기업회계 기준과 다른 회계기준이 비영리조직에 적용될 필요가 있다, 그러나 한국의 비영리조직 중 사학기관을 제외하고는 회계 처리기준이 정립되어 있지 못한 상태이다(김성철 외, 2023).

1) 비영리조직 회계의 목적

미국의 재무회계기준심의회(FASB: Financial Accounting Standards Board)에서 1980년 발표한 재무회계 개념보고서 제4호에서 제시하고 있는 비영리조직의 재무보고 목적은 다음과 같다.

첫째, 자원 배분에 관한 의사결정에 유용한 정보의 제공
둘째, 서비스 및 서비스 제공능력의 평가에 유용한 정보의 제공
셋째, 경영자의 수탁 책임 및 성과평가에 유용한 정보의 제공
넷째, 경제적 차원, 채무, 순 자원에 관한 정보와 이들 자원의 변동에 관한 정보의 제공

그러나 우리나라의 비영리조직에 대한 회계실무는 이론적인 틀을 갖추지 못한 채 비영리조직에 관한 각종 특별법에서 규정하고 있는 단편적인 회계규정, 세법규정 및 기업회계기준 등이 혼합되어 적용되고 있다(김정훈 외 3인. 2018).

2) 비영리조직의 재무보고 목적

비영리 조직체의 재무보고 목적에 대해 미국 재무회계기준위원회 재무회계개념보고서(FASB No.4, 1978) 제4호는 “비영리 조직체의 재무보고 목적은 기업회계에서와 마찬가지로 정보이용자와 이해 관계자가 합리적인 의사결정을 할 수 있도록 유용한 정보를 제공하는 것이다”라고 정의하고 있다, 재무회계개념보고서(FASB No.4) 제4호에서 규정한 재무보고 목적을 알아보면 다음과 같다(이동규, 2009).

(1) 자원 배분 의사결정에 유용한 정보의 제공

자원제공자(채권자, 공급자, 종업원 등)와 기타 이용자가 정보 제공

(2) 서비스 및 서비스 제공능력의 평가에 유용한 정보의 제공

자원제공자와 기타 이용자에게 서비스 내용평가, 자원제공자들이 요구하는 정보 제공

(3) 경영자의 수탁 책임 및 업적측정에 유용한 정보의 제공

현재 또는 잠재적인 자원제공자와 기타의 회계 정보이용자들이 경영자의 수탁 책임과 기타의 업적을 측정하는 데 유용한 정보 제공

(4) 경제적 자원, 채무, 순 자산 및 그들의 변화에 관한 정보 제공

가장 중요한 정보는 조직의 경제적 자원, 채무, 순 자산, 거래, 환경 및 그의 변동 상황에 관한 것이다.

여기에는 다음과 같은 정보가 포함되어야 한다(노태일 외 1인, 2016).

(1) 경제적 자원, 채무 및 순 자산에 관한 정보
(현금흐름의 잠재력, 채무 지급의 현금)
(2) 비영리 조직체의 업적에 관한 정보
(서비스의 내용에 관한 정보, 순 자산의 금액과 내용)
(3) 자원의 유입과 유출 간의 관계 및 그 성질에 관한 정보
(자원 유입 · 유출 간의 상호관계)

(4) 서비스 제공능력과 성취(SEA)에 관한 정보(회계 정보이용자가 비영리 조직체의 업적을 평가하고 의사결정을 내리는 데 유용함)
(5) 재무적 능력(viability)에 관한 정보(재무활동의 평가, 유동성의 평가)
(6) 경영자의 설명과 해석(자원제공자의 이해를 높이게 되고, 재무보고의 유용성을 증대, 경영자 자신이 지금까지 수행해 온 업적과 수탁 책임 등을 평가하는 데 좋은 정보가 됨)

3) 비영리조직의 회계제도

(1) 비영리조직 회계의 일반적 특성

비영리조직은 그 추구하는 목적이 영리 조직과 다르므로 회계 처리에서도 차이가 있다. 그것은 비영리조직과 영리 조직의 주요 정보이용자가 다르며 그들이 필요로 하는 정보가 다르기 때문이다.

비영리조직의 회계 정보는 이익과 관련한 회계 정보가 아니고 고유목적 사업을 더욱 잘 수행하기 위한 자원의 배분과 수탁 관리에 중점을 두어야 하므로 비용의 기간적 배분을 통해 기간 손익을 올바르게 계산하기 위한 회계 처리 중의 하나인 감가상각이 비영리조직 회계에서는 영리 회계만큼 중요시되지 않을 수 있다.

비영리조직에서는 해당 법규에 따라 의무적으로 예산을 수립 및 집행하도록 하고 있으며 감독관청의 엄격한 감독을 받는다는 점에서 비영리조직 회계의 예산은 기업회계보다 그 중요성이 훨씬 크다고 할 수 있다.

비영리조직 회계에서는 자원조달이 기부금과 같은 외부의 원조에 의존하고 있는 경우에 그중 자의 요구나 규정 등에 의하여 사용 목적 또는 용도가 제한된 기금을 회계 실체로 하여 독립적인 기록과 보고를 수행하는 기금회계가 있다(김정훈 외, 2018).

4) 비영리조직 회계의 회계기준

(1) 회계 처리기준이 필요성

회계 처리방법은 관습적인 요소가 많으므로 같은 거래라 하더라도 회계 처리하는 사람의 입맛에 따라 각자 다르게 회계 처리할 수 있다.

회사마다 각자 다른 기준으로 회계 처리를 하게 되면 회계 정보이용자들은 많은 혼란을 겪게 될 것이다. 즉, 회계 정보의 신뢰성이 낮아질 수 있다.

(2) 비영리조직의 회계 처리기준

우리나라의 비영리조직이 회계 처리기준으로 삼고 있는 상기 회계 처리기준은 다음과 같은 특징을 가지고 있다(김형배, 2021).

가. 회계 처리방법에 있어 일반적으로 인정된 회계 처리방법은 복식부기 방식으로 하지만 비영리조직회계는 단식부기도 허용하고 있다.

나. 예산회계에 관한 규정을 두고 있다는 점이다. 예산회계는 본래 관리회계의 한 부분으로 특정 비용을 통제하기 위하여 회계 정보의 내부관리 목적으로 이용되는 것이었으나, 비영리조직의 회계는 회계 정보의 내부이용자뿐만 아니라 외부이용자들의 목적에 맞도록 예산회계에 관한 규정을 두고 있다.

다. 구분 회계를 강제하고 있다는 점이다. 즉, 목적사업과 수익사업회계를 구분하도록 하고 있으며, 자금도 그 원천에 따라 사회복지회계의 경우 정부 보조금, 후원금, 자부담으로 엄격히 구분하고 동 구분에 따라 세입 · 세출을 나누어 회계 처리하도록 하고 있다.

라. 일부 비영리조직의 회계 처리기준에서는 계약에 관한 방법을 제시하고 있는 경우도 있다.

계약에 관한 방법으로 「국가를 당사자로 하는 계약에 관한 법률」 또는 「지방자치단체를 당사자로 하는 계약에 관한 법률」을 준용하도록 하고 있다.

마. 회계연도를 대부분 정부의 회계연도에 맞추어 1월 1일부터 12월 31일까지의 기간으로 정한다는 점이다. 다만, 예외적으로 어린이집과 학교회계의 경우 회계연도는 매년 3월 1일에 시작하여 다음 연도 2월 말일로 종료되는 학년도에 따른다.

(3) 비영리조직의 재무제표(노태일 외 1인, 2016).

가. 일반적으로 기업 회계상에서는 대차대조표, 포괄 손익계산서, 자본변동표, 현금흐름표를 기본적 재무제표로 하고 있다.

나. 비영리조직도 대차대조표, 운영계산서, 현금흐름표를 기본적 재무제표로 한다.

다. 비영리조직의 재무제표는 조직에 따라 종류, 명칭, 형식이 다양하여 통일되어 있지 않으며, 손익계산서에 해당하는 운영계산서도 조직에 따라 다르게 사용하고 있다.

라. 한국회계기준원(KASB)의 재무제표: 대차대조표, 운영성과표, 현금흐름표, 주기와 주석 사항

마. 사학기관 재무 · 회계규칙에 대한 특례규칙(전문대학, 사립대학교): 자금계산서, 대차대조표, 운영계산서

바. 의료기관(의료기관 회계기준규칙): 대차대조표, 손익계산서, 기본금변동계산서, 현금흐름표

사. 사회복지법인(사회복지법인과 사회복지시설 재무 · 회계규칙): 대차대조표, 수지계산서

5) 비영리 회계(중앙정부 및 지방자치단체) 정보의 기록 방법

(1) 단식부기

단식부기(single-entry book-keeping)는 특별한 규정 없이 현금, 예금 등의 유입이 있는 경우에만 기록하며, 현금의 유출이나 유입이 없는 경우에는 장부에 미기록하는 거래나 사건을 기록하는 방법이다.

따라서 단식부기는 비용 및 수익이 기록되지 않고 단순히 타인과의 채권 · 채무관계를 기록하는 방법으로 현금거래를 주로 하는 비영리기관(중앙정부, 지방자치단체, 가계 등)의 부기 방법에 이용된다(노태일 외, 2016).

(2) 복식부기

가. 복식부기의 역사

13세기 말 14세기 초 이탈리아 상인들의 복식부기 원리에 의한 회계원장 고문서가 발견되면서, 그리고 루카 파치올리가 1494년 출간한 '산술, 기하, 비례 및 비율 총람'에서 부기에 관한 해설을 수록하면서 이탈리아 상인 중 한 명일 것이라는 추정이 있다. 1916년 현병주 선생의 '실용 자수 송도 치부 법(전)'이 발간되면서 고려시대(918~1392) 송도 상인들이 사용했던 우리나라 고유의 회계 처리법인 사개치부법이 세상에 알려지기 시작했다(김형배, 2021).

나. 복식부기 제도 도입

우리나라에서는 1998년 5월(재정경제부) 그리고 1998년 6월(기획예산위원회)에 각각 복식부기 · 발생주의 회계 도입방침을 발표하였다. 이후 중앙정부, 지방자치단체와 시민사회단체 등이 네 차례에 걸친 협의와 토의결과 1999년 2월에 지방자치단체에서 복식부기도입을 위해 시범사업 실시계획이 수립되었고 이후 지방자치단체 복식부기 시스템 구축을 거쳐 2007년 지방자치단체 복식부기 회계제도를 전면 시행하기에 이르렀다.

지방자치단체 회계기준이란 발생주의 복식부기 회계제도 도입에 따른 지방자치단체의 회계 처리 및 결산 재무 보고서의 작성기준을 정의하고, 경제적 사건을 측정하고 이를 기록, 분석, 보고하는 절차와 제반 사항을 규율하는 규정을 말한다(김정훈 외, 2018).

다. 복식부기의 방법

복식부기(double-entry book-keeping)는 경제주체에 경제적 사건(거래)이 발생하면 이를 발생한 시점(발생주의)에서 복식부기의 기록원리(거래의 8요소)에 의거 차변과 대변으로 이중 기록하는 회계 처리 방식이다(노태일 외, 2016).

가) 복식부기는 주로 기업에 적용되는 회계다

나) 복식부기 회계는 기록에 대하여 자동으로 오류가 검증되는 기능을 가진 제도(자기검증기능)이다.

다) 회계 기간 종료 후에는 재정 운영의 성과(수익, 비용)와 재정 상태의 변동(자산, 부채, 순 자산) 사항의 명세를 포함한 재무제표 등을 산출(재무회계결산)하여 이해관계자에게 체계적이고 종합적인 재무 정보를 제공하는 회계제도이다.

라) 발생주의 하의 복식부기를 도입하면 수익과 비용의 측정이 가능하여 정부 활동의 성과측정을 위한 순 원가 정보를 제공하는 특징이 있다.

3. 회계 분석: 종교법인

1) 종교기관의 개요와 종교기관 현황

(1) 개요

종교법인은 민법상 설립된 종교단체다. 우리나라는 헌법상 종교의 자유가 보장되어 있다. 따라서 종교법인 형태가 아니라도 자유롭게 종교 활동을 할 수 있다. 그러나 같은 종교라고 하여도 여러 사람이 모여 신앙생활을 하다 보면 공동재산이 생기게 되고 이를 관리 · 운영할 필요성이 발생한다.

민법 제32조의 '비영리법인의 설립과 허가'에 따르면, "종교를 목적으로 하는 사단 또는 재단은 주무관청의 허가를 받아 종교법인을 설립할 수 있다."라고 규정하고 있다. 주되 사무소의 소재지에서 설립등기를 하여 법인을 설립할 수 있다(민법 제33조).

법인의 사무는 주무관청이 검사, 감독한다(민법 제37조). 사단법인의 정관은 총사원 3분의 2 이상의 동의만 변경할 수 있지만, 주무관청의 허가를 받아야 효력이 발생한다. 기독교(개신교), 불교, 유교, 천주교 등 각종 종교는 사단 · 재단법인의 형태를 취할 수 있다.

사단 · 재단(이하 종교법인)은 "문화체육관광부와 문화재청 소관의 비영리법인 설립 및 감독에 관한 규칙"에 의해 규제를 받게 된다(노태일 외, 2016).

(2) 종교법인의 목적

종교법인의 사무 처리를 위해서는 세속적인 사무 취급기관을 설치하여야 하며, 현행법상에 규정된 소정의 관리운영의무가 발생한다. 종교법인의 일반적인 목적은 다음과 같다.

가. 계도적 정신문화의 창달 목적

종교법인은 개인들의 정신해방뿐만이 아니라 어떤 형식이 되든 남을 돕고 일깨우려는 목적을 위한 자금의 조성과 운용에 있다.

나. 인간 존엄성에 대한 가치관의 정립 목적

다. 불가시적 · 불가측량 적인 영적 요소의 성장 및 계도목적

라. 범인류적 생존의 존엄성 확립목적

마. 미래지향적인 종교문화의 유지목적 등이 있다.

가) 국가에서 정책적으로 종교재단을 보호 · 육성하고 있는 이유는

(가) 범 신앙적 차원에서의 육성

(나) 헌법에서 허용하는 종교자유의 보장 때문이다.

나) 국가는 이러한 목적을 실현하기 위해

(가) 세제상의 혜택

(나) 집회결사의 자유 보장

(다) 언론자유의 보장과 같은 각종 혜택과 보호 시책을 펼치고 있다(이동규, 2003).

(3) 우리나라의 종교기관 현황

법인 형태를 갖춘 최초의 종교법인에 대한 구세군이다. 우리나라 종교법인 및 종

교인구 현황은 다음과 같다(노태일 외 1인, 2016).

〈표 9-1〉 우리나라 종교법인 및 종교인구 현황(2008. 5. 31 현재 기준)

구분	법인 수			종교인구 구성비 (2005년)
	재단법인	사단법인	계(%)	
불교	69	115	184	43.0
기독교	127	167	294	34.5
천주교	79	12	91	20.6
유교	17	6	23	0.4
기타 종교	16	13	29	0.7
종교 없음				0.8
계	308	313	621	

(출처: 문화체육관광부 종무실 협조자료, 2008)

2) 종교기관의 회계

(1) 일반적 회계환경 및 특성

가. 회계환경

종교법인은 신도의 교화 · 선교 · 전도 · 기타 사회사업 · 구호사업 등의 활동을 전개하는 데 필요한 자원을 신도의 헌금 · 기부금 등을 통해 조달한다.

종교법인은 이윤 동기가 없으므로 종교회계는 수익과 비용의 대응 과정을 중심으로 한 손익회계가 아니다(노태일 외, 2016).

종교회계는 지출된 자원에 대해 경제적인 보상을 다루는 회계가 아니라 각종 수익금을 오직 교인들의 교화 · 선교 · 전도 활동을 위해 활용하는 일방적인 소비 · 지출을 중심으로 하는 회계이다.

나. 종교회계의 특성

가) 종교회계는 비영리 회계이기 때문에 이윤 동기가 없으며 고유목적을 위해 일방적으로 소비 · 지출하는 회계이다.

나) 종교회계는 사적 소유에 속하는 지분이 없다. 따라서 지분의 매매 · 교환 · 상속 · 배당 · 잔여 재산의 처리 등에 관한 회계가 성립될 수 없다.

다) 종교회계는 종교라는 질적인 목적을 성취하기 위한 사회성과 공공성의 성취를 추구하는 회계이다.

라) 종교법인의 자원조달은 교인들의 헌금 · 기부금 등에 의해 이루어지며 자원제공자들은 자원의 대가로서 어떤 경제적 효익(보람과 도움, 보람 또는 이익)을 요구하는 것이 아니다.

마) 종교법인은 종교 활동을 위한 교화, 선교, 전도를 목적으로 하는 종교단체 또는 종교법인을 회계 실체로 하여 성립한다(이동규, 2003).

바) 일반적인 재무 보고서도 단식부기와 현금주의를 바탕으로 수지 예산서 및 수지계산서 가 중심이 되고 있다(노태일 외, 2016).

(2) 종교법인의 특성에 따른 회계 처리

가. 감가상각 회계

감가상각이란 취득원가를 내용연수에 걸쳐 배분하는 과정이다. 감가상각은 종교법인의 활동에 대응하여 소비된 자원을 나타내는 원가이다.

자산을 취득할 때 일시에 자금지출이 이루어지고 그 이후에는 감가상각비의 형식으로 비용을 인식하는 회계이다.

나. 기본금과 기본재산

종교법인회계에서는 이익을 목적으로 출자한 자본의 개념이 없다. 그 대신 기본재산 또는 기본금, 순 자산이라는 용어를 사용한다.

순 자산이란 자산총액에서 부채총액을 차감한 잔액이다.

민법에서 재산을 기본재산과 보통재산으로 구분하고, 기본재산은 반드시 등기하도록 규정하고 있다.

기본자산이란 토지 · 건물 등의 부동산, 공사채 등의 유가증권, 영구보존목적의 적립재산, 기본재산으로 지정 기부된 금품 등으로서 법원에 등록된 재산을 말한다. 기본재산 이외의 재산은 보통재산이다(노태일 외, 2016).

다. 예비비

과목별로 예산 부족 상황이 발생하는 경우를 대비하여 예비비라고 하는 과목을 미리 설정하고 그 범위 내에서 부족액을 처리한다.

3) 종교법인회계의 특징과 종교법인의 회계규칙

(1) 종교법인회계의 특징

종교 고유의 활동과 이를 가능케 하는 재정적 지원을 위해 서비스를 제공하는 것이 종교회계의 기능이다. 따라서 종교회계는 종교 활동의 효율적 달성을 위해 자원을 합리적으로 배분하는 임무를 수행해야 할 책무를 지니고 있다.

종교법인회계의 특징을 정리해 보면 다음과 같다.

가. 종교와 관련된 개인 또는 법인의 의사결정을 위하여 유용한 정보를 제공하는 회계이다.

나. 교인 등으로부터 경제적 자원의 사용, 관리를 수탁받은 종교단체 또는 종교법인의 경영자가 그 자원을 수탁한 개인 또는 사제에 대하여 책임이행의 보고를 하는 특징이 있다.

다. 기업회계는 비용의 귀속사업 연도 구분기준을 발생주의를 원칙으로 채택하고 있으나, 종교회계는 일반적으로 현금주의를 채택하고 있다.

라. 기업회계에서는 경영 활동의 성과인 당기순이익에 대해 법인세가 부과되고 있어서 세무상 문제가 중요시되고 있으나 종교회계에서는 비과세 대상이기 때문에 세무상 문제가 중요시되지 않는다.

마. 종교법인이 종교 활동을 위하여 영리법인과 동일한 수익사업을 경영하는 경우에는 일반 목적 회계와 수익사업회계를 구분 경리하여야 한다(김정훈 외 3인. 2018).

(2) 우리나라 종교법인의 회계규칙

종교법인에는 종교를 목적으로 민법 제32조의 규정에 따라 문화체육관광부의 허가를 받아 성립된 사단법인과 재단법인 등이 있다. 이 종교법인의 회계규칙을 보면 다음과 같다.

가. 수익사업의 운영(문화체육관광부 소관 비영리법인의 설립 및 감독에 관한 규칙 제10조)

법인은 목적사업의 경비에 충당하는 데 필요한 때에는 그의 본질에 반하지 아니하는 범위 안에서 수익사업을 할 수 있다.

나. 사업실적 및 사업계획 등의 보고(문화체육관광부 소관 비영리법인의 설립 및 감독에 관한 규칙 제14조)

법인은 매 회계연도 종료 후 2월 이내에 다음 각호의 서류를 문화체육관광부장관에게 제출하여야 한다.

가) 다음 사업연도의 사업 계획서 및 수지 예산서 각 1부

나) 당해 사업연도의 사업실적 및 수지결산서 각 1부

다) 당해 사업연도 말의 재산목록 및 등기부 등본(현금에 대하여는 금융기관의 잔액 증명서 첨부) 각 1부

라) 재산의 증감 사유를 기재한 서류 각 1부

마) 사단법인의 경우에는 사원의 이동 상황을 기재한 서류 각 1부

Chapter 10

비영리조직의 마케팅

Chapter 10

비영리조직의 마케팅

1. 마케팅의 이해

1) 마케팅의 개념과 정의

(1) 마케팅의 개념

사람과 조직은 그것이 영리조직이든 비영리조직이든 간에 공식적 또는 비공식적으로 마케팅이라고 하는 수많은 활동에 관계되어 있고, 관여하고 있다. 마케팅이란 정의는 학회나 학자마다 그 의미를 조금씩 달리하고 있으며, 시대에 따라 점차 개념이 바뀌고 있다.

미국의 경영학자이며, 마케팅학자이고 '마케팅의 아버지'라 불리며 여러 마케팅 이론을 정립한 Philip Kotler는 '마케팅은 인간의 욕구와 사회의 욕구를 확인 · 규명하고 충족시켜야 한다.'라고 하며, 마케팅에 대한 가장 간단한 정의를 내리면 '이윤을 창출하면서 욕구를 충족시키는 것이다.'라고 말한다(Kotler 외, 2012).

좀더 구체적으로 얘기하면, 마케팅이란 개인과 집단이 제품 및 가치 창조, 교환을 통해 니즈(need)와 원츠(want)를 충족시키는 사회적 · 관리적 과정이라고 정의할 수 있다. 니즈란 인간이 생활하는 데 필요한 무언가가 없거나 모자란 상태를 말하며, 원츠란 특정한 물건이나 서비스를 원하는 욕구이다. 즉, 사람에게 필요하지만 결핍된 것, 또는 사람들이 원하는 재화나 용역을 파악해 제공하는 활동이라 할 수 있다(히라노 아쓰시 칼, 2020).

기업이 니즈와 원츠를 가진 고객을 대상으로 비즈니스를 할 때 제공하는 재화 및 서비스가 구매자의 돈과 교환됨으로써 서로 이득을 얻는 것이다. 마케팅 활동의 목표는 바로 이 교환이 원활하게 이루어지는 시스템을 구축하여 새로운 시장을 만들어 가는 것에 있다.

또한, 마케팅은 구매자 곧 고객을 다루고 있다는 점에서 기업과 고객을 이어주는 유일한 기능을 수행한다는 뜻이고, 다른 어떤 경영기능보다 중요한 위치에 있다. 결국, 마케팅은 수익성 있는 고객관계를 관리하는 과정인 것으로, 함축적으로 정의될 수 있다. 마케팅의 두 가지 목표는 탁월한 가치를 제공하여 신규 고객을 유인하는 것과 만족을 제공하여 기존 고객을 키워 나가는 것에 있다(Gary Armstrong 외, 2021).

(2) 마케팅의 정의

과거 마케팅이란 용어의 사용은 20세기 초반에 미국에서 마켓(market)에서 파생된 말로 처음에는 '상품의 유통이나 기업의 목적을 달성하기 위한 방법'으로 마케팅이란 용어가 사용되어 오다가 미국 마케팅학회(National Association of Marketing Teachers, NAMT)의 '생산자로부터 소비자에게 제품과 서비스의 흐름을 다루는 기업행위'라는 정의로 구체화 되었고, 점차 급변하는 시장환경은 마케팅을 과거의 상품 중심적 마케팅에서 고객중심적 마케팅으로 변화시켰다(정익준, 2021).

그 이후 1985년도 미국의 마케팅학회(American Marketing Association, AMA)는 마케팅을 개인과 조직의 목표를 충족시킬 수 있는 교환이 일어나게 하도록 아이디어, 재화, 서비스를 생산하고 생산된 제품에 대한 가격 결정, 촉진 및 유통에 대한 계획을 수립하고 이를 수행하는 과정으로 정의하고 있다.

여기서 마케팅 행위의 참여자는 개인 및 조직(즉, 영리조직과 비영리조직)이며 교환으로 이들의 목적이 달성되며, 이와 같은 교환이 발생하도록 제품, 가격 결정, 촉진 및 유통 등 마케팅요소에 대해 계획을 하고 이를 수행하는 과정을 마케팅으로 보는 것이다. 이 정의는 교환을 마케팅의 본질로 보고 있으며, 또한 기업뿐만 아니라 다양한 종류의 조직 혹은 개인도 교환과정에 참여하면 마케팅을 수행하는 것으로 보는 것이다(이학식, 2011).

아래 〈표 10-1〉에는 이후 한국마케팅학회(Korea Marketing Association, KMA)와 미국마케팅학회(AMA)의 마케팅 정의를 정리하였다. 한국마케팅학회(KMA, 2002)의 정의는 시장의 정의와 교환의 유지를 포함하고 포괄적 의미를 갖는 시장관리라는 표현을 사용하였고, 미국마케팅학회(AMA, 2004)에서는 고객을 위한 가치 창조에 핵심을 두며, 이를 통해 조직과 그 이해관계자들의 이익을 실현할 수 있는 것으로 기술한다. 또한 조직과 이해관계자들의 지속적 이익 실현을 위해 고객관계관리(Customer Relationship Management, CRM)가 중요함을 명시적으로 표현하고 있다.

2007년 미국마케팅학회(AMA, 2007)의 정의는 마케팅을 실행하는데 있어서 고객(customers, clients)뿐만 아니라 기업의 파트너와 아울러 사회 전체를 염두에 두고 있다. 그리고 이 마케팅의 정의는 2013년 7월에 동일한 내용으로 재승인되었고, 2017년 또 한번 재승인되었다. 현재 미국마케팅협회 홈페이지[1]에 정의하는 내용은 바로 2007년의 정의를 계속 사용하고 있다.

1) https://www.ama.org/the-definition-of-marketing-what-is-marketing/

〈표 10-1〉 마케팅의 정의

구분	마케팅의 정의
미국마케팅학회 NAMT 1935	마케팅은 생산자로부터 소비자나 사용자에게로의 제품이나 서비스의 흐름을 다루는 기업행위의 수행이다. (Marketing is) the performance of business activities that direct the flow of goods and services from producers to consumers.
미국마케팅학회 AMA 1985	마케팅은 개인과 조직의 목적을 충족시켜 주는 교환을 가져오기 위해 아이디어, 제품 및 서비스에 대한 발상, 가격결정, 촉진 그리고 유통을 계획하고 실행하는 과정이다. (Marketing is) the process of planning and executing the conception, pricing, promotion, and distribution of ideas, goods, and services to create exchanges that satisfy individual and organizational objectives.
한국마케팅학회 KMA 2002	마케팅은 조직이나 개인이 자신의 목적을 달성시키는 교환을 창출하고 유지할 수 있도록 시장을 정의하고 관리하는 과정이다.
미국마케팅학회 AMA 2004	마케팅은 고객을 위해 가치를 창조하고, 커뮤니케이션하고, 전달하며, 다른 한편으로는 조직과 이해관계자에게 이익이 되도록 고객관리를 관리하는 조직의 기능과 일련의 과정이다. Marketing is an organizational function and a set of processes for creating, communicating and delivering value to customers and for managing customer relationships in ways that benefit the organization and its stakeholders.
미국마케팅학회 AMA 2007	마케팅은 고객, 클라이언트, 파트너, 그리고 사회 전반에 걸쳐 가치를 갖는 제공물을 창조하고, 커뮤니케이션하고, 전달하고, 교환하는 행위, 제도, 그리고 프로세스이다. Marketing is the activity, set of institutions, and processes for creating, communicating, delivering, and exchanging offerings that have value for customers, clients, partners, and society at large.

(출처: 이학식, 2011 요약정리)

또한 최근에는 여러 학자들을 통해 마케팅의 정의와 의미를 좀더 세분화해 나가고 있는데 Kotler & Armstrong(2008)는 '마케팅(Marketing)이란 조직이 고객을 위한 가치를 창출하고 강한 고객관계를 형성함으로써 그 대가로 다시 고객으로부터 가치를 획득하는 과정'으로 정의하고 있다(박경권 외, 2015). 다시 한마디로 정의하면 마케팅은 고객을 위한 가치창출을 통해 수익성 있는 고객관계를 구축하고 그 대가로 기업의 가치를 실현시키는 과정이다(Gary Armstrong 외, 2021).

2) 마케팅 인식의 변화

많은 사람들이 마케팅 하면 판매와 광고를 주고 떠올린다. 마케팅을 하나의 판매를 위한 수단과 방법로 인식하는 경우가 종종 있다. 하지만 판매와 광고는 마케팅이라는 거대한 빙산 일부분에 해당한다.

〈표 10-2〉 마케팅과 판매의 개념 비교

구분	마케팅	판매
지향점 (Focus)	고객을 바라본다.	상품(제품 및 서비스)을 판매한다.
바라보는 시점	과거의 부족 · 현재의 불만족 · 미래의 만족	현재의 단기적 성과
과업의 시작점	고객의 욕구를 파악한다.	상품(제품 및 서비스)을 생산한다.
과업의 핵심사항	파악된 고객의 욕구를 충족시키기 위해 어떤 상품(제품 및 서비스)을 생산, 유통, 판매할 것인가?(마케팅 믹스전략의 실행)	생산된 상품을 어떻게 알리고 판매하여 수익을 낼 것인가? (단순 판매촉진활동의 실행)
커뮤니케이션 방향성	기업 ↔ 소비자(쌍방향성)	기업 → 소비자(단방향성)
기업의 목표	고객에게 만족을 주는가? (고객만족)	기업의 이익창출을 달성하는가? (이윤창출)

(출처: 안아람, 2018 재인용)

위의 〈표 10-2〉에서 처럼 '마케팅'이 '판매'라는 개념과 비교되는 이유는 이와 같은 쌍방향 이익 창출을 우선시하는가, 지속적인 관계성 강화를 추구하는가, 이를 통해 상호 간 욕구가 해소되고 만족이 증대되는가 하는 세 가지 차이점 때문이다(안아람, 2018).

마케팅의 대상은 시장과 고객이다. 따라서 성공적인 마케팅을 위해서는 시장을 잘 알아야 하며 고객과의 교환(exchange)이 원활히 이루어지도록 해야 한다. 고객은 판매자에게 재화를 지불하고 판매자는 고객에게 상품이나 서비스를 제공함으로써 교환이 이루어진다. 효과적인 교환을 위해서는 고객이 만족하는 고객중심의 교환을 통해 교환이 빈번하게 일어나도록 해야 한다(정무성 외, 2014).

또한, Peter F. Drucker는 '어떤 형태의 판매에 대한 필요는 언제나 존재한다고 간주할 수 있다. 그러나 마케팅의 목표는 판매가 필요 없게(superfluous) 만드는 것이다. 궁극적으로 마케팅이 지향하는 것은 고객을 이해하고 제품과 서비스를 고객에게 맞추어 제공함으로써 저절로 팔리도록 하는 것이다. 따라서 이상적인 마케팅은 구매할 준비가 되어 있는 고객에 의해서 이루어져야 한다. 그 다음에는 고객들이 그 제품과 서비스를 이용할 수 있도록 하는 것이다.'라고 말한다(Kotler, 2012).

그런 의미에서 마케팅개념(marketing concept)은 고객의 만족을 통하여 이익을 추구하는 것이다. 따라서 출발점은 시장이고, 초점은 고객의 욕구이며, 수단은 통합적 마케팅이다. 판매의 개념은 판매자 측의 이익을 강조하는 데 비해, 마케팅의 개념은 소비자에게 그들이 원하는 것을 줄 수 있어야 조직이 살 수 있다는 '주고받음의 공리'에 입각하여 소비자와 판매자 모두가 이익을 도모하는 개념이며, 마케팅 사고의 기반은 상호성(reciprocity)과 교환(exchange)이 된다(박경권 외, 2015).

결국 마케팅(marketing)이란 판매를 하는 행위라는 오래된 개념에서 벗어나 고객 욕구를 충족시키는 과정으로 새로운 관점에서 이해되어야 하며, '고객을 행복하게 해주는 것'이다. 고객의 불편한 점, 힘든 점, 어려운 점을 찾아 그걸 해결해줌으로써 고객을 행복하게 만드는 것이 마케팅의 본질이다(안병민, 2015).

3) 마케팅의 과정 및 모형

아래 〈표 12-3〉은 5단계로 구성된 마케팅과정 모형이다. 이 모형을 통해 전반적인 마케팅과정을 이해할 수 있다. 마케팅과정의 처음 네 단계는 고객을 위한 가치를 창출하는데 초점을 맞추며, 전반의 4단계를 통해 기업은 고객을 이해하고, 고객가치를 창출하고 그리고 강력한 고객관계를 구축하기 위해 노력한다. 마지막 단계에서 기업은 탁월한 고객가치를 창출한 대가로 보상을 받게 된다. 즉, 고객을 위한 가치창출을 통해 기업은 그 대가로 고객들로부터 가치를 얻게 되는데, 이는 매출, 이익, 그리고 장기적 고객 자산의 형태를 띤다(Gary Armstrong 외, 2021).

(1) 시장과 고객욕구의 이해

기업은 먼저 고객욕구와 시장에 대한 조사를 실시하고, 마케팅 정보와 고객데이터의 관리를 통해 시장을 철저히 이해한다.

(2) 고객가치지향적 마케팅전략의 설계

고객지향적 마케팅전략을 설계하기 위해 두 가지 핵심질문과 그에 대한 답을 근간으로 진행된다. 첫 번째 질문은 어떤 소비자를 대상으로 할 것인가이다(시장세분화와 목표세분시장의 선정). 우수한 마케팅 기업들은 모든 고객을 완벽하게 만족시킬 수 없음을 안다. 따라서 제한된 자원을 자신들의 역량을 가장 잘 발휘할 수 있고 수익성이 높은 고객들에게 집중시키려고 한다.

두 번째 질문은 목표고객들을 가장 잘 만족시킬 수 있는 방법에는 어떤 것이 있는가이다(차별화와 포지셔닝). 이 질문에 대한 답은 가치제안으로 표현되는데, 기업은 목표 고객을 획득하기 위해 그들에게 어떤 가치를 제공할 것인지를 가치제안을 통해 명시한다.

(3) 탁월한 고객가치를 전달하기 위한 통합적 마케팅프로그램의 개발

기업은 마케팅전략이 세워지면 이에 맞추어 통합적 마케팅프로그램을 개발한다. 통합적 마케팅프로그램은 마케팅전략을 고객에게 제공될 실제가치로 전환시키는데 이용될 4가지 마케팅믹스 요소(즉, 4Ps)로 구성된다. 기업은 제품제공물을 개발하고 강력한 브렌드아이덴티티를 창출한다. 또한 제공물에 상응한 제품가격을 설정하여 실제 고객가치를 창출하고, 목표소비자들이 구입할 수 있도록 제공물을 유통시킨다. 마지막으로 기업은 가치제안을 목표소비자에게 알리고 제공물을 구매하도록 설득시키기 위해 촉진 프로그램을 설계한다.

(4) 수익성 있는 고객관계 구축과 고객감동의 창출

마케팅과정에서 가장 중요한 단계는 목표고객들과 가치에 기반을 둔 수익성 있는 관계를 구축하는 것이다. 마케팅과정의 모든 단계에 걸쳐 기업은 고객만족과 고객감동을 창출하기 위해 고객관계를 실행한다. 브랜드와의 대화, 경험 및 커뮤니티를 창출하는 과정에서 고객을 참여시킨다. 그러나 고객가치와 고객관계의 창출은 기업 혼자의 노력으로 이루어지는 것은 아니다. 기업은 기업내부 및 마케팅시스템내의 마케팅파트너들과 공통노력을 기울여야 한다. 즉 기업은 훌륭한 고객관계관리를 실행해야 할 뿐 아니라 훌륭한 파트너관계관리도 실행해야 한다.

(5) 고객가치 창출의 대가로 기업이 얻게 되는 이익과 고객자산

마케팅 과정의 마지막 단계에서 기업은 강력한 고객관계를 구축한 대가로 고객들로부터 기업가치를 보상받는다. 탁월한 고객가치의 제공은 높은 고객만족을 창출하고, 그 결과로 반복 구매를 실현시킨다. 또한 이는 고객생애가치와 더 높은 고객점유율을 획득하는데 도움을 준다. 이러한 긍정적 결과로 나타나는 것이 바로 장기적 고객자산의 증가이다.

마케팅 과정은 급변하는 마케팅환경에서 수행되기 때문에 기업들은 3가지 유형의 핵심적 환경변화요인을 마케팅 과정 실행과정에서 고려해야 한다. 즉 기업들은 고객 관계와 파트너 관계를 구축하는 과정에서 마케팅기술을 활용하고, 글로벌 시장기회를 이용하고, 기업윤리와 사회적 책임을 실천해야 한다(Gary Armstrong 외, 2021).

〈표 10-3〉 마케팅 과정 모형

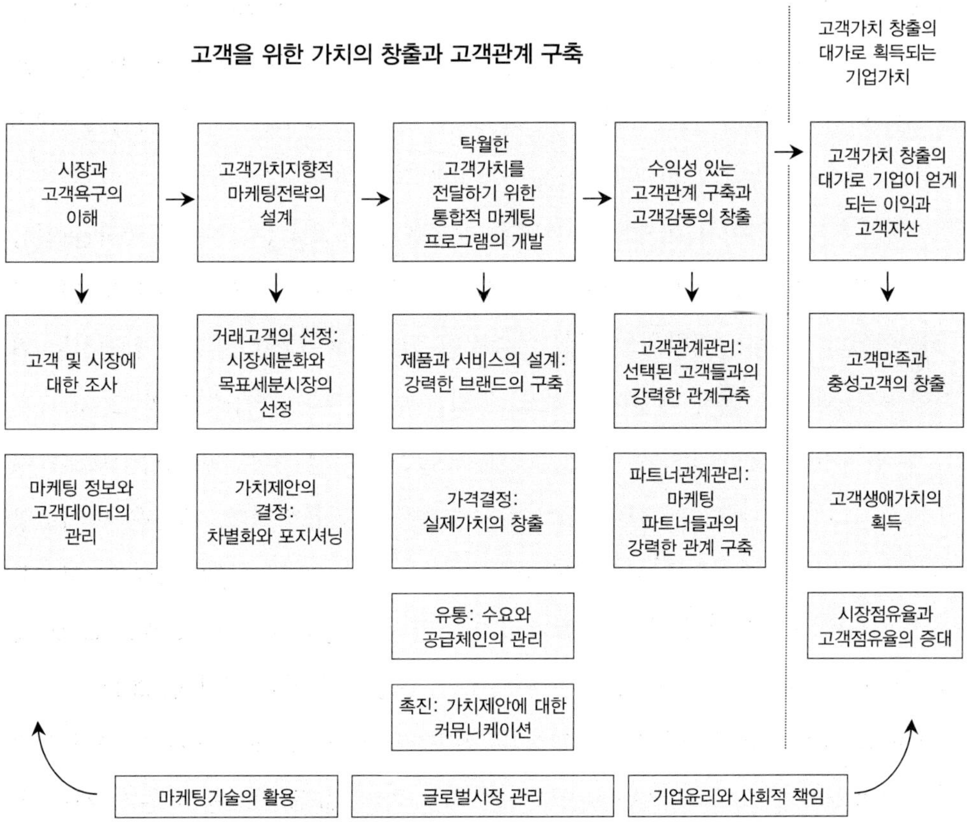

(출처: Gary Armstrong 외, 2021 재인용)

2. 비영리조직 마케팅의 전개

1) 비영리조직 마케팅의 배경

비영리조직과 마케팅은 어울리지 않는 것 같지만 최근 들어 비영리조직이 앞다투어 마케팅을 강화하고 있다. 이는 비영리조직에 대한 대중의 기대와 역할은 증대하는 반면에 정부의 지원은 감소하는 추세여서 비영리조직 간의 경쟁이 커지고 있기 때문이다. 이런 상황에서 비영리조직은 생존과 성장을 위해 필요한 재원을 스스로 충당해야만 하고, 이를 위해 영리 조직에서의 마케팅기법 도입은 비영리조직의 훌륭한 재정자립방안의 하나로 떠오른 것이다(박경권 외, 2015).

비영리조직에 있어서 마케팅의 개념은 처음에는 '홍보'라는 매우 소극적인 입장만을 고수해 왔으며, 단어 자체에 대해 자본주의적 사유로 적지 않은 거부감을 가지고 있었다. 이는 마케팅을 기업의 인습적인 이윤추구의 전략으로만 한정짓는 편견에 바탕을 두고 있기 때문이라 해도 무리가 아닐 것이다(이해익 외, 2016).

그 변화와 더불어 1969년에 Kotler와 Levy는 『저널 오브 마케팅(Journal of Marketing)』에 「마케팅 개념의 확장」이라는 논문을 발표하였다. 그들은 이익추구조직인 기업만이 마케팅 활동을 수행하는 것이 아니라 학교, 교회, 박물관, 경찰서 등 비영리조직도 마케팅 행위나 적어도 마케팅 유사행위(marketing-like activities)를 수행하는 것으로 보아야 한다는 획기적인 주장을 하였다(이학식, 2011).

특히 Kotler는 그들은 마케팅의 핵심은 상거래(business transasction)가 아니고 교환(exchange)이므로 교환활동에 참여하는 비영리조직들도 마케팅(혹은 마케팅 유사행위)을 한다고 봐야 하고 그 대상인 학생, 신도, 입장객, 관객, 일반대중 등은 시장으로 볼 수 있다고 하였다(정익준, 2021).

또한 Kotler(1995)는 1980년대 후반 미국의 상황에 있어서 비영리조직의 마케팅 확장 배경을 다음과 같은 세 가지 이유로 설명하고 있다.

첫째, 공익 프로그램의 사유화 증가로 정부는 보다 효과적인 공공 프로그램 증진과 저렴한 비용을 위해 혁신의 의미로서의 사유화를 추진하게 된다. 보다 효과적인 경영 시스템과 서비스로 운영되는 사유화된 공공서비스(주택, 의료, 구치소경영 등)는 급속도로 성장하게 된다. 이로 인해 비영리조직은 '공익영역'이라는 시장 가운데 경쟁적 환경에 위치하게 되었으며, 조직의 효과적인 운영과 차별적 포지셔닝을 위한 혁신적 과정이 필요하게 된 것이다.

둘째, 자원봉사의 증가로 1989년 조지 부시는 "Kinder, Gentler"라는 공익 캠패인을 통해 정부에 의존하던 사회적 요구를 시민들의 힘으로 해결할 수 있는 방안을 모색하였다. 즉 비영리부문에 대한 자원봉사 운동을 적극 장려하였으며, 많은 시민들이 본인에게 적합한 자원봉사활동을 위해 비영리조직을 탐색하기에 이르렀다.

셋째, 국가의 재정자원 감소로서 국가의 긴축재정은 자연스럽게 복지부문의 재정 삭감으로 이루어졌으며, 이제 서비스를 보다 적극적으로 홍보하고 판매함으로써 부족한 재정을 충당하기에 이르게 된다.

국내 비영리조직은 21세기를 맞이하며 양적으로 그리고 사업의 질적인 면에 있어서 비약적인 발전을 하게 되었다. 특히 시민사회 영역의 확장은 시민들의 정치 · 경제 · 사회의 다양한 참여와 관심을 보다 증가시켰으며, 민주주의를 공고화하는 데 큰 기여를 하게 되었다. 그러나 조직의 운영에 있어서 목적과 그에 따른 사업을 성취하기 위한 재원 조성은 가장 중요한 요소 중 하나가 되며, 그러한 재원의 효율적인 운영과 합리적인 모금은 얼마나 성공적인 사업으로 이끌 수 있느냐에 대한 중요한 키워드로 작용하게 되었다(이해익 외, 2016).

2) 비영리조직 마케팅의 특징

비영리조직은 다양한 유형의 고객(customer)을 가지고 있다. 비영리조직의 마케팅에서 가장 중요한 것은 고객을 정의하는 것이다. 기업의 경우 주요 고객은 소비자이다. 소비자는 기업의 제품과 서비스의 구매자로 서비스 수혜자인 동시에 자원 제공자이다. 따라서 마케팅의 초점은 소비자에게 있다.

비영리조직은 소비자(서비스 수혜자)와 자원제공자(기부자 등)가 다른 경우가 많다. 기부자로부터 자원을 조달하여 서비스 수혜자에게 서비스를 제공하는 경우가 대표적인 예이다. 비영리조직의 경우에 자원봉사자로 노동력(인적자원)을 제공하는 인적자원 제공자가 있다. 따라서 고객개념은 소비자뿐만 아니라 기부자와 같은 자원제공자에게까지 확장되어야 한다.

영리조직의 마케팅의 특징은 소비자들의 구매행동이 어떤가를 다루고 기업들의 제품, 가격, 유통, 촉진에 관한 의사결정을 포함하며 이윤추구를 위한 효과적인 마케팅 활동을 수행하는 방법을 주된 내용으로 하고 있다. 그러나 비영리조직 마케팅은 영리조직 마케팅과 아래와 같은 몇 가지 점에서 다르다. 이 때문에 마케팅 계획이나 전략 적용이 매우 복잡하고, 특히 사회적 조직에 의한 마케팅은 더욱 그렇다(정익준, 2021).

(1) 이윤추구보다 조직의 목표달성에 주안

비영리조직 마케팅은 이윤 추구보다는 조직 자체가 추구하는 목표를 얼마나 효과적이고 효율적으로 달성하느냐에 주안점을 둔다. 따라서 영리조직 마케팅은 목표가 단순하지만 비영리조직 마케팅은 이윤극대와는 별개로 여러 목표가 추구되고 목표달성이 제대로 되었느냐에 따라 마케팅 성과가 평가된다.

(2) 사회적 이득으로 지각

비영리조직 마케팅에서 조직이 얻는 이득은 사회의 이득이 되는 경우가 일반적이다. 비영리조직의 아이디어가 일반대중에게 반드시 그것이 가진 가치만큼 잘 알려지고 수용되지 않는다. 예를들어 '스쿨 존(school zone)에서는 30km 서행운행을, 거리에서 도보 중에는 일체 금연'이라는 아이디어를 판매(설득)하기가 쉽지 않은 경우이다. 왜냐하면 대중들은 서행운행을 하도록 규정하는 것은 자신을 위함이라기보다 사회적 이득으로 지각하기 때문이다.

(3) 대부분 비금전적 비용을 요구

비영리조직 마케팅에서 교환되는 것은 비물질적인 것이 대부분이다. 비영리조직의 서비스는 시간(서행운전), 불편(쓰레기 분리처리), 정신적 비용(헌혈, 자선, 봉사활동) 그리고 사회적 비용(군 입대로 친구와 헤어지거나 계속하던 공부를 잠시 쉼)과 같은 비금전적인 비용을 요구하는 일이 많다.

(4) 일반대중에게 영향력을 미치기 어려움

비영리조직의 마케팅은 영리기업에 비해 명확하지 못하거나 그 효과가 잘 인식되지 못한다. 사회적 서비스와 아이디어는 영리기업에 비해 즉각적인 효과와 편익이 나타나지 않아 일반대중에게 영향을 미치기 어렵다. 예를 들면 일반대중이 교통서비스, 금융서비스, 통신서비스에서 받는 편익에 비해 특정한 종교의 신자가 되거나 금연절주프로그램에 참여하면 마음의 평화와 건강유지라는 점에서 보람과 도움이 크지만 선교활동과 금연금주캠페인의 성과가 기대처럼 크게 나지 않는 경우이다.

(5) 인간의 태도와 행동을 변화시키기 어려움

비영리조직의 마케팅에서 제공되는 서비스가 인간의 태도나 행동의 변화에 관련된 것이면 그 변화가 어렵다. 비영리조직의 서비스, 특히 사회적 서비스의 목적 중 하나는 에너지 절약, 대중교통 이용, 교통질서 확립, 납세기한 준수, 노상방뇨 엄금과 같은 인간행동의 변화이다. 그러나 일반마케팅은 고객만족을 충족시키기 위해 인간 태도와 행동을 강화시키지만 비영리조직 마케팅에는 인간행동을 억제시키려는 경우도 있지만 그런 변화를 유도하는 일이 쉽지 않다(정익준, 2021).

그러나 비영리조직이나 영리조직인 기업이 제공하는 상품이나 서비스를 고객에게 홍보하고 촉진한다는 점에서는 동일한 원리가 작용되며, 영리조직에서 사용하는 마케팅용어나 전략이 그대로 비영리조직에 적용된다.

또한 비영리조직 마케팅의 특징은 관계와 서비스에 근거한 관계마케팅(relationship marketing)과 서비스 마케팅(services marketing)으로서의 특징을 갖는다. 관계마케팅은 고객과의 관계를 형성 · 유지 · 발전시키는 것을 강조하는 마케팅이다. 따라서 상호작용에 근거하는 마케팅이 필수적이다.

비영리조직의 마케팅은 비영리단체와 정부기관 등이 아이디어 및 사회적 이슈의 추진을 위해 수행하는 마케팅활동을 말하며, 사회부문마케팅(social sector marketing), 사회적 마케팅(social marketing)으로 불리기도 한다(심재영, 2018).

3) 비영리조직 마케팅의 성장

마케팅의 개념은 기업뿐만 아니라 비영리조직에서도 중요하다. 지금까지 비영리조직들은 그들이 의식하든 의식하지 않든 간에 마케팅과 연관되어 있었다. 비영리조직들은 다양한 시장에 개입되어 있고, 각 시장을 다루기 위해 특정의 운영원칙

(operating principles)을 가지고 있다. 이러한 운영 절차가 그 조직의 마케팅을 정의한다(심재영, 2018).

실제 마케팅이란 용어를 쓰지 않았고 체계적이지도 못했지만 몇몇 비영리조직은 오래전부터 마케팅을 해 왔다. 환경보전협회는 산림에서 취사나 수목벌채를 금하는 캠페인을 했고 정부는 '아들 딸 가리지 말고 하나 낳기 운동(가족계획)'을 펼쳤으며, 대한적십자는 헌혈 참여운동을 한 것들이 대표적이다. 또 교향악단은 정기발표회에 많은 관람객을 유치하기 위해 포스터를 붙이고 해병대는 신체가 건강한 지원병을 모집하기 위해 청년들에게 '무적해병'이라는 용감성과 가치를 알리고 있다. 조직들은 이런 행위들을 판매촉진활동이라 하지 않지만 사실은 크게 다르지 않다(정익준, 2021).

몇몇 비영리조직은 마케팅 이념을 도입하면 이해관계집단에 영향을 미치는 데 큰 도움이 됨을 잘 알고 있다. 그러나 과거 많은 비영리조직들은 일반대중의 욕구에 신경을 크게 쓰지 않았음이 사실이다. 그것은 대부분 그들의 수입이 세금, 헌금, 기부금, 보조금, 등록금, 지원금 등에 의존했으므로 일반대중의 욕구는 그리 문제시되지 않았기 때문이다. 이러한 관심 부족은 부족한 설비, 시설, 그리고 수준 낮은 서비스로 이어졌다. 가령, 박물관 관리자는 관람객들은 불편을 감수할 수 있다고 생각해서 주차공간 부족과 긴 대기행렬은 당연한 것이라 생각했다. 그러나 최근에는 이런 관념에 변화가 시작되었다. 일반대중의 욕구 다양화와 함께 기금 확보가 어려워지자 그들은 수입원 발굴과 서비스 판매를 위해 마케팅 기법을 활용하기 시작했다.

최근 들어 마케팅은 비영리조직(대학, 병원, 박물관, 동물원, 심포니 오케스트라, 교회 등)의 전략에서도 중요한 부분을 차지하고 있다. 전국의 비영리조직들은 후원과 회원 확보에서 치열한 경쟁에 직면한다. 건전한 마케팅은 회원과 후원을 이끌어 내는데 도움을 줄 수 있다.

우리나라의 경우 1980년대부터 몇몇 대학과 사회복지조직들이 미약한 수준이지만 이벤트, 캠페인, 정기후원자 모집 등 마케팅에 의한 모금을 시작하였다. 1990년대부터는 DM(직접우편), ARS모금, 이벤트, 정기후원자 개발 등 본격적인 모금활동과 운동이 월드비전, 유니세프, 국제기아대책기구, 이웃사랑회 등 대표적인 사회복지조직을 중심으로 전개되었다. 또한 환경운동연합, 참여연대 등 시민사회단체와 사회복지공동모금회, 여성기금, 아름다운재단 등 민간재단이 설립되면서 비영리조직의 마케팅이 점차 활성화되었다(원석조, 2017).

1995년에는 재정적인 어려움을 겪고 있는 민간단체를 지원하기 위한 '시민운동지원기금'이 형성되어 지원을 하고 있으며, 기타 각종 재단을 통해 다양한 방법의 배분이 이루어지고 있다. 그러나 아직까지 비영리조직의 수에 비해 지원 기금의 양은 매우 부족한 실정이다.

최근에는 기업의 '윤리성'에 대한 도전과 '사회적 책임'의 논리와 함께 글로벌기업으로의 발돋움을 위한 준비로서 기업경영의 국제적 표준(Global Reporting Initiative, GRI)에 걸맞은 성장 전략으로 '공익연계마케팅'(Cause-Related Marketing, CRM)을 포함한 '사회공헌활동'(Corporate Social Responsibility, CSR)을 활발히 진행하고 있다. 이러한 활동은 기업과 비영리조직의 파트너십을 통해 기업은 자원(기부금, 인적자원, 운영시스템 등)을 기부하고 비영리조직은 목적사업을 함께 운영함으로 각각의 목표를 성취하고 있다(김정훈, 2018).

3. 비영리조직 마케팅의 활동과정

비영리조직에서의 마케팅 활동 과정은 영리 조직에서의 마케팅 활동과 유사하나, 그 활동의 내용 면에서 비영리조직의 특성에 따라 많은 차이가 있다. 마케팅 활동 과정은 자원개발 가능성 분석, 시장조사, 마케팅 목표 선정, 시장세분화 및 표적시장 설정, 자원프로그램 개발, 마케팅 실행방법 결정, 마케팅관리의 순서로 이루어진다. 비영리조직에서의 마케팅 활동 과정은 〈표 10-4〉와 같다(박경권 외, 2015).

〈표 10-4〉 비영리조직의 마케팅 활동과정

자원개발 가능성 분석	시장조사	마케팅 목표 선정	시장 세분화 표적시장 선정 시장 포지셔닝	자원 프로그램 개발	마케팅 실행방법 결정	마케팅 관리

(출처: 박경권 외, 2015 재인용)

1) 자원개발 가능성 분석 단계

비영리조직을 둘러싸고 있는 환경적 요인을 분석하는 단계로 환경적 요인은 조직의 외부환경인 사회제도적 환경과 조직 내부환경으로 구분해 볼 수 있다.

사회제도적 환경은 모금과 관련된 각종 법규와 정부정책, 경제상황 등에 관한 내용을 포함한다. 조직 내부환경은 조직의 경쟁력과 조직 내적자원을 의미한다. 이러한 환경적 요인을 분석하기 위해서 SWOT분석법이 사용된다.

2) 시장조사 단계

비영리조직의 잠재적 후원자아 그들이 원하는 바를 찾아내는 작업이라고 할 수 있다. 즉, 누가 후원하기를 원하는가(who), 어떠한 분야에 후원하기를 원하는가(what), 언제 후원하기를 원하는가(when), 어디서 후원하기를 원하는가(where), 어떤 방식으로 후원금 내기를 원하는가(how), 왜 사람들은 경쟁기관에 후원하지 않고 우리 기관에 후원하고자 하는가(why)를 파악하는 단계라고 할 수 있다.

3) 마케팅목표 설정 단계

조직의 설립목적과 사명에 대한 명확한 이해를 통해 마케팅의 정확한 문제 진술, 표적 집단의 성격과 규모, 기관의 정책, 자원 동원 등의 변수들에 의해 범위와 방향을 정하는 것이다. 이러한 마케팅 목표는 구체적이고 측정 가능하며, 달성 가능하고 결과 지향적이면서 시각적 한계가 명확히 제시되어야 하며, 목표에는 과정과 결과 달성 여부를 검토할 수 있는 지표가 반드시 있어야 한다.

마케팅의 목표는 비영리조직의 사명과 일치하도록 구체적인 언어로 다음과 같은 기준을 가지고 목표를 설정하면 좋다.

첫째, S(specific): 목표는 구체적이어야 한다.

둘째, M(measurable): 목표는 측정 가능한 것이어야 한다.

셋째, A(attainable): 목표는 달성 가능한 것이어야 한다.

넷째, R(relevant): 목표는 관련성을 가지고 있어야 한다.

다섯째, T(time-bounded): 목표는 시간성을 명시해야 한다.

목표 선정에 있어서 유용한 도구로는 엔소프 매트릭스를 통해 보다 전략적인 목표를 세울 수 있다.

〈표 10-5〉 엔스프 매트릭스

↓ 시장의 새로움 증가 / 시장 Market	서비스 Service → 기술의 새로움 증가	
	Present	New
Present	**시장침투** (Market Penetration)	**제품개발** (Service Development)
New	**시장확장** (Market Development)	**다각화** (Diversification)

(출처: 김정훈 외, 2018 재인용)

시장침투를 통한 기존 시장에 기존 상품을 판매할 것인지, 시장 확장으로 신규 시장에 기존의 제품을 유통할 것인지, 기존 시장에 신규 제품을 개발할 것인지 또는 신규 시장에 신규 제품을 개발할 것인지의 네 가지 방법을 통해 마케팅 목표를 개발할 수 있는 논리적 과정을 구성하고 있다(김정훈 외, 2018).

4) 시장세분화와 표적시장 선정, 시장 포지셔닝 단계

(1) 시장세분화

전체 시장을 일정한 기준에 의해 동질적인 세분시장으로 구분하는 과정이다. 시장을 세분화하는 것은 다양한 소비자의 욕구를 무시하기 어렵기 때문에 전체 시장을 욕구가 비슷한 고객집단으로 구분하고 각 집단별로 차별적인 접근을 시도하기 위해서다.

(2) 표적시장 선정

세분화된 시장 중에서 비영리조직이 공략 가능하다고 선택한 시장이 표적시장(target market)이다. 표적시장을 선정하기 위해 특정 세분시장에 진입하는 것이 사업 목표 및 마케팅 목적과 일치하는지, 특정 세분시장에서 성공하는 데 필요한 기술과 자원을 갖추고 있는지, 세분시장이 적절한 규모와 성장을 유지하고 있는 있는지 등을 검토한다.

(3) 시장 포지셔닝

표적시장의 고객들에게 자사 제품이 경쟁 제품에 비해 어떤 차별점이 있으며 고객의 욕구를 제대로 만족시켜 주고 있음을 확신시켜 주는 포지셔닝 전략을 펴야 한다. 포지셔닝이란 시장 내 고객들의 마음에 위치 잡기란 의미를 갖는다.

5) 자원 프로그램 개발 단계

각 후원자 유형의 특성을 고려하여 후원자개발 프로그램을 수립하는 단계로 예를 들어 사회복지기관의 후원자는 결연후원자, 정기후원자, 비정기후원자, 프로그램후원자 등으로 구분할 수 있으며, 후원자개발프로그램은 후원자의 유형에 따라 다르게 수립되어야 한다.

6) 마케팅 실행방법 결정 단계

마케팅 실행방법에서의 후원자개발을 위한 방법에는 직접설득, DM, 이벤트, 대중매체 광고, ARS, 인터넷을 포함한 컴퓨터 통신 등이 있다.

7) 마케팅 관리 단계

마케팅관리는 후원자를 개발하는 것도 중요하지만 관리하는 것 또한 개발 못지않게 중요하다는 것으로 먼저 신규 후원자관리의 방법으로는 감사편지, 후원안내서, 신규 후원자 추천용 신청서 등을 발송하는 방법 등이 있다.

4. 비영리조직의 마케팅 믹스 전략

마케팅 믹스(Marketing Mix)란 마케팅의 요소를 통합하여 그 효과를 최대한 발휘하는 것을 말하며, 비영리조직은 소비자의 욕구나 성격, 규모 등을 세밀히 파악한 후 시장을 선정하고 가장 효과적인 시장을 관리할 수 있는 4P, 즉 상품(product), 유통(place), 가격(price), 촉진(promotion)을 중심으로 전략을 수립해야 한다.

1) 비영리조직 마케팅 제품 전략

비영리조직의 제품이란 곧 자신들의 조직구성 목적과 일치한다. 비영리조직의 조직 참여 활동은 무형의 만족, 자부심, 소속감, 내면으로부터 기대되어지는 심리적 만족감 등을 제공한다. 따라서 비영리조직의 제품의 가치는 곧 비영리조직의 활동에 참여하는 주체이다.

일반적으로 사회후원 및 사회복지, 사회운동 등을 수행하는 비영리조직인 경우 그들의 상품은 모금활동이 된다. 때로는 간접적 모금인 유형의 상품을 판매하고 그에 따른 금전적 모금 성과를 창출하는 것이다. 따라서 이러한 모금상품은 후원자 또는 기부자, 자원봉사자 등에게 있어 반드시 무형의 만족을 불러일으킬 만큼의 가치를 지녀야만 한다(안아람, 2018).

2) 비영리조직 마케팅 가격 전략

비영리조직의 마케팅 가격 정책은 소요되어지는 조직의 목적 달성 비용과 비교하여 이를 초과하는 자금이 확보됨을 의미한다. 따라서 일반적으로 비영리조직의 가격 정책은 기획 및 계획 과정에 의해 책정된다. 어느 사회복지단체에서 일 년간의 사회복지 활동을 기획하였다고 하자 몇 번에 걸쳐, 몇 명의 대상자들에게 제공할 것인가 하는 문제의 결정과 이에 소요되는 제반비용 등은 어느 정도 들어갈 것인가 하는 예산편성을 통해 이와 준하거나 그 이상의 마케팅 가격 전략이 책정되게 된다.

3) 비영리조직 마케팅 유통 전략

비영리조직의 유통경로는 곧 자신들의 조직 목표 달성 과정에 대해 정보를 제공하고 자금을 확보하는 과정과 관련되어 있다. 또한 대상자(수혜자, Clients)에게 후원을 실시하는 것 역시 유통경로라고 할 수 있다. 따라서 어떻게 후원을 받을 것인가 하는 자금확보의 용이성, 장소의 결정, 시기의 결정 등이 유통전략적으로 고려되어 진다. 때로는 박물관이나 미술관 등은 양질의 정보를 제공해주는 것 자체가 비영리조직으로서의 목표이기 때문에 어느 규모로 어느 지역에 설립되고 서비스하는가 하는 것이 유통경로가 되며 유통전략이 된다.

4) 비영리조직 마케팅 촉진 전략

비영리조직의 판매촉진 활동은 영리조직과 유사하게 가장 빈번하게 활용되어지는 요소 중 하나이다. 비영리조직 역시 촉진 활동을 통해 조직을 외부로 알리고 이를 통해 참여자의 확대, 자금 확보의 용이성 재고, 수혜자의 발굴 등이 가능해진다. 비영리조직들이 주로 활용하는 마케팅 촉진으로는 광고, 이벤트와 같은 판매촉진, 홍보(PR) 등이다. 이러한 커뮤니케이션 노력은 후원(기부)자와 수혜대상자들을 연결해주는 통로가 되며, 지속적인 비영리조직의 목적 달성을 위한 지속적 조직 유지 성과를 창출하게 해 준다.

〈표 10-6〉 영리조직과 비영리조직의 마케팅믹스 비교

영리조직의 마케팅믹스	비영리조직의 마케팅믹스
〈제품(Product) 전략〉 • 고객관점에서 보면 고객가치가 됨 • 한 기업은 다른 기업의 제품과 다르게 제품을 차별화하는 전략을 구사	〈서비스, 프로그램의 차별화〉 • 사회적 이슈에 부합하는 프로그램(노인 일자리, 치매가족 보호, 학교폭력 등) • 기쁨, 행복, 긍정적 지지프로그램 • 사회적인 제품(출산장려 캠페인 등) • 서비스 및 특화 프로그램의 개발
〈가격(Price) 전략〉 • 고객관점에서는 고객 측의 비용이 됨 • 가격 = 원가 + 이윤	〈가격 및 후원금개발 전략〉 • 경쟁관계에 있는 타 비영리조직의 서비스 비용 및 이용료 • 시장상황 변화 고려 • 후원 발굴 및 후원자의 추이 파악
〈유통(Place) 전략〉 • 고객관점에서 보면 편리성임 • 카탈로그, DM, 홈쇼핑, 텔레마케팅, 인터넷 주문 등의 예	〈유통전략: 장소전략〉 • 접근편리성 방안(운송수단, 위치 등) • 후원금 모금 도구 및 장소개발 • 지역사회와 접근성
〈촉진(Promotions) 전략〉 • 고객관점에서 의사소통 • 광고, 판촉, PR, 인적판매(방문판매 등), 다이렉트마케팅의 예	〈홍보, 촉진전략〉 • 이벤트, 광고, 신문방송 기사화, 인터넷, 자료 제공, 장소 제공, 자원봉사자 활용 • 조사와 홍보

(출처: 박경권 외, 2015 재인용)

5. 비영리조직의 마케팅 활용

1) 대인 마케팅(Person Marketing)

대인 마케팅은 특정한 개인의 태도나 행동의 변화를 유도하는 마케팅 유형으로 정치인들이 선거철 유세를 진행하는 것과 같이 자신의 이미지와 명성 등을 강화시키고, 이로 인해 자신을 바라보는 대인들의 시각을 변화시킴으로써 결론적으로 그들의 행동을 변화하게 만드는 것을 의미한다. 선거 유세로 유권자들은 그에게 투표를 행사하게 된다. 연예인들은 자신의 활발한 외부 활동으로서 유명세를 누리고 긍정적 이미지를 얻고자 한다. 이와 같이 비영리조직들은 대인 마케팅 활동을 통해 후원(기부)자들로부터 긍정적인 모금을 이끌어내는 성과를 획득한다(안아람, 2018).

2) 조직 마케팅(Organization Marketing)

조직 마케팅이란 특정 조직에 대한 개인의 태도나 행동의 변화를 유도하는 마케팅 유형이다. 추운 겨울철 불우이웃을 돕는 모금활동을 수행하게 되면 개인적 차원에서의 기부와 함께 조직이나 기업 등에서 힘을 모아 기부하는 경우를 종종 볼 수 있다. 이러한 조직 마케팅은 정부기관이 국민이라는 국가의 구성원 조직을 대상으로, 종교단체가 종교인을 대상으로, 학교에서 학생들을 대상으로, 미술관이나 박물관 등에서 관람객을 대상으로 진행되는 경우 등이 빈번하지만 비영리조직에서도 이러한 조직 마케팅 유형을 활용하여 다양한 성과를 창출하고자 노력한다(김동환, 2017).

3) 장소 마케팅(Place Marketing)

장소 마케팅은 특정 장소나 지역에 대해 긍정적 태도나 행동을 보이게 하는 것이다. 환경단체들은 자연보호를 위해 특정 관광지나 자연지역에 대한 보호 및 관리 활동을 수행하고 마케팅 촉진을 펼친다. 공공기관 비영리단체들은 경제성장, 관광 홍보 등을 목적으로 하는 장소 마케팅을 실시하기도 한다. 때로는 이러한 장소 마케팅 개념이 어떤 특정한 지역을 대상으로 하는 것이 아니라 전 세계를 대상으로 하기도 하다. 예를 들어, 『세이브 더 칠드런』은 전 세계의 국가 중 빈곤국가(장소의 개념)를 대상으로 하여 아동교육, 보건 및 경제적 지원을 통해 아동의 권리를 보호하는 목표를 지닌 비영리조직이다(안아람, 2018).

4) 아이디어 마케팅(Idea Marketing)

생각하는 사고과정을 강화시켜 개인들에게 주의를 집중하게 하거나 관심을 기울이게 하고, 나아가 참여 및 행동의 변화를 유도하는 마케팅 유형이다. 절약캠페인, 환경보호캠페인, 적극적 후원캠페인 등이 이에 속한다. 금연단체에서 금연을 홍보하는 마케팅을 펼치거나 출산을 장려하는 정책에 대한 홍보 마케팅, 현금영수증 생활화를 유도하는 마케팅 캠페인 등이 이러한 아이디어 마케팅의 일종이다.

Chapter 11

비영리조직과 시민사회

Chapter 11

비영리조직과 시민사회

1. 시민사회의 개념과 역사

현대 사회에서 '정치'라는 단어는 종종 부정적으로 인식되지만, 본래 정치란 사회 구성원들이 공동체의 방향을 결정하는 필수적인 과정이다. 정치에 대한 부정적인 인식은 권력을 가진 집단의 횡포와 부정부패에서 비롯되지만, 정치 자체는 권력관계의 형성뿐만 아니라 사회 구성원과 공동체 내에서 의사결정을 조율하는 중요한 역할을 한다. 특히, 정치의 핵심 기능은 사회적 합의를 도출하기 위한 '의사소통 과정'에 있다. 따라서 정치는 사회를 유지하는 데 필수적인 요소이며, 이를 기반으로 '제도정치'와 '시민사회 정치'로 구분할 수 있다.

이러한 구분은 정치의 활동 자체를 다르게 만드는 것이 아니라, 정치가 작동하는 영역을 구분하는 것이다. 제도정치는 통치기구를 통해 공식적으로 권력을 행사하는 과정이며, 권력 투쟁이 제도화된 형태로 나타난다. 반면, 시민사회 정치는 일상 속에서 다양한 사회적 관계와 권력구조를 포함하는 정치적 과정으로, 제도정치와 긴밀하게 연결되어 있다. 본 장에서는 이러한 시민사회의 발달 과정을 살펴보고자 한다.

1) 시민과 사회

(1) '사회'의 등장

'사회'라는 개념은 고대 그리스에서 시작되어 로마와 유럽, 영미권을 거쳐 일본을 통해 우리나라에 전해졌으며, 공식적으로는 1895년 갑오개혁 시기에 '국민', '민족', '개인', '정치' 등과 함께 도입되었다. 본래 '사회(社會)'는 여러 단체가 모여 형성된 집단을 의미하는데, 우리나라에서 이러한 개념이 실질적으로 자리 잡은 것은 일제강점기였다. 이 시기 지식인들은 독립협회와 만민공동회 같은 모임을 결성하여 공익을 위한 결사체로서 활동했고, 이는 단순 친목단체가 아니라 국가와 개인 사이에서 의견을 표출하며 중간적 역할을 수행하는 의결기관의 성격을 띠었다(김성은, 2009).

오늘날 사회는 단순한 개념이 아니라, 자발적 단체를 조직하고 정치에 참여하는 필수적인 요소가 되었다. 즉, '사회'라는 개념 없이는 현대적 의미의 공동체와 시민사회를 설명하기 어려운 시대가 된 것이다.

(2) 고대 시민사회의 형성

시민사회의 기원은 고대 그리스인들의 국가 개념에서 출발한다. 고대 그리스는 수많은 작은 공동체인 폴리스(Polis)로 이루어진 연합체였다. 폴리스는 단순한 도시가 아니라 정치, 경제, 군사 등 공동체의 모든 영역을 포함하는 자율적인 도시국가였다. 아리스토텔레스는 "인간은 폴리스적인 동물이다"라고 말하며, 시민들이 공동체 내에서 정치에 참여하는 것이 필수적임을 강조했다.

고대 그리스에서 시민(Politēs)의 정치 참여는 필수적인 의무였다. 시민들은 폴리스의 이익을 위해 적극적으로 투표권을 행사해야 했으며, 이를 '직접민주주의'라고 한다. 직접민주주의는 시민 개개인이 국가의 중요한 의사결정에 직접 참여하는 방식으로, 이는 당시 사회에서 시민권의 핵심 요소였다. 따라서 시민의 정치 참여는 폴리스의 존속과 발전을 위한 필수적인 행위였다.

그러나 이러한 민주주의에는 제한점이 있었다. 폴리스에서 시민권을 가질 수 있는 자격은 아테네에서 출생한 18세 이상의 남성에게만 주어졌다. 여성, 외국인, 노예는 정치에 참여할 수 없었으며, 이는 시민권의 범위를 좁히는 한계로 작용했다. 그럼에도 불구하고 아테네의 직접민주주의는 역사상 최초로 사적 이익이 아닌 공공의 이익을 위한 시민들의 자발적 정치 참여를 실현했다는 점에서 큰 의미가 있다(김성은, 2009). 이러한 시민 중심의 정치 구조는 이후 로마 공화정으로 계승되었다.

(3) 로마 공화정과 시민사회

로마 공화정은 고대 그리스와 함께 서양 문명의 핵심적인 기반이 되었다. 18세기 프랑스 사상가 루소 또한 로마 공화정을 이상적인 정치 체세로 평가했다. 로미기 강대국으로 성장할 수 있었던 중요한 이유 중 하나는 시민들의 적극적인 정치 참여였다.

로마의 공화정은 법에 의해 공인된 시민결사체(Societas, 소키에타스)의 정치적 역할을 인정했다. 시민결사체는 공공의 이익을 위해 자발적으로 조직된 단체였으며, 이러한 단체들의 활동은 시민사회 형성의 중요한 요소였다. 로마 공화정의 시민사회는 단순한 행정 구조가 아닌, 법과 제도를 통해 시민들의 정치적 역할을 보장하는 체제였다.

그러나 로마의 몰락과 함께 시민사회도 쇠퇴하게 된다. 공화정은 대규모 정복전쟁 이후 황제 중심의 통치 체제로 전환되었고, 이에 따라 시민의 정치적 역할이 축소되었다. 점차 시민들의 자발적인 참여가 줄어들고, 귀족 계층은 향락과 사치에 빠지게 되었다. 반면, 피지배층은 점점 더 가난과 무력감에 빠지면서 시민정신이 약화 되었고, 결국 로마 제국은 내부적 붕괴와 외부 침략으로 여러 나라로 분열되었다. 이러한 과정에서 시민사회는 다시 암흑기를 맞이하게 되었다(김성은, 2009).

로마 공화정의 붕괴는 시민사회가 자율적이고 적극적인 시민 참여에 의해 유지될 수 있음을 보여주는 역사적 사례이다. 이처럼 시민사회는 단순히 존재하는 것이 아니라, 지속적인 참여와 공동체 의식이 유지될 때 건강하게 발전할 수 있다.

(4) 시민사회의 암흑기

로마가 멸망한 이후, 정치와 권력의 중심에서 시민의 역할이 사라졌고, 대신 교황과 왕이 사회의 핵심 권력자로 부상했다. 시민들이 공동체의 의사결정 과정에 참여할 수 있는 기회는 사라졌으며, 사회는 강력한 종교 권력과 군주 중심의 통치 체제로 변화했다.

그러나 16세기에서 18세기까지 진행된 종교개혁은 이러한 권력 구조에 큰 변화를 가져왔다. 종교개혁은 교황을 비롯한 성직자 계층의 기득권을 약화시켰으며, 이로 인해 왕의 권력이 더욱 강화되었다. 절대왕정 시대에 접어든 유럽은 강력한 중앙집권 체제를 갖추었고, 사회는 왕과 귀족 계급에 의해 통제되는 계급제도를 기반으로 운영되었다.

이 시기 시민들은 더 이상 정치의 주체가 아니라 지배를 받는 피지배층으로 전락했다. 왕이 절대적 권력을 행사하며 시민들의 정치적 참여를 철저히 배제한 시대였기 때문에, 시민사회는 완전히 위축되었다. 하지만 종교개혁을 계기로 점진적인 변화가 시작되었으며, 이후 계몽주의와 시민혁명을 통해 시민사회가 다시 회복될 기틀이 마련되었다.

(5) 현대 시민사회의 태동

가. 서양의 현대 시민사회의 형성

14세기에서 16세기 사이, 르네상스 시대를 통해 인문주의(Humanism)와 합리적 사유가 발전하면서 사회에 대한 체계적인 탐구가 시작되었다. 이러한 변화는 결국 사회학의 출현으로 이어졌다. 현대사회(Modern Society)는 다양한 사상적 · 과학적 혁신을 기반으로 형성되었으며, 주요한 요소로는 자연과학의 발전, 진화론, 계몽사상, 시민사회 사상의 성장, 공업 발전, 유토피아 사회주의 사상, 자유시장경제 사상 등이 있다(비판사회학회, 2014).

나. 시민사회의 발달의 두 가지 혁명

봉건사회에서 현대 시민사회로의 전환은 두 가지 중요한 혁명을 통해 이루어졌다.

첫째, 16세기부터 시작된 시장과 화폐 경제의 발달이다. 자연과학과 기술의 발전, 그리고 계몽주의 사상이 확산되면서 기존의 농업 중심 봉건사회는 점차 붕괴되었다. 도시를 중심으로 상공업과 시장이 성장하며, 새로운 경제 계층인 상공업자 계급이 부를 축적하기 시작했다.

둘째, 18세기 중반의 공업혁명이다. 과학기술의 발전으로 인해 대규모 생산이 가능해지면서 사회 구조가 급격히 변화했다. 이 과정에서 부르주아지(Bourgeoisie)라는 새로운 계층이 형성되었으며, 이들은 기존의 왕족과 귀족이 독점하던 권력과 지위에 불만을 가지게 되었다. 이러한 불만은 결국 '부르주아 혁명'으로 이어졌다.

대표적인 예로,

(가) 1688년 영국의 명예혁명: 왕권을 제한하고, 시민의 권리를 보장하는 「권리장전(Bill of Rights)」을 선언함으로써 입헌군주제가 확립되었다.

(나) 1789년 프랑스 혁명: 부르주아지뿐만 아니라 노동자와 농민 등 민중이 참여하여 자유, 평등, 민주적 국민주의(민족주의)를 주창하며 봉건 왕정을 무너뜨렸다.

이러한 시민혁명들은 봉건적 왕국 공동체를 시민사회와 정치 공동체로 변화시키는 계기가 되었다. 또한, 혁명 이후 자본주의 시장경제가 급속도로 성장하면서, 국가가 시민사회의 경제 활동을 일률적으로 통제할 수 없게 되었다. 그 결과, 정치 · 경제 · 국가 · 시민사회의 영역이 더욱 복잡하게 분화되었다(비판사회학회, 2014).

결국, 시민혁명과 공업혁명은 현대 시민사회의 발전을 촉진하는 중요한 전환점이 되었으며, 이를 통해 오늘날 우리가 알고 있는 자유롭고 독립적인 시민사회가 형성될 수 있었다.

2) 시민사회의 역사와 사상의 발전

(1) 초기 시민사회사상 – 시민사상과 사회계약이론

17~18세기에 이르러, 지식인들과 부르주아들은 "왕이라는 한 개인에게 절대적으로 복종해야 하는가?"라는 의문을 품기 시작했다. 이러한 의문은 점차 '자연상태'에 대한 논의로 확장되었으며, 인간이 본래 어떠한 상태에서 살았는지를 탐구하는 철학적 논쟁으로 발전했다(비판사회학회, 2014).

이러한 논쟁 속에서 등장한 개념이 사회계약론(theory of social contract)이다. 사회계약론은 인간이 본래 자연상태에서 살다가 서로 계약을 맺음으로써 사회를 형성했다는 이론이다. 이를 주장한 대표적인 사상가로는 홉스, 로크, 루소가 있으며, 이들의 사상은 왕권신수설을 부정하고 시민사회로 나아가는 사상적 토대를 마련했다.

① 홉스(T. Hobbes,1588–1679) – '만인 대 만인의 투쟁과 절대 군주론'

홉스는 자연상태를 부정적으로 해석했다. 그의 주장에 따르면, 인간은 본질적으로 이기적인 존재이며, 국가와 법이 없는 자연상태에서는 '만인 대 만인의 투쟁'(bellum omnium contra omnes)이 벌어진다고 보았다. 즉, 인간은 끝없는 경쟁과 갈등 속에서 살아가며, 누구도 안전을 보장받을 수 없는 상태에 놓이게 된다는 것이다.

따라서, 홉스는 이러한 무질서를 극복하기 위해 강력한 국가와 절대 군주의 필요성을 주장했다. 그는 사회계약론을 통해 국가의 정당성을 설명하면서도, 군주의 주권은 개인의 동의에 기초한 절대적 권력이어야 한다고 강조했다. 홉스는 군주의 권력이 개인들의 계약을 통해 성립되었다고 보았지만, 일단 군주가 권력을 가지게 되면 시민들은 절대적으로 복종해야 한다고 주장했다.

홉스의 이론은 오늘날의 시민사회 개념과는 거리가 있지만, 사회계약론을 통해 국가의 기원을 설명한 최초의 체계적 이론이라는 점에서 의의가 있다(김동배, 2008).

② 로크(J. Locke, 1632–1704) – '재산권보호와 법치국가론'

로크는 자연상태를 홉스와 다르게 해석했다. 그에게 자연상태는 평화롭고 자유로운 상태였으며, 인간은 본래 자연법에 따라 타인의 권리를 침해하지 않으며 살아간다고 보았다. 그러나 로크도 분쟁이 발생했을 때 이를 해결할 절대적인 권력이 존재하지 않는다는 점에서 문제를 인식했다. 이러한 문제를 해결하기 위해 로크는 시민사회와 정부의 필요성[1)]을 주장했다.

로크는 입헌군주제와 민주주의를 지지했으며, 시민이 정부를 견제할 수 있도록

1) **시민사회**: 개인들이 공동의 질서를 유지하고, 재산과 자유를 보호하기 위해 형성.
정부: 시민의 동의에 의해 만들어지며, 재산권 보호와 법의 지배를 보장해야 함.

'저항권'과 '소환권'을 인정해야 한다고 주장했다. 그의 사상은 현대 법치국가와 자유민주주의 체제의 근간이 되었다.

③ 루소(J. J. Rousseau, 1712-1778) - '인민주권과 사회계약론'

루소는 자연상태를 평등하고 자유로운 상태로 보았다. 하지만 시간이 흐르면서 사유재산이 증가하고 불평등이 심화되며, 인간 사회에 갈등과 경쟁이 발생하게 되었다고 설명했다. 이로 인해 사람들은 자연상태로 돌아가기를 원하지만, 현실적으로 불가능하기 때문에 새로운 방식의 공동체 형성이 필요하다고 보았다.

이를 해결하기 위해 루소는 '사회계약' 개념을 발전시켰다. 그는 개인들이 하나의 집합적 존재(정치체, Political body)를 형성하고, 이들이 주권자가 되어 입법권을 행사해야 한다고 주장했다. 이를 통해 개인이 무제한적 자유를 포기하는 대신 시민적 자유와 소유권을 보장받을 수 있다고 보았다(비판사회학회, 2014).

루소는 또한 일반의지(general will) 개념[2]을 통해 사회의 공공선(Common Good)을 강조했다. 루소는 법이란 공공의 이익과 행복을 위한 것이어야 하며, 이는 일반의지에 따라 결정되어야 한다고 주장했다. 그의 사상은 이후 프랑스 대혁명의 사상적 기초가 되었다.

④ 콩트(A. Comte, 1798-1857) - '사회학'의 등장

프랑스의 사상가 콩트(A. Comte)는 유토피아 사회주의 사상가 생시몽(C. H. de Saint-Simon)의 영향을 받아, 사회학(Sociology)[3]이라는 학문을 창시했다. 그는 인간 사회를 자연과학적인 방법으로 연구해야 한다고 주장했으며, 이를 통해 '사회에 관한 과학'을 확립하려 했다. 콩트는 '사회학'을 사회정학(Social Statics)과 사회동학

2) 루소는 세 가지 의지에 대해 이야기 했다. **일반의지**: 공동체 전체의 이익을 추구하는 의지. **특수의지**: 개인의 사적 이익을 위한 의지. **전체의지**: 개별 특수의지의 총합.

3) 사회를 하나의 전체적인 체계로 보고, 그 안에서 다양한 요소들이 서로 어떤 관계를 맺고 균형을 이루는지를 연구하는 학문을 사회학이라 한다.

(Social Dynamics)으로 구분[4]했다.

그는 또한 사회적 통합과 연대를 강조하며, 이를 촉진하는 주요 요인으로 언어, 종교, 분업을 제시했다. 콩트의 사상은 이후 뒤르켐(É. Durkheim)의 사회 연대 이론과 스펜서(H. Spencer)의 기능주의 이론에 영향을 미쳤다(비판사회학회, 2014).

(2) 초기 시민사회 사상의 의의와 한계

초기 시민사회 사상은 자연 상태와 사회계약론을 중심으로 시민사회가 자유롭고 평등한 개인들의 정치 공동체라는 점을 강조했다. 이를 통해 시민사회는 '문명화된 사회'라는 의미를 가지게 되었으며, 정치사회와 동일한 개념으로 사용되기 시작했다.

그러나 초기 시민사회 사상에는 국가와 시민사회의 명확한 구별이 없었다. 특히, 프랑스 대혁명 이후에는 부르주아 계급과 노동계급의 이해관계가 대립하며 '공동선' 개념이 약화되었다. 그 결과, 국가와 시민사회에 대한 서로 다른 견해가 등장하기 시작했다.

초기 시민사회 사상은 사회계약론을 통해 근대 국가와 민주주의의 기초를 마련했으며, 이후 시민사회의 발전과 사회학 형성에 중요한 영향을 미쳤다. 비록 당시에는 사회에 대한 과학적 설명이 부족했지만, 시민사회와 정치 공동체의 본질을 탐구한 중요한 사상적 전통으로 자리 잡았다(비판사회학회, 2014).

---

4) **사회정학**: 사회 질서와 안정을 연구하며, 사회를 유기체로 이해함. 사회동학: 사회 변동과 진보를 연구하며, 사회 발전의 원리를 탐구함.

(3) 현대적 시민사회론

① 헤겔(G. W. F. Hegel)의 국가–시민사회이론

헤겔은 시민사회를 단순히 국가 이전의 자율적 사회로 보았다. 그에 따르면, 시민사회는 다양한 지역공동체, 이익집단, 직업집단 등으로 구성되며, 개인들은 이 속에서 사적 이익과 특수 이익을 추구하면서 경쟁하게 된다.

그러나 이러한 경쟁 과정에서 공동체의 '인륜성(Sittlichkeit)'이 훼손될 위험이 있다(비판사회학회, 2014). 헤겔은 이를 해결하기 위해 국가라는 최상의 질서가 필요하다고 보았다. 즉, 시민사회는 이성과 자유, 사적 이익과 공공선을 실현하기 위한 중간 단계이며, 시민사회의 대립적 이해관계를 조정하고 보편성을 구현하기 위해서는 국가 공동체가 반드시 존재해야 한다고 주장했다. 이를 통해 물질적 · 정신적으로 더욱 풍요로운 삶이 가능해진다고 보았다.

② 마르크스(K. Marx)의 자본주의와 시민사회

헤겔이 시민사회의 공공성과 공공선을 강조한 반면, 마르크스는 경제적 측면, 즉 시민사회의 사적 이익과 계급 구조에 집중했다(비판사회학회, 2014).

마르크스는 시민사회를 단순한 자율적 결사체가 아니라 자본주의적 생산관계에 의해 지배되는 수동적 집단으로 보았다. 즉, 시민사회는 부르주아 계급이 노동자 계급을 착취하는 구조 속에서 형성되며, 따라서 시민사회 자체가 계급 갈등을 내포하고 있다고 주장했다. 또한, 그는 국가의 역할을 헤겔과 다르게 해석했다.

- 헤겔: 국가는 시민사회의 대립을 조정하고 공공선을 실현하는 존재.
- 마르크스: 국가는 자본주의 경제 체제에서 자본가들의 이해관계를 조정하고 시장을 안정화하는 도구에 불과함.

즉, 마르크스는 국가를 시민사회의 균형을 맞추는 중립적 기관이 아니라, 부르주아 계급의 이익을 대변하는 억압적 기구로 보았다.

③ 베버(M. Weber)의 지배 사회학과 관료제[5] 이론

베버는 사회에서 '지배(Herrschaft)'가 어떻게 작동하는지를 연구하며, 이를 세 가지 유형으로 구분했다(비판사회학회, 2014).

가. 카리스마적 지배(Charismatic Authority): 지배자의 특별한 재능과 개인적 매력에 대한 신뢰를 기반으로 성립됨.

나. 전통적 지배(Traditional Authority): 오랜 관습과 전통적 권위에 의해 유지되는 지배 형태.

다. 법적-합리적 지배(Legal-Rational Authority): 합리적 법과 제도를 통해 정당성을 확보하는 현대적 지배 방식.

베버는 현대 국가는 법적-합리적 지배를 통해 운영되며, 그 중심에 관료제가 존재한다고 보았다. 관료제는 합리적인 규칙에 따라 명령과 복종이 이루어지는 체제로, 조직을 효율적으로 운영할 수 있는 장점이 있다. 그러나 베버는 관료제가 사회 전체를 과도하게 지배할 위험성도 경고했다.

이를 견제하기 위해 베버는 시장경제, 경쟁적 정당 체제, 강력한 정치적 리더십이 필요하다고 주장했으며, 이러한 견해는 '민주적 엘리트주의(Democratic Elitism)'로 발전했다. 민주적 엘리트주의는 무능한 공직자가 관료제를 통해 국가를 독점하는 것을 막기 위해, 경쟁 정당 체제를 통해 유능한 지도자를 선출해야 한다는 주장이다(비판사회학회, 2014).

5) 관료제(bureaucracy)는 bureau(사무용 책상)+cracy(지배, 통치)의 합성어로, 조직을 관리 운영하는 체제를 의미한다.

(4) 현대적 시민사회론의 의의

헤겔, 마르크스, 베버의 이론은 시민사회에 대한 서로 다른 관점을 제시했지만, 공통적으로 현대 사회에서 국가와 시민사회의 관계를 심도 있게 탐구했다는 점에서 중요한 의미를 가진다.

- 헤겔: 시민사회의 대립을 조정하기 위해 국가가 필요하다고 보았다.
- 마르크스: 시민사회는 계급 갈등의 장이며, 국가는 부르주아 계급의 이해관계를 대변하는 억압적 도구라고 주장했다.
- 베버: 현대 국가는 관료제를 통해 합리적으로 운영되지만, 지나친 관료제의 영향력을 견제해야 한다고 보았다.

이들의 이론은 이후 현대 시민사회 연구에 지대한 영향을 미쳤으며, 민주주의, 국가의 역할, 경제 구조 등에 대한 논의의 기초를 제공했다.

(5) 현대의 시민사회론

현대 시민사회론은 시민사회의 성격을 어떻게 규정하느냐에 따라 다양한 시각으로 나뉜다. 대표적인 이론으로는 ① 자유주의 시민사회이론 ② 신토크빌주의 시민사회이론, ③ 그람시의 시민사회이론 ④ 하버마스의 공론장 이론이 있다.

① 자유주의 시민사회이론

자유주의 시민사회이론은 국가의 개입을 최소화하고, 시민사회의 자율성을 극대화하는 것을 핵심 원리로 삼는다. 국가의 역할은 시장과 사회의 자유로운 운영을 보장하는 것이며, 시민사회는 정치적 · 시민적 자율성과 경제적 · 시장적 자율성을 바탕으로 작동해야 한다. 특히, 경제적 · 시장적 자율성이 강조되며, 이러한 논리는 시장경제를 옹호하는 경제학자들에 의해 발전되었다.

대표적인 사상가로는 '보이지 않는 손'을 주장한 애덤 스미스(A. Smith)와 신자유주의 경제학자인 밀턴 프리드먼(M. Friedman)이 있다(비판사회학회, 2014). 이들은 시장이 자율적으로 작동할 때 시민사회가 가장 효율적으로 운영될 수 있다고 주장한다.

② 신토크빌주의 시민사회이론

신토크빌주의 시민사회이론은 자유주의 시민사회이론과는 달리 정치적 · 시민적 자율성에 초점을 맞춘다. 이 이론은 알렉시 드 토크빌(A. de Tocqueville)의 연구에서 영향을 받았다.

토크빌은 미국 민주주의의 핵심이 종교단체, 동호회, 사회단체 등의 자발적 결사체에서 비롯된다고 보았다. 신토크빌주의자들은 시민사회가 다음 세 가지 중요한 역할을 수행한다고 주장한다.

가. 사회적 유대 강화: 시민들의 자발적 결사체 활동을 통해 사회적 규범과 도덕적 가치를 공고화한다.

나. 국가와 시장 견제: 중앙권력과 권위주의적 국가, 독점적 시장의 확장을 견제하는 역할을 한다.

다. 개인의 자유 보호: 국가와 시장으로부터 개인의 자유와 다양성을 지키는 역할을 수행한다.

그러나 신토크빌주의는 시민사회를 지나치게 이상화하는 한계가 있다(비판사회학회, 2014). 시민사회가 언제나 긍정적으로 작동하는 것은 아니며, 내부의 이해관계에 따라 갈등과 대립이 발생할 수도 있기 때문이다.

③ 그람시의 시민사회이론

이탈리아의 마르크스주의 사상가 안토니오 그람시(A. Gramsci)는 기존 마르크스주의의 경제 중심적 사고에서 벗어나, 시민사회를 국가와 경제의 중간 영역으로 재정의했다. 그람시는 사회를 국가, 시민사회, 경제적 토대로 나누었으며, 여기서 국가는 강제력을 통해 지배하는 기구, 시민사회는 헤게모니(지적 · 도덕적 · 정치적 지도력)를 통해 지배가 이루어지는 공간으로 보았다.

시민사회의 예로 교회, 노동조합, 학교, 언론 등이 있으며, 이는 단순한 자율적 결사체가 아니라 부르주아의 정치적 · 경제적 지배를 정당화하는 헤게모니 기구로 작동할 수 있다. 즉, 시민사회는 국가의 강제적 지배보다 더욱 강력한 사상적 · 문화적 지배의 장이 될 수도 있다.

그람시의 이론은 시민사회를 단순한 경제적 공간으로 보았던 마르크스의 견해나, 국가권력의 헤게모니적 특성을 간과한 베버의 이론과 차별된다. 그의 시민사회론은 현대 자본주의 사회에서 국가와 시민사회의 복합적인 관계를 이해하는 데 중요한 시각을 제공한다(비판사회학회, 2014).

④ 하버마스의 공론장과 체계–생활세계이론

독일의 사회학자 위르겐 하버마스(J. Habermas)는 시민사회를 문화적 · 일상적 영역으로 개념화하며, 이를 '공론장(Public Sphere)'이라고 정의했다(비판사회학회, 2014).

공론장은 시민사회가 국가의 지배를 견제할 수 있는 중요한 매개 공간으로 작용하며, 하버마스는 이를 체계-생활세계 이론을 통해 설명했다.

하버마스의 체계-생활세계 이론은 현대 사회가 다음과 같이 분화되었음을 보여준다.

〈표 11-2〉 체계와 생활세계 비교

구분	분화	우선하는 내용	작동원리	판단기준
체계	사적 경제체계/ 공적 행정체계	복지행정, 시장의 효율성	목적 합리성	효율 vs 비효율
생활 세계	사적영역/ 공적영역(공론장)	자유로운 토론을 통한 의사소통적 합리성	구성원들의 합리적인 의사소통	옳음 vs 그름

하버마스가 시민사회를 강조하는 이유는 국가 권력과 화폐 논리에 의한 생활세계의 '식민화'를 막기 위해서다.

- 생활세계의 식민화: 후기 자본주의 사회에서 국가의 권력과 시장의 화폐 논리가 생활세계로 침투하여, 의사소통적 합리성이 억압되는 현상을 의미한다.
- 예시: 자본주의 시장과 관료제 시스템이 인간의 자율적 사고와 공동체적 삶을 지배하게 될 때, 생활세계의 본래적 기능이 약화됨.

하버마스는 이러한 문제를 해결하기 위해 시민사회의 역할을 강조하며, 환경운동, 여성운동, 생활공동체 운동과 같은 '신사회운동(New Social Movements)'이 생활세계의 자율성을 보호하는 중요한 수단이 될 수 있다고 주장했다.

(6) 현대 시민사회론의 의의

현대 시민사회론은 각기 다른 관점에서 시민사회의 성격과 역할을 정의한다.

- 자유주의 시민사회이론: 국가 개입을 최소화하고 시장의 자율성을 강조함.
- 신토크빌주의 시민사회이론: 자발적 결사체를 통한 민주주의 강화를 강조함.

- 그람시의 시민사회이론: 시민사회는 국가와 자본주의 헤게모니가 작동하는 공간.
- 하버마스의 공론장 이론: 시민사회는 국가 권력을 견제하는 공론장이며, 생활세계의 자율성을 보호하는 역할을 함.

이처럼 현대 시민사회론은 국가, 시장, 시민사회 간의 역동적인 관계를 분석하는 데 중요한 이론적 틀을 제공하며, 시민사회의 역할과 민주주의 발전을 탐구하는 데 필수적인 개념으로 자리 잡았다.

3) 시민사회의 분류와 시민사회의 필요성

(1) 관계에 따른 분류

시민사회 조직은 정부 및 시장과의 관계에 따라 크게 비정부단체(NGO)와 비영리단체(NPO)로 구분된다.

- NGO(Non-Governmental Organization, 비정부단체): 정부 조직에 속하지 않는 시민사회 조직으로, 행정 권력을 감시하고 비판하는 역할을 한다.
- NPO(Non-Profit Organization, 비영리단체): 영리 조직이 아닌 시민사회 조직으로, 시장 권력을 감시하고 견제하는 역할을 수행한다.

이 둘의 공통점은 공익(public interests)과 공공선(public good)을 추구하며, 행정권력과 시장권력을 모두 감시하고 견제하는 기능을 수행한다는 점이다(비판사회학회, 2014).

(2) 형태에 따른 분류

시민사회 조직은 결성 목적에 따라 다양한 형태로 나뉜다. 이는 크게 친목 단체, 이익 단체, 종교 단체, 사회운동 단체, 서비스 조직, 생활공동체, 생활협동조합 등으로 구분된다. 이를 표로 정리하면 다음과 같다.

〈표 11-3〉 형태에 따른 분류_단체와 조직

대분류	형태	결성 목적	단체예시
친목단체	교류모임	회원 간 친목 도모	동창회, 동호회
이익단체	경제적이익추구	경제적 권익 보호	노동조합, 협회
종교단체	신앙활동	종교적 목적	교회, 성당, 사찰
사회운동단체	행동지향, 정치적 성격	사회적 변화 촉진	인권단체, 환경단체
서비스 조직	문화 · 복지 서비스 제공	사회적 약자 지원	복지재단, 자선단체
생활공동체	경제적 자급자족	협동적 경제 활동	마을공동체
생활협동조합	생활문화 향상, 사업	소비자 권익 보호	소비자 협동조

(3) 지구적 시민사회 조직

시민사회는 세계화(globalization)의 확산과 함께 활동 범위를 전 세계적으로 넓혀가고 있다. 지구적 시민사회 조직(Global Civil Society Organizations, GCSOs)은 세계 경제를 감시하고 여론을 주도하며, 글로벌 문제 해결을 위해 자발적으로 활동하는 역할을 수행한다(비판사회학회, 2014).

대표적인 국제 시민사회 기구로는 다음과 같은 단체들이 있다.

가. UN(United Nations, 국제연합): 국제 평화와 협력을 위한 대표적인 국제기구

나. WTO(World Trade Organization, 세계무역기구): 글로벌 무역 정책 조정 및 자유무역 촉진

다. IBRD(International Bank for Reconstruction and Development, 국제부흥개발은행): 개발도상국 지원을 위한 금융기관

라. IMF(International Monetary Fund, 국제통화기금): 국제 금융 안정과 경제 협력을 담당하는 기구

마. IGO(Intergovernmental Organization, 정부 간 기구): 국가 간 협력 증진을 위한 기구

바. WEF(World Economic Forum, 세계경제포럼): 경제 발전과 국제 협력을 위한 포럼

사. MSF(Médecins Sans Frontières, 국경없는의사회): 의료 지원을 위한 국제적 인도주의 단체

아. Greenpeace(국제 환경보호단체): 환경 보호 및 지속 가능성 증진을 위한 단체

이러한 국제 시민사회 조직들은 국가 단위의 정책을 넘어 전 지구적 문제(기후변화, 빈곤, 인권, 공중보건 등)에 대한 해결 방안을 모색하고 실천하는 역할을 한다.

(4) 시민사회의 필요성

오늘날 사회는 급격한 변화를 겪으며, 개인들의 다양한 욕구와 필요가 점점 복잡해지고 있다. 그러나 정부나 시장과 같은 전통적인 체계만으로는 이러한 문제를 신속하고 효과적으로 해결하기 어렵다. 이러한 한계를 극복하기 위해서는 시민들의 자발적인 참여와 실천이 필수적이며, 이를 가능하게 하는 것이 바로 시민사회이다.

가. 공공의 이익을 위해 시민들이 스스로 고민하고 행동할 수 있는 공간을 제공.

나. 직접 사회 문제를 해결할 수 있도록 자율적인 조직과 네트워크를 형성.

다. 다양한 사회적 문제(환경 보호, 인권 보호, 빈곤 해결 등)에 유연하고 신속하게 대응.

결국, 시민사회는 국가와 시장이 감당하지 못하는 공적 역할을 보완하며, 민주주의의 근간이 되는 시민 참여와 사회적 연대를 실현하는 필수적인 영역이다(김성은, 2009). 따라서 시민사회는 더욱 다양하고 발전적인 형태로 지속되어야 한다.

2. 시민사회의 원리

시민사회의 발달은 사적 영역의 확장과 함께 국가와 시민사회의 분화가 이루어지면서 시작되었다. 시민사회의 네 가지 주요 원리인 ① 자율-자발성의 원리(자유의 원리) ② 민주주의의 원리 ③ 결사의 원리 ④ 연대의 원리를 살펴보겠다.

1) 자율-자발성의 원리(자유의 원리)

사회는 사회규범과 관습을 통해 유지되며, 이는 권력에 의해 개인에게 내면화된다. 권력은 타인의 행동을 통제할 수 있는 힘이며, 이는 개인, 집단, 국가 등 다양한 관계에서 발생한다(김정훈 외, 2018). 따라서 인간은 본질적으로 완전히 자유롭거나 평등할 수 없으며, 이러한 현실 속에서 자율성과 자발성은 자유를 실현하는 필수적인 요소가 된다.

자율성은 스스로의 원칙에 따라 행동하고 결정을 내리는 능력이며, 자발성은 이러한 자율성을 바탕으로 능동적으로 자유를 실천하는 것이다. 시민사회에서 자유는 시장과 국가의 논리로부터 독립된 자발적 행위로 정의되며, 이는 타인의 자유를 존중하고 인권을 기반으로 한 행위로 나아가야 한다(비판사회학회, 2014).

푸코(M. Foucault)는 권력이 지식을 형성하며, 그 지식이 다시 권력을 정당화한다고 보았다. 그는 현대사회에서 개인은 학교, 병원, 교회, 군대, 감옥 등에서 규율권력에 의해 형성된다고 주장했다(비판사회학회, 2014). 미국 사회학자 버거(P. Berger)는 이를 '실에 매달린 꼭두각시'에 비유하며, 인간은 이러한 사회적 통제를 인식하고 성찰할 수 있는 존재임을 강조했다(김성은, 2009). 이러한 성찰이 곧 자유를 향한 첫걸음이다.

자유는 '~부터의 자유(소극적 자유)'와 '~로의 자유(적극적 자유)'로 구분된다. 소극적 자유는 외부의 간섭 없이 존재하는 자유이며, 적극적 자유는 스스로 결정하고 권리를 행사하는 능동적 자유를 의미한다. 진정한 시민사회는 사회적 약자를 포함한 모든 사람이 소극적 · 적극적 자유를 누릴 수 있도록 보장하는 사회여야 하며, 이를 위해 시민사회가 중요한 역할을 한다(비판사회학회, 2014).

2) 민주주의 원리

민주주의(Democracy)는 그리스어 'Demokratia'에서 유래하며, 'Demos(인민)'와 'Kratos(지배, 통치)'의 합성어로 '인민의 통치'를 의미한다. 이는 군주나 특정 소수의 개인이 아니라, 다수가 정치에 참여해야 한다는 원칙을 담고 있다(비판사회학회, 2014). 그러나 민주주의는 단순히 '다수의 지배'가 아니라, 각 개인이 자기결정권을 가지고 스스로 통치하는 정치 체제를 의미하며, 이는 '지배자와 피지배자의 동일성

원리'로 표현된다(김정훈 외, 2018).

민주주의는 자유와 평등을 필수적인 요소로 삼으며, 고대 그리스에서 시작해 로마, 유럽 시민혁명과 공업혁명을 거치며 발전해왔다. 오늘날에도 민주주의는 사회 내 다양한 이익과 공론을 국가 운영에 반영하는 핵심 원리로 작동하고 있으며, 시민사회를 통해 정치 영역을 넘어 더욱 확산되고 있다.

3) 결사의 원리

민주주의 사회에서는 결사의 자유가 보장되며, 이를 바탕으로 다양한 결사체가 형성된다(김정훈 외, 2018). 이러한 결사체는 공공의 이익을 추구하며, 자유롭게 결성 및 해체할 수 있다. 사회학자 퇴니스(F. Tönnies)는 공동체와 결사체를 구분하며, 공동체는 자연적 의지에 따른 조직이고, 결사체는 합리적 의지에 따라 형성된 조직이라 보았다. 즉, 결사는 개인의 합리적 이익을 중심으로 형성된다는 것이다(비판사회학회, 2014).

결사의 필요성은 다양한 개인의 욕구를 충족시키기 위한 것이다. 법이나 시장 원리로 해결하기 어려운 사회적 문제들은 시민사회의 결사를 통해 해결될 수 있다. 결사는 네 가지 유형으로 구분된다.

〈표 11-4〉 결사의 네 가지 유형

유형	행위 목적	지향점	예시
① 자선형 결사	욕구 표출	공익지향	자선봉사활동, 종교단체
② 지원 · 운동형 결사	수단적 가치		재해구호, 환경보호운동, 인권운동
③ 공조 · 자조형 결사	수단적 가치	개인 이익지향	노동조합, 직능단체, 연구회
④ 자기충실형 결사	욕구표출		취미 동호회, 문화모임

결사는 사회 전반에 걸쳐 개인의 다양한 욕구를 반영하며, 급격한 사회 변화로 발생하는 문제들을 자발적으로 해결하는 역할을 한다. 이를 통해 국가와 시장이 대응하지 못하는 사회적 문제를 보완하고, 개인에게 사회 참여의 기회를 제공하며, 궁극적으로 자립과 연대를 실현하는 기반이 된다.

4) 연대의 원리 - 뒤르켐의 '공동체'이론

뒤르켐(É. Durkheim)은 현대 사회에서 새로운 형태의 사회 통합이 필요하다고 보았다. 그는 분업을 연대의 기초로 보았으며, 사회 구조에 따라 두 가지 형태의 연대를 제시했다.

〈표 11-5〉 뒤르켐의 두 가지 연대 비교

연대의 분류	사회구조	연대의 방식	강조되는 가치
기계적 연대	동질적 사회	강한 사회 규범과 동일한 가치관	동일한 의견과 신념
유기적 연대	분업이 발달한 사회	전문화된 역할 분담을 통한 상호의존	개별성과 존중과 협력

현대 사회에서는 기계적 연대가 아닌 유기적 연대가 중심이 된다. 분업이 발달하면서 개별화된 개인들이 서로 협력하고 의존하면서 새로운 형태의 연대를 형성하게 되는 것이다. 이에 따라 시민사회는 국가와 개인을 연결하는 중요한 역할을 수행하며, 지역을 넘어 전 지구적 시민사회(Global Civil Society)로까지 확장된다(비판사회학회, 2014). 연대의 원리는 단순한 사회적 연결을 넘어, 공공의 이익을 위한 협력과 실천을 가능하게 하는 시민사회의 핵심 원리로 작용한다.

3. 시민사회의 역할과 방향성

시민사회의 역할은 시민들의 적극적인 참여를 통해 발휘된다. 참여는 시민들의 관심, 가치, 요구를 집합적으로 반영하며, 이를 통해 시민사회는 사회적 의사결정에 영향을 미치고, 새로운 제도를 형성하거나 방향성을 제시하는 역할을 수행한다. 본 장에서는 시민사회가 현대 사회에서 수행해야 할 핵심적인 역할을 살펴본다.

1) 공익 추구

역사적으로 시민사회는 시장과 정부의 한계를 보완하기 위해 등장했다. 시장은 본질적으로 공공재를 충분히 제공하지 못하며, 정부 역시 이러한 시장의 한계를 완전히 보완하기 어렵다. 이에 따라 시민사회는 시장과 정부가 해결하지 못하는 사회적 문제를 보완하고, 공공의 요구에 대응하는 필수적인 역할을 담당하게 되었다.

과거에는 사회 발전의 중심이 정부(공공 행정 담당)와 기업(경제 활동 담당)에 있었다. 그러나 현대사회에서는 정부와 기업의 역할을 보완하는 제3의 영역으로서 시민사회가 중요한 역할을 수행하고 있다. 현대 사회의 급속한 변화와 다양성 증대는 정부와 기업만으로 감당할 수 없는 문제들을 야기했으며, 이에 따라 시민사회의 자율적이고 자발적인 활동이 더욱 중요해졌다(김동배, 2008).

특히, 산업화 이후 급격한 경제 발전은 지역 · 산업 · 계층 간 불균형을 심화시켰으며, 전통적인 가족 및 지역 공동체의 기능을 약화시켰다. 이러한 변화 속에서 발생하는 복잡한 사회문제는 정부만으로 해결할 수 없으며, 시민들이 스스로 참여하여 해결하는 구조가 필요하다. 즉, 시민사회는 시장과 정부의 한계를 극복하는 중요한 사회적 기제이며, 공공의 요구를 충족하는 핵심적인 역할을 수행해야 한다(Tomas Wolf, 2020). 따라서 시민사회는 공익을 명확한 목표로 삼고, 이를 실현하기 위한 지속적인 노력을 기울여야 한다.

2) 공동체로서의 시민사회

현대사회는 개인주의와 산업화, 자본주의 경제의 확산 속에서 전통적인 공동체 구조가 해체되며 등장했다(김성은, 2009). 이에 따라 현대 사회의 과제는 단순한 결속이 아니라, 보다 발전된 형태의 '사회통합'을 실현하는 것이다.

공동체 이론가들은 공동체를 단순한 물리적 공간이 아니라, 인간관계의 망(network) 속에서 형성되는 사회적 구조로 본다. 이러한 공동체는 신뢰를 바탕으로 형성되며, 구성원 간의 책임과 의무를 강조하는 도덕적 공동체로 이해되어야 한다. 예를 들어, 뒤르켐은 교회를 단순한 성직자 집단이 아닌, 공통된 신념과 의식을 공유하는 '도덕 공동체'로 정의했다(조성돈 · 정재영, 2008). 시민사회 또한 서로 의존하고, 토론과 의사결정에 참여하며, 실천을 함께 수행하는 집단으로서 기능해야 한다.

시민사회는 이기적인 이익 추구 집단이 아니라, 공동체 밖으로도 책임과 의무를 확장할 수 있는 열린 도덕 공동체여야 한다. 이를 통해 지역사회 및 복지공동체로서의 역할을 수행하며, 시민들의 자발적인 참여와 상호 협력을 통해 지속적으로 발전할 수 있다. 또한, 시민사회는 국가의 복지정책에 의존하지 않고, 다양한 시민단체 간의 협력을 통해 복지공동체를 형성하는 역할을 할 수 있다. 이를 통해 지역 문제 해결과 사회적 연대 강화에 기여할 수 있다.

3) 시대의 적절성

시민사회는 각 시대와 사회가 요구하는 필요에 따라 변화하고 발전해왔다. 예를 들어, 19세기 영국에서는 반노예협회, 적십자 등 당시 사회가 필요로 했던 단체들이 설립되었다. 반면, 현대의 시민사회는 인권 보호, 환경 문제 해결, 기후 변화 대응, 디지털 시대의 윤리적 문제 등 새로운 사회적 요구에 맞춰 활동 범위를 확장하고 있다. 또한, 시민사회의 영향력이 커지면서 입법 · 행정 · 사법 · 언론에 이어 '제5부'로 불리며, 사회 변화를 이끄는 중요한 권력 기관으로 인정받고 있다(비판사회학회, 2014).

이러한 변화 속에서 시민사회는 시대의 요구에 적절하게 대응할 수 있어야 한다. 이를 위해서는 다음과 같은 방향성이 필요하다.

(1) 시대의 변화에 맞는 유연한 조직 운영: 시민단체는 단체의 목적뿐만 아니라, 그 목적을 위한 활동 방식도 시대의 변화에 맞춰 조정해야 한다.

(2) 공동체 중심의 활동 강화: 기존의 '단체 중심' 활동에서 '공동체 중심' 활동으로 변화해야 하며, '행사 중심'에서 '생활 중심'으로, '일방적 활동'에서 '쌍방적 활동'으로 전환해야 한다.

(3) 새로운 사회적 문제에 대한 대응: 고령화 · 저출산 문제, 전통 가족 해체, 다문화 사회, 경제적 불평등, 한반도 통일 문제, 인터넷 환경 변화, 포스트 코로나 시대의 사회적 변화 등 다양한 사회적 이슈에 대해 시민사회가 적극적으로 대응해야 한다.

결국, 시민사회는 국가와 협력하여 지속 가능한 사회 발전을 이루기 위한 핵심 주체로서 기능해야 하며, 사회의 다양한 요구에 맞춰 역동적으로 변화할 필요가 있다. 시민사회의 역할이 시대의 흐름에 맞춰 발전할 때, 그 영향력은 더욱 강력해질 것이다.

Chapter 12

비영리조직 설립 실무

Chapter 12

비영리조직 설립 실무

1. 법인의 유형과 특성

1) 법인 설립의 의미

법인이란 사람이 아니면서 부동산거래 등과 같은 법률 행위를 할 수 있도록 법인격(권리능력)이 인정된 사람들이 모인 단체 또는 일정한 목적에 바쳐진 재산을 말한다(찾기 쉬운 생활법령, 2017). 즉, 자연인 외에도 법이 정한 일정한 자격을 득하게 된다면 법인은 자연인처럼 권리와 의무의 주체가 될 수 있다.

법인으로서 자격을 득하게 되면 법인의 유형에 따라 법적인 책임과 규율을 따라야 한다. 우선 사회 일반적인 사업을 목적으로 하는 법인의 경우는 민법과 공익법인의 설립 · 운영에 관한 법률의 적용을 받고 영리법인은 상법에 따라 규율된다.

영리법인은 법인설립을 통해 이윤을 추구하고 발생 되는 이윤에 대해 영리법인을 구성원들에게 이익을 분배하여 경제적 이익이 발생 될 수 있도록 함이며, 이외 법인 구성원들의 경제적 이익이 아닌 공익적 목적 실현을 궁극적인 가치로 삼고 있는 법인을 비영리 법인의 유형으로 볼 수 있다.

2) 비영리법인의 종류

법인의 종류는 다양하다. 일반적으로 공법인과 사법인, 영리법인과 비영리법인 그리고 사단법인과 재단법인의 유형으로 구분한다. 법인의 설립이나 관리에 대해 국가가 관여하는 법인은 공법인이라 하며 그 밖의 법인은 사법인이라 한다(찾기 쉬운 생활법령, 2017).

비영리법인 설립 실무의 과정에서 가장 익숙하게 접하는 것은 사단법인과 재단법인이다. 사단법인은 조직을 구성하는 사람을 본체로 하며 재단법인은 출현하는 재산을 본체로 한다는 것이 다르다. 이러한 특성은 사단법인은 법인을 구성하는 구성원들이 정관의 목적에 따라 자율적인 활동들이 이루어지며, 재단법인은 출현재산의 설립자 의사에 따른 목적성이 분명하다는 것에 차이가 있다.

일반적인 비영리의 단어적 의미는 '영리적 목적을 취하지 않는 것'이라고 정의한다. 그러나 비영리법인은「민법 제32조」에 근거하여 학술, 종교, 자선, 기예, 사교, 기타 영리 아닌 사업을 목적으로 비영리법인을 설립할 수 있다고 하지만 조직 구성원들의 이익을 제공하기 위한 영리가 아닌 비영리 사업의 목적 달성하기 위한 조직 운영 정도의 수익을 위한 행위의 영리활동은 허용된다.

비영리 단체를 설립하기 위해서는 다양한 비영리조직에 대한 유형 파악과 활동을 위한 조직 구성원들의 상황에 따른 비영리법인 설립을 확인해야 한다.

공익적 활동을 위한 비영리법인 설립의 가장 많은 유형은 비영리 사단법인과 비영리민간단체 설립이며, 두 법인의 경우 설립 · 관리 · 감독을 위한 주무관청의 등록서류 신청서류 제출로 허가를 받는 절차는 같으나 요건이나 등록신청서류가 다르기 때문에 두 유형에 대한 등록서류 내용을 사전 숙지해야 한다.

두 비영리법인의 차이는 공익성과 회원 수로 비영리민간단체는 단체의 주된 활동이 공익성을 가지고 1년 이상 활동에 대한 실적을 증빙하여야 하지만 비영리사단법인은 공익활동 실적이 1년 미만이여도 설립이 가능하다. 또한 회원수도 비영리민간단체는 100명 이상이여야 하지만 비영리 사단법인은 100명 이상이 아니어도 가능한 것이 큰 차이가 있다.

법인설립등기도 비영리민간단체는 주무관청 등록 후 세무서를 통해 고유번호증을 발급으로 절차가 마무리 되지만 비영리 사단법인은 관할등기소에 법인설립등기 후 사업자등록증을 발급받을 수 있기 때문에 반드시 법인 설립 등기를 해야 한다.

2. 비영리사단법인 설립 실무

1) 비영리사단법인 설립절차

비영리사단법인은 [민법 제32조 및 소관부처 비영리법인의 설립 및 감독에 관한 규칙 제3]에 따르며, 그 요건과 목적을 가지고 정관작성 → 창립총회 → 주무관청의 허가 → 법인 설립등기의 순서로 진행이 된다.

(1) 1단계: 정관작성

- 정관 작성은 법인의 설립행위로서 법인 설립과 운영의 기초단계이다.
- 법인의 명칭, 목적, 사무소 소재지, 자산에 관한 규정 등 작성되어야 한다.

(2) 2단계: 창립총회

- 정관작성을 통한 법인 설립을 공식적으로 개최함으로 법인 구성에 대한 공식적인 자격을 부여한다.
- 정관 및 사업계획, 이사장등을 선출한다.

(3) 3단계: 주무관청의 허가

- 설립하려는 법인의 목적사업등을 관할 행정관청에 확인하고 신고한다.
- 법인의 목적에 따라 주무관청이 다르기 때문에 사전에 확인해야 한다.

(4) 4단계: 법인 설립등기

- 설립허가 받은 법인을 주된 사무소 소재지를 관할하는 법원등기소에 설립등기한다.
- 설립등기가 최종 마무리 됨으로 법인으로서 성립된다.

2) 비영리사단법인 등록 실무

(1) 설립 준비

비영리사단법인을 설립준비 단계의 첫 번째는 법인설립을 위한 구성원을 모집하는 것으로 이를 설립발기인 모집이라 한다. 설립발기인은 최소 3명 이상의 설립자가 필요하며, 설립발기인은 법인의 정관을 작성과 법인 구성원을 확정하기 위한 역할을 한다.

두 번째 법인의 명칭 확정이다. 사업 목적을 가장 잘 표현할 수 있는 명칭을 정하는 것으로 이 과정에서 반드시 유의해야 할 사항은 설립할 법인의 명칭이 기존 법인의 명칭과 중복되지 않는지 확인을 해야 한다. 법인의 명칭 중복 여부는 대법원 인터넷등기소(iros.go.kr) → 법원등기 → 열람하기 → 상호(정부24민원안내 및 신청) 검색 통해 상호 검색을 통해 중복 여부를 확인할 수 있다.

세 번째 정관 작성 단계이다. 정관이란 법인의 구성과 운영 등에 대한 사항을 정한 규칙이며, 설립 발기인의 기명날일과 총회를 걸쳐 공식적으로 효력을 발휘하게 된다. 정관을 작성할 때 반드시 기재되어야 하는 사항은 다음과 같다.

가. 목적: 법인의 사업 목적 기재

나. 명칭: 법인의 명칭 기재

다. 사무소의 소재지

- 법인의 사무소가 두 개 이상인 때에는 모두 기재하고 주된 사무소를 정한다.

라. 자산에 관한 규정

- 자산의 종류 · 구성 · 관리 · 운용방법 · 회비 등에 관한 사항을 기한다.

마. 이사의 임면에 관한 규정

- 이사의 임면의 방법을 정하여 기재하며, 그 방법에는 제한이 없다. 총회의 의결에 의하지 않는 선임방법을 정하거나 구성원이 아닌 사람을 이사에 임면할 것을 기재하여도 상관없다.

바. 사원 자격의 득실에 관한 규정

- 사원의 입사 · 퇴사 및 제명 등에 관한 것을 기재한다.

사. 존립 시기나 해산 사유를 정하는 때에는 그 시기 또는 사유

- 법인의 존립시기 또는 해산사유를 기재한다.

네 번째 창립총회는 단체를 구성하기 위해 단체 구성과 관련한 일에 대한 경과보고 및 단체 임원 선임, 법인의 정관 및 사업계획과 관련한 내용을 채택하고자 하는 의사결정 모임이다.

(2) 설립 허가 신청

비영리 사단법인을 설립하기 위해서는 설립준비단계 정기총회에서 채택된 정관 및 사업계획등을 통해 법인이 목적사업을 관할하는 행정관청에 법인설립허가 신청과 관련한 서류를 제출해야 한다.

법인의 목적사업을 관할하는 행정관청이 둘 이상일 때에는 각각의 행정관청으로부터 허가를 받아야 하기 때문에 사전에 관할하는 행정관청을 반드시 확인해야 한다. 법인의 활동영역에 따라 허가가 시 · 도지사 또는 시 · 군 · 구청장이 될 수 있다.

주무관청의 확인 후 설립허가 신청서가 제출되면 해당 주무관청은 각 허가요건의 적합 여부에 따라 법인 설립에 대한 허가 여부를 결정하며 설립허가를 위한 신청서류는 아래와 같다.

가. 설립허가 신청서 1부

- 설립허가 신청서에 기재된 내용 전부 작성(소재지 및 대표자 등)

나. 설립발기인 명단 1부

- 발기인 약력: 법인의 목적 사업과 관련 내용을 중심을 작성
- 발기인 인원: 최소 3명 이상

다. 정관 1부

- 목적, 사업, 명칭, 소재지, 자산에 관한 규정, 기관 구성(회원 자격, 총회, 이사, 감사 등)
- 발기인 전원 기명하고 인감 날인하며, 정관의 면과 면 사이 인감 날인
- 비영리법인 표준정관 참조

라. 창립총회 회의록 1부, 발기인 인감증명서 각 1부

- 육하원칙에 따라 회의 일시와 장소, 참석자 명단, 의견권의 위임여부, 회의안건, 진행사진 등 첨부

- 회의록 마지막 발기인 전원 기명 및 인감 날인(회의록 면과 면 사이 발기인 전원 인감 간인)

마. 사업계획서 1부, 수지예산서 1부, 회원명부 1부

※ 하반기 신청 시 다음 해 사업계획서 1부, 수지예산서 1부 추가

- 정관 범위 내 당해연도 수행할 사업 작성
- 세부사업별 시기, 방식, 대상, 예산 산출 근거 기재
- 임원의 경력과 목적 사업에 대한 전문성 및 수행능력을 확인
- 회비외 기부금 수입이 있으면 관련 모금계획 작성
- 사업계획서와 수지예산서 상호 연계하여 작성
- 회원수 최소 3명 이상(발기인 및 임원 포함)

바. 임원 취임예정자 명단 1부, 취임승낙서 각 1부

- 설립발기인 명단 작성과 동일한 방식으로 작성
- 취임예정 직위와 기간을 명시하여 본인이 기명 날인

사. 재산목록 1부, 증명서류 각 1부, 재산출연승낙서 각 1부

- 사단법인은 보통재산 기재
- 내용 연수 및 비품등은 현장 실사시 확인
- 재산출현승낙서 인감 날인 및 증빙서류 제출

아. 사무소 증빙서류

- 임대차계약서 사본 또는 무상 임대 승낙서 등
- 건물 소유권 입증 서류

자. 법인 소개서 1부

서류별 작성 및 허가기준은 제출 서류에 대한 종합적인 검토를 통해 법인의 목적과 사업의 실현가능성과 수행능력, 재정적 기초 확립 여부를 판단하여 법인설립을 허가하게 된다.

(3) 설립등기

[민법 제33조의 의거하여 법인설립허가 신청자는 설립허가 서면을 주문관청으로부터 통지를 받은 후 3주 이내 법인 설립등기를 해야한다.] 법원 등기소의 위치는 '대법원 인터넷등기소(iros.go.kr)' 검색을 통해 확인할 수 있다.

설립등기의 신청인은 법인을 대표하는 사람이 등기신청이 될 수 있으며, 법인의 이사들은 각자 대표권이 있으므로 등기를 신청할 수 있다. 그러나 대표권을 제한받는 이사의 경우에는 신청할 수 없다.

법인 설립등기 사항으로 등기신청서에 목적, 명칭, 사무소, 설립허가의 연월일, 자손의 총액, 출자의 방법을 정한 때에는 그 방법, 이사의 성명과 주소, 등기의 목적 등이 작성되어야 하며 등록면허세의 등의 납부가 되어야 한다.

등기신청서 외에도 첨부할 서류가 있으며, 법인의 정관, 대표자의 주민등록등(초)본 및 인감증명서, 주무관청의 설립허가서, 자산총액증명서, 등록면허세 영수필 확인서, 공증 받은 의사록이 첨부되어야 한다.

3. 비영리민간단체 설립 실무

1) 비영리민간단체 설립 절차

비영리민간단체는 영리적 활동이 아닌 공익적 활동을 목적으로 하는 단체를 말한다. 공익활동이라 함은 [서울시 시민공익활동 촉진에 관한 조례 제2조]에서 다음과 같이 정의하고 있다.

(1) '시민공익활동'이란 시민이 자발적으로 행하는 공익성이 있는 활동으로 영리 또는 친목을 목적으로 하지 아니하는 활동을 말한다.

(2) 'NPO'란 시민공익활동을 행하거나 이를 지원하기 위하여 설립된 비영리 민간단체(각각의 하부조직 및 설립을 준비중인 단체를 포함한다) 를 말하며, 다만 사실상 특정 정당 또는 선출직 후보를 지지하거나 특정 종교의 교리 전파를 주된 목적으로 설립된다.

(3) 공익활동단체란 공익활동을 행하거나 이를 지원하기 위하여 설립, 운영하는 단체는 제외한다.

이러한 공익목적으로 설립을 하기 위해서는 비영리민간단체 지원법에 의거하여 목적 활동의 범위가 2개 이상의 특별시 · 광역시 · 특별자치시 또는 도에 걸쳐 있고 2개 이상의 시 · 도에 사무소를 설치 · 운영해야 하며, 등록신청은 단체의 주된 사업을 관장하는 중앙부처에 등록 신청을 해야 한다.

또한, 비영리민간단체는 영리적 목적이 아닌 공익활동을 수행하는 것을 주 사업의 목적으로 하기 때문에 비영리민간단체 지원법에 의거하여 다음과 같은 요건을 갖추어야 한다(서울시 비영리민간단체 등록안내 자료).

(1) 사업의 수혜자가 불특정 다수일 것
(2) 구성원 상호 간에 이익을 분배하지 않을 것
(3) 특정 정당 또는 선출직 후보에 대한 지지 · 지원이나 특정 종교의 교리전파를 주된 목적으로 설립 · 운영되지 않을 것
(4) 상시 구성원 수가 100인 이상일 것
(5) 최근 1년 동안 공익활동의 실적이 있을 것
(6) 법인이 아닌 단체인 경우 대표자나 관리인이 있어야 한다.

2) 비영리민간단체 등록 실무

비영리민간단체 등록과 관련한 실무의 과정은 비영리 사단법인 등록을 위한 과정과 같다. 설립 준비를 위한 조직의 정관, 사업 계획서 등의 준비를 위한 설립 준비단계를 가지며, 이후 두 번째 설립 허가 신청을 하게 된다.

설립 허가 신청의 단계에서는 비영리사단법인 등록을 위한 지원요건에 대한 차이는 비영리사단법인과는 달리 상시 회원 수가 100명이며, 1년 이상 공익사업에 대한 활동 증빙과 창립총회 및 정기총회를 각각 개최하고 다음과 같은 신청서류를 주무관청에 제출하여 신청하여야 한다.

① 비영리 민간단체등록 신청서

② 정관 또는 회칙

③ 금년 및 작년 총회 회의록(총회사진, 총회참석자명부, 간인)

④ 금년 및 작년 사업계획서 · 사업수지예산서 · 결산서

⑤ 회원명부

⑥ 최근 1년 이상의 공익활동실적을 증명할 수 있는 자료

⑦ 단체 소개서(조직기구표 포함)

⑧ 사무소 사용에 관한 권리관계를 확인할 수 있는 서류

4. 비영리임의단체 설립 실무

1) 비영리임의단체 설립 절차

비영리임의단체는 단체를 구성하는 조직원들에게 영리적 활동을 통해 재화를 분배하고자 하는 목적이 아닌 구성원들의 회비를 통해 친목 행위 및 공익적 활동을 위해 단체를 조직하고자 할 때 설립하며, 임의단체 등록을 하고자 하는 단체의 유형으로는 동창회, 친목회 등 주민들의 자발적인 모임등 지자체의 비영리 활동을 위한 공모사업을 위해 설립하는 유형으로 기본적인 서류 구비 후 관할 세무서장의 신고 후 고유번호증을 발급받아 활동할 수 있다.

임의단체 등록은 비영리 사단법인이나 민간단체처럼 설립준비와 설립신고의 단계가 복잡하지는 않지만 임의단체도 '법인으로 보는 단체'로 정관이나 규약, 사무공간등에 대한 기본적인 요건은 준비되어야 하며, 법인으로 보는 단체의 성격을 가지고 있기 때문에 단체 승인 후 단체 명의의 계좌개설, 회계책임 등 대외적인 공신력을 가질 수는 장점이 있다.

이 외에도 임의단체 해산의 과정에서도 정관의 규정에 따른 해산 진행 후 고유번호증의 반납으로 기타의 비영리조직과 해산의 용이함과 주무관청에 사업의 신고, 공시 등 조직 운영에 대한 주무관청의 관리 감독이 없다.

하지만 법인설립등기는 하지 않기 때문에 법인격의 자격이 없어 단체 운영을 위한 수익사업 및 기부금 영수증 발행을 위한 단체 등록에는 한계가 있기 때문에 공익활동 실적이 부족하거나 비영리민간단체 등록을 위한 회원 수 등을 갖추지 못할 경우 법인설립전 단계로 인식해야 한다.

2) 비영리 임의단체 등록 실무

비영리 임의단체는 고유번호증의 발급을 위한 등록실무 과정을 가진다.

고유번호증은 [국세기본법 제13조 제2항 및 동법 시행령 제8조 제1항에 따라 고유번호증을 받고자 하는 단체의 주소지를 관할하는 세무서에 법인으로 보는 단체의 승인신청서를 제출하여 관할 세무서의 승인을 받아 고유번호증을 발급받을 수 있고 세법상의 의무를 가진다.]

(1) 설립준비

설립준비단계에서는 3인~5인 이상 단체 발기인 모집과 활동을 위한 사무소 확보 후 단체 운영을 위한 정관 또는 규약 작성 후 창립총회의 설립 준비단계가 있다.

가. 발기인 모집 및 사무소 확보

- 3인~5인 이상의 발기인 모집
- 단체 운영을 위한 사무소 확보

나. 정관 또는 규약 작성

- 단체 운영을 위한 정관 작성

다. 창립총회

- 대표자 및 임원 선출

(2) 설립 신고

비영리임의단체는 비영리 사단법인과 비영리민간단체 설립 신고를 위한 주무관청의 신고 절차가 없이 사무소 주소지의 관할 세무서에 다음과 같이 제출 후 고유번허증이 발급 된다.

가. 정관 또는 규약

나. 총회 의사록 및 대표자 선임 관련 서류

다. 사무소 사용에 관한 계약서류

라. 대표자 신분증 및 단체 직인

5. 비영리조직 설립 서식

1) 비영리사단법인 설립 서식

(1) 비영리사단법인 표준정관

사단법인 ○○○○ 정관 (예)

제1장 총 칙

제1조(명칭)

본 법인의 명칭은 "사단법인 ○○○○"(이하 "본회"라 한다)라 한다.

※ 영문 명칭, 약칭 등을 추가할 수 있다. ※ 다른 법인과 동일한 명칭이 아니어야 하므로 동일명칭 법인을 사전 확인해야 한다. (동일명칭 확인) "대법원 인터넷 등기소(iros.go.kr) → 법인 상호 찾기"에서 명칭 입력

제2조(소재지)

본회의 사무소는 0000에 둔다.

※ 법인의 편의를 고려하여 주소는 광역시까지만 명기한다. 정관에 상세주소를 기재할 경우, 주소 변경 시마다 정관변경을 위한 총회개최와 주무관청의 정관변경 허가를 얻어야 하기 때문이다.

※ 차후 분사무소(지부)를 설치할 경우 아래와 같이 소재지를 명기하고 정관변경 허가를 받아야 하며, 최초 등록 주소지외 지역에 지부가 설치될 경우 중앙행정기관(중앙부처)로 주무관청이 변경될 수 있다.

[사례1] 본회의 주된 사무소는 0시에 두고 00시 0구, 00시 0구에 분사무소(지부)를 설치한다.

[사례2] 본회의 주된 사무소는 0시에 두고 00시, 0도, 0도에 분사무소(지부)를 설치한다.

제3조(목적)

본회는 ________________함을 목적으로 한다.

※ 제4조(사업)에 제시된 사업을 총괄하는 내용으로 목적이 잘 드러나도록 구체적이면서도 2줄 정도로 간결하게 작성한다.

제4조(사업) 본회는 제3조의 목적을 달성하기 위하여 다음의 사업을 한다.

1.
2.
3.
4.
5. 기타 본회의 목적달성에 필요한 사업

※ 법인의 목적사업에 따라서 더하거나 뺄 수 있다.

※ 목적사업의 실현가능성이 법인 허가의 기준이므로 실제 수행 가능한 사업목록을 작성한다.

※ 많은 것을 나열하지 않는 것이 좋다.

제2장 회 원

제5조(회원의 자격)

본회의 회원은 본회의 설립취지에 찬동하고 소정의 입회신청서를 제출하여 이사회의 승인을 얻은 개인 또는 단체로 한다.

> **[사례1]** 본회의 회원은 본회의 설립취지에 찬동하고 소정의 입회신청서를 제출하여 이사회의 승인을 얻은자로 한다.
>
> **[사례2]** 본회의 회원은 다음의 자격을 가진 자로서 본회의 설립취지에 찬동하고 소정의 입회신청서를 제출하여 이사회의 승인을 얻은 자로 한다.
>
> **[사례3]** 본회의 회원은 본회의 설립취지에 찬동하는 자로서 회원 ○인 이상의 추천을 받아 소정의 입회신청서를 제출하여 이사회의 승인을 얻은 자로 한다.

제6조(회원의 권리)

회원은 총회를 통하여 본회의 운영에 참여할 권리를 가진다.

> **[사례1]** 회원은 총회를 통하여 본회의 운영에 참여할 권리를 가진다, 다만, 준회원 · 명예회원은 총회에 출석하여 발언할 수 있으나 의결권은 없다.(제5조에서 회원이 정회원과 준회원, 명예회원 등으로 구분된 경우)
>
> **[사례2]** 회원은 총회를 통하여 본회의 운영에 참여할 권리를 가진다. 다만, 단체회원은 대표자 1인을 선출하여 그 대표자를 통하여 권리를 행사한다.

제7조(회원의 의무)

회원은 다음의 의무를 진다.

1. 본회의 정관 및 제 규약의 준수
2. 총회 및 이사회의 결의사항 이행
3. 회비 및 제 부담금의 납부

제8조(회원의 탈퇴)

회원은 이사장에게 탈퇴서를 제출함으로써 자유롭게 탈퇴할 수 있다.

제9조(회원의 상벌)

① 본회의 회원으로서 본회의 발전에 기여한 자에 대하여는 이사회의 의결을 거쳐 포상할 수 있다.

② 본회의 회원으로서 본회의 목적에 위배되는 행위 또는 명예와 위신에 손상을 가져오는 행위를 하거나 제7조의 의무를 이행하지 아니한 자에 대하여는 이사회 또는 총회의의결을 거쳐 이사장이 제명 · 견책 등의 징계를 할 수 있다.

제3장 임 원

제10조(임원의 종류와 정수)

본회는 다음의 임원을 둔다.

1. 이사장 1인
2. 이사 3인~○인(이사장을 포함한다)
3. 감사 ○인

> ※ "이사장"은 "회장"으로 할 수 있으며, 회장으로 할 경우 관련 조문에 "이사장"을 "회장"으로 표기한다.
> ※ 이사는 필수 기관이며 최소 3인 이상이어야 한다.
> ※ 감사는 필수 기관은 아니지만 최소 1인 이상 두는 것을 권장하며, 법인의 업무와 회계에 대한 지식을 갖추고 중립성을 견지할 수 있는 이를 선임하는 것이 좋다.

제11조(임원의 선임)

① 임원은 총회에서 선출하고, 그 취임에 관하여 지체없이 주무관청에 보고하여야 한다.

② 임원의 보선은 결원이 발생한 날로부터 2개월 이내에 하여야 한다.

③ 새로운 임원의 선출은 임기 만료 2개월 전까지 하여야 한다.

제12조(임원의 해임)

임원이 다음 각 호의 1에 해당하는 행위를 한 때에는 총회의 의결을 거쳐 해임할 수 있다.

1. 본회의 목적에 위배되는 행위
2. 임원 간의 분쟁 · 회계부정 또는 현저한 부당행위
3. 본회의 업무를 방해하는 행위

※ 선택 삽입 조항

[사례1] 제00조(임원의 선임 제한)

① 임원의 선임에 있어서 이사는 이사 상호간에 민법 제777조에 규정된 친족관계에 있는 자가이사 정수의 1/5을 초과할 수 없다.

② 감사는 감사 상호간 또는 이사와 민법 제777조에 규정된 친족관계가 없어야 한다.

[사례2] 제00조(상임이사)

① 본회의 목적사업을 전담하기 위하여 상임이사를 둘 수 있다.

② 상임이사는 이사회의 의결을 거쳐 이사장이 이사 중에서 선임한다.

제13조(임원의 임기)

① 임원의 임기는 ○년으로 하며, 연임할 수 있다.

② 보선에 의하여 취임한 임원의 임기는 전임자의 잔여기간으로 한다.

※ 임원의 임기는 2년 혹은 3년을 권장하며, 연임을 제한하는 조항을 둘 수 있다.

[사례1]

① 임원의 임기는 ○년으로 하며, 연임할 수 있다. 다만, 이사장은 2차에 한하여 연임 할 수 있다.

제14조(임원의 직무)

① 이사장은 본회를 대표하고 본회의 업무를 총괄하며, 총회 및 이사회의 의장이 된다.

② 이사는 이사회에 출석하여 본회의 업무에 관한 사항을 의결하며 이사회 또는 이사장으로부터 위임받은 사항을 처리한다.

③ 감사는 다음의 직무를 행한다.

1. 본회의 재산 상황을 감사하는 일
2. 총회 및 이사회의 운영과 그 업무에 관한 사항을 감사하는 일
3. 제1호 및 제2호의 감사 결과, 부정 또는 부당한 점이 있음을 발견한 때에는 이사회 또는 총회에 그 시정을 요구하고 주무관청에 보고하는 일
4. 제3호의 시정요구 및 보고를 하기 위하여 필요한 때에는 총회 또는 이사회의 소집을요구하는 일
5. 본회의 재산상황과 업무에 관하여 총회 및 이사회 또는 이사장에게 의견을 진술하는 일

제15조(이사장의 직무대행)

① 이사장이 사고가 있을 때에는 이사장이 지명하는 이사가 이사장의 직무를 대행한다.

② 이사장이 궐위되었을 때에는 이사회에서 선출된 이사가 이사장의 직무를 대행한다.

③ 제2항의 규정에 의한 이사회는 재적이사 과반수가 소집하고 출석 이사 중 최연장자의 사회 아래 출석이사 과반수의 찬성으로 이사장의 직무대행자를 선출한다.

④ 제2항의 규정에 의하여 이사장의 직무를 대행하는 이사는 지체없이 이사장 선출의 절차를 밟아야 한다.

[사례1]

① 이사장이 사고가 있을 때에는 이사장이 지명하는 이사가 이사장의 직무를 대행한다.

② 이사장이 궐위되었을 때에는 이사 중에서 연장자 순으로 이사장의 직무를 대행한다.

③ 제2항의 규정에 의하여 이사장의 직무를 대행하는 이사는 지체없이 이사장 선출의 절차를 밟아야 한다.

제4장 총 회

제16조(총회의 구성)

총회는 본회의 최고 의결기관이며 회원으로 구성한다.

※ 법인의 회원 수가 200인 초과시 총회를 갈음하는 대의원 총회를 실시할 수 있으며, 관련 규정에 "회원"을 "대의원"으로 표기

- 대의원 정수는 대의원 선출 당시 회원 총수의 20%를 권장(다만, 대의원 총수가 100명을 초과하는 경우에는 100명으로 할 수 있음)
- 대의원의 의결권 및 선거권은 대리인이 행사 불가
- 법인의 해산에 관한 사항은 총회 의결사항으로 대의원총회에서 의결 불가
- 이사장과 대의원으로 구성되며, 이사장이 의장으로서 대의원총회를 소집하고 의사를 진행

[사례1] 총회는 본회의 최고의결기관이며 제18조의2 규정에 의해 선출된 대의원으로 구성한다. 제18조의 2(대의원) ① 대의원은 본회의 임원과 각 지부별 총회에서 선출된 자로 한다. ② 제1항의 규정에 의한 지부별 대의원 정수는 이사회에서 정한다.

제17조(구분 및 소집)

① 총회는 정기총회와 임시총회로 구분하며, 이사장이 이를 소집한다.

② 정기총회는 매 회계연도 개시 2개월 이내에 개최하며, 임시총회는 이사장이 필요하다고 인정할 때에 소집한다.

③ 총회의 소집은 이사장이 회의 안건 · 일시 · 장소 등을 명기하여 회의 개시 7일전까지 각회원에게 통지하여야 한다.

제18조(총회소집의 특례)

① 이사장은 다음 각 호의 1에 해당하는 소집요구가 있을 때에는 그 소집 요구일로부터 14일 이내에 총회를 소집하여야 한다.

1. 재적이사 과반수가 회의의 목적을 제시하여 소집을 요구한 때
2. 제16조 제3항 제4호의 규정에 의하여 감사가 소집을 요구한 때
3. 재적회원 5분의 1이상이 회의의 목적을 제시하여 소집을 요구한 때

② 총회 소집권자가 궐위되거나 이를 기피함으로써 7일 이상 총회소집이 불가능한 때에는 재적이사 과반수 또는 재적회원 3분의 1이상의 찬성으로 총회를 소집할 수 있다.

③ 제2항의 규정에 의한 총회는 출석이사 중 최연장자의 사회아래 그 의장을 선출한다.

제19조(의결정족수)

① 총회는 재적회원 과반수의 출석으로 개의하고 출석회원 과반수의 찬성으로 의결한다.

② 회원의 의결권은 총회에 참석하는 다른 회원에게 위임할 수 있다. 이 경우 위임장은 총회 개시 전까지 의장에게 제출하여야 한다.

제20조(총회의 기능)

총회는 다음의 사항을 의결한다.

1. 임원의 선출 및 해임에 관한 사항
2. 본회의 해산 및 정관변경에 관한 사항
3. 법인 재산의 처분 및 취득과 자금의 차입에 관한 사항
4. 예산 및 결산의 승인
5. 사업계획의 승인
6. 기타 중요사항 및 이사회에서 부의한 사항

제21조(총회의결 제척사유)

회원이 다음 각 호의 1에 해당하는 때에는 그 의결에 참여하지 못한다.

1. 임원의 선출 및 해임에 있어 자신에 관한 사항을 의결할 때
2. 금전 및 재산의 수수 또는 소송 등에 관련되는 사항으로서 자신과 본회의 이해가 상반될 때

제5장 이 사 회

제22조(이사회의 구성)

이사회는 이사장과 이사로 구성한다.

제23조(구분 및 소집)

① 이사회는 정기이사회와 임시이사회로 구분하며, 이사장이 이를 소집한다.

② 정기이사회는 매 회계연도 개시 1월전까지 소집하며, 임시이사회는 이사장이 필요하다고 인정할 때에 소집한다.

③ 이사회의 소집은 이사장이 회의 안건 · 일시 · 장소 등을 명기하여 회의개시 7일전까지 문서로 각 이사 및 감사에게 통지하여야 한다.

[사례1]

① 이사회는 이사장이 필요하다고 인정할 때에 이사장이 소집한다.

② 이사회의 소집은 이사장이 회의 안건 · 일시 · 장소 등을 명기하여 회의개시 7일전까지 문서로 각 이사및 감사에게 통지하여야 한다.

③ 이사회는 제2항의 통지사항에 한해서만 의결할 수 있다. 다만, 재적이사 전원이 출석하고 출석이사 전원이 찬성할 때에는 통지하지 아니한 사항이라도 이를 부의하고 의결할 수 있다.

제24조(이사회 소집의 특례)

① 이사장은 다음 각 호의 1에 해당하는 소집요구가 있는 때에는 그 소집 요구일로부터 20일 이내에 이사회를 소집하여야 한다.

1. 재적이사 과반수가 회의의 목적을 제시하여 소집을 요구한 때
2. 제16조 제3항 제4호의 규정에 의하여 감사가 소집을 요구한 때

② 이시회 소집권자가 궐위되거나 이를 기피함으로써 7일 이상 이사회 소집이 불가능할 때에는 재적이사 과반수의 찬성으로 이사회를 소집할 수 있다.

③ 제2항의 규정에 의한 이사회는 출석이사 중 최연장자의 사회 아래 그 의장을 선출한다.

제25조(서면결의)

① 이사장은 이사회에 부의할 사항중 경미한 사항 또는 긴급을 요하는 사항에 관하여는 이를 서면으로 의결할 수 있다. 이 경우에 이사장은 그 결과를 차기 이사회에 보고하여야 한다.

② 제1항의 서면결의 사항에 대하여 재적이사 과반수가 이사회에 부의할 것을 요구하는 때에는 이사장은 이에 따라야 한다.

제26조(의결정족수)

① 이사회는 재적이사 과반수의 출석으로 개의하고 출석이사 과반수의 찬성으로 의결한다. 다만, 가부동수인 경우에는 의장이 결정한다.

② 이사회의 의결권은 위임할 수 없다.

제27조(이사회의 의결사항)

이사회는 다음의 사항을 심의 · 의결한다.

1. 업무집행에 관한 사항
2. 사업계획의 운영에 관한 사항
3. 예산 · 결산서의 작성에 관한 사항
4. 정관변경에 관한 사항
5. 재산관리에 관한 사항
6. 총회에 부의할 안건의 작성
7. 총회에서 위임받은 사항
8. 정관의 규정에 의하여 그 권한에 속하는 사항
9. 기타 본회의 운영상 중요하다고 이사장이 부의하는 사항

제6장 재산과 회계

제28조(수입금)

본회의 수입금은 회원의 회비 및 기부금, 기타의 수입으로 충당한다.

제29조(회계연도)

본회의 회계연도는 정부의 회계연도에 따른다.

제30조(예산편성)

본회의 세입 · 세출 예산은 매 회계연도 개시 2개월 이내에 편성하여 이사회의 의결을 거쳐 총회의 승인을 얻어 정한다.

제31조(결산)

본회는 매 회계연도 종료 후 2개월 이내에 결산서를 작성하여 이사회의 의결을 거쳐 총회의 승인을 얻어야 한다.

제32조(회계감사)

감사는 회계감사를 연 1회 이상 실시하여야 한다.

제33조(회계의 공개)

① 본회의 예산과 결산은 이사회가 따로 정하는 방법에 따라 공개한다.

② 연간 기부금 모금액 및 활용실적은 인터넷 홈페이지를 통해 매년 3월 공개한다.

※ 지정기부금단체로 지정되기 위한 필수조항임(수입을 회원의 이익이 아닌 공익을 위하여 사용하고, 사업의 직접 수혜자가 불특정 다수임이 인정되는 법인만 해당)

제34조(임원의 보수)

사업의 운영을 전담하는 상임이사를 제외한 임원에 대하여는 보수를 지급하지 아니한다. 다만, 업무수행에 필요한 실비는 지급할 수 있다.

제7장 사무부서

제35조(사무국)

① 이사장의 지시를 받아 본회의 사무를 처리하기 위하여 사무국을 둔다.

② 사무국에 사무국장 1인과 필요한 직원을 둘 수 있다.

③ 사무국장은 이사회의 의결을 거쳐 이사장이 임면한다.

④ 사무국의 조직 및 운영에 관한 사항은 이사회의 의결을 거쳐 별도로 정한다.

제8장 보 칙

제38조(법인해산)

① 본회가 해산하고자 할 때에는 총회에서 재적회원 4분의 3이상의 찬성으로 의결하여 해산하고, 그 해산에 관하여 주무관청에 신고하여야 한다.

② 본회가 해산한 때의 잔여재산은 총회의 의결을 거쳐 국가, 지방자치단체 또는 본회와 유사한 목적을 가진 다른 비영리법인에게 귀속한다.

※ 일상적 총회와 달리 해산 및 정관변경 시는 정족수가 다르다.

※ 지정기부금단체로 지정되기 위해서는 ②항을 필수조항으로 삽입해야 합니다.(수입을 회원의 이익이 아닌 공익을 위하여 사용하고, 사업의 직접 수혜자가 불특정 다수임이 인정되는 법인만 해당)

제39조(정관변경) 이 정관을 변경하고자 할 때에는 총회에서 재적회원 3분의 2이상의 찬성으로 의결하여 주무관청의 허가를 받아야 한다.

제40조(규칙제정) 이 정관에 정한 것 외에 본회의 운영에 관하여 필요한 사항은 이사회의 의결을 거쳐 규칙으로 정한다.

부 칙

제1조(시행일)

이 정관은 주무관청의 허가를 받아 법원에 등기를 한 날부터 시행한다.

제2조(경과조치)

이 정관 시행당시 법인설립을 위하여 발기인 등이 행한 행위는 이 정관에 의하여 행한 것으로 본다.

제3조(설립자의 기명날인)

본회를 설립하기 위하여 이 정관을 작성하고 다음과 같이 설립자 전원이 기명 날인한다.

0000년 00월 00일

발기인 (대표) ○○○ (인)

발기인 ○○○ (인)

발기인 ○○○ (인)

(2) 비영리사단법인 기타 서류 서식

[별지 제1호서식] 〈개정 2012.6.13〉

법인 설립허가 신청서

접수번호	접수일	처리일	처리기간 20일

신청인	성명	생년월일
	주소	전화번호
법인	명칭	전화번호
	소재지	
대표자	성명	생년월일
	주소	전화번호

「민법」 제32조 및 「0000부 소관 비영리법인의 설립 및 감독에 관한 규칙」 제3조에 따라 위와 같이 법인의 설립허가를 신청합니다.

년 월 일

신청인 (서명 또는 인)

0000장관 귀하

신청인 제출서류	1. 설립발기인의 성명 · 생년월일 · 주소 · 약력을 적은 서류(설립발기인이 법인인 경우에는 명칭, 주된 사무소의 소재지, 대표자의 성명 · 생년월일 · 주소와 정관을 적은 서류) 1부 1. 정관 1부 1. 재산목록(재단법인의 경우에는 기본재산과 운영재산으로 구분하여 적어야 합니다) 및 그 증명서류와 출연 신청이 있는 경우에는 그 사실을 증명하는 서류 각 1부 1. 해당 사업연도분의 사업계획과 수입 · 지출 예산을 적은 서류 1부 1. 임원취임예정자의 성명 · 생년월일 · 주소 및 약력을 적은 서류와 취임승낙서 각 1부 1. 창립총회회의록(설립발기인이 법인인 경우에는 법인설립에 관한 의사의 결정을 증명하는 서류) 1부 ※ 제3호의 서류 중 담당 공무원이 확인가능한 토지 및 건물의 등기사항증명서는 제출하지 않아도 됩니다.	수수료 없음
담당 공무원 확인사항	재산목록에 적힌 재산 중 토지 또는 건물의 등기사항증명서	

처 리 절 차

신청서 작성	→	접수	→	확인	→	결재	→	허가증 작성	→	허가증 교부
신청인		처리기관: 0000부								

210mm×297mm[백상지 80g/㎡]

〈작성 서식예 기본재산〉

기 본 재 산 목 록

(000　년도)

재산구분(지목별)	수 량(평)	금액(가액)	비　고
현금	계좌		정기예금
주식	주		
채권			기업(회사)채 포함
【동산 소계】			
건물	㎡		
전(田)	㎡		
답(畓)	㎡		
임야(林野)	㎡		
etc	㎡		
【부동산 소계】	㎡		
기타			
【합 계】			

〈작성 서식예 법인 설립취지서〉

설 립 취 지 서

설립취지문 내용 작성

사단법인 ○○○○ 발기인 대표 ○○○ (날인 또는 서명)

〈작성 서식예 기본재산〉

발 기 인 인 적 사 항

성 명 (한자)	주민등록 번 호	주 소 (우편번호)	주 요 약 력	연락처 (☎)
			○(현) ○(전) ○(전)	
			○ ○ ○	
			○ ○ ○	
			○ ○ ○	
			○ ○ ○	
			○ ○ ○	

작성자 : 사단법인 ○○○○ 발기인 대표 ○○○ (날인 또는 서명)

〈작성 서식예 임원취임 예정자 인적사항〉

임원취임 예정자 인적사항

직위	성 명 (한 자)	주민등록 번 호	주 소 (우편번호)	주요약력	임기	연락처 (☎)
이사장						
이사				○ ○ ○		
감사				○ ○ ○		
				○ ○ ○		
				○ ○ ○		
				○ ○ ○		

작성자 : 사단법인 ○○○○ 발기인 대표 ○○○ (서명 또는 날인)

〈작성 서식예 취임승낙서〉

취 임 승 낙 서

주소 :

성명 :

주민등록번호 :

본인은 이번에 새로 설립하는 사단(재단)법인 ○○○○의 이사(감사)에 취임하는 것을 승낙합니다.

20 년 월 일

이사(감사) 취임예정자 ○○○ (날인)

사단(재단)법인 ○○○○ 설립자 대표 ○○○ 귀하

〈작성 서식예 이력서〉

사진	이 력 서			
	성 명	(인)	주민등록번호	
	생년월일 0000년 00월 11일생 (만 세)			
현주소			우편번호	전화번호
호적관계	호주와의 관계	본 인	호주성명	○○○
년월일	학력 및 경력사항			발령청

〈작성 서식예 법인조직 및 상근직원 정수표〉

법인조직 및 상근직원 정수표

1. 기　구

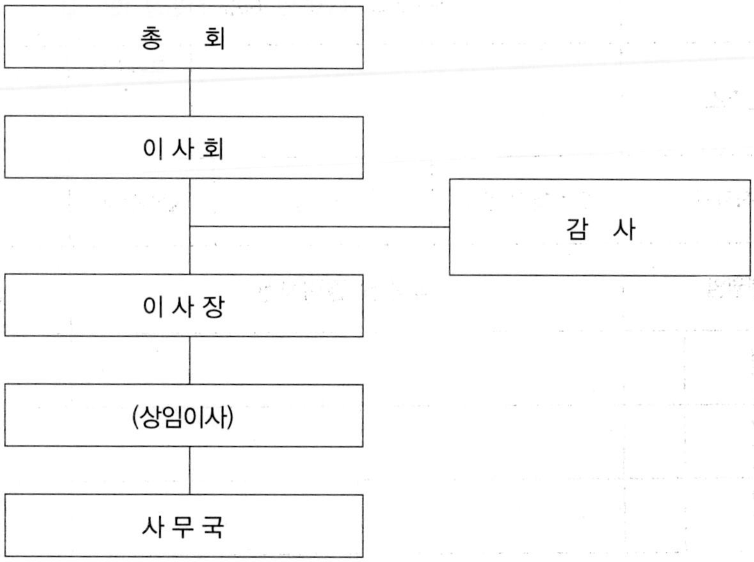

2. 정 수 표

직　위	인원수	보수지급	업 무 내 용
사무국장	1	유 · 무급	이사회의 의결을 거쳐 이사장이 임명하고 이사회의 결의사항과 정관에서 정한 제반 업무처리
사무직원	0	유 · 무급	사무국장을 보좌하여 재무관리, 문서관리, 금전출납 등 제반 실무 취급

작성자 : 사단법인 ○○○○ 발기인 대표 ○○○ (날인 또는 서명)

〈작성 서식예 재산출현증서_기부승낙서〉

재산출연증서(기부승낙서)

사단(재단)법인 ○○○○ 설립자 대표 홍길동 귀하

본인 소유 다음의 재산을 새로 설립하는 귀 사단(재단)법인 ○○○○에 무상 출연(기부)합니다.

【기부목적】

- ○○○○○ (※ 기부의 목적을 간단히 밝히고 금액별로 용도를 명기)

200 년 월 일

위 기부자 홍 길 동 (인)

기부재산의 표시

소 재 지	종 별	수 량	금 액	비 고
예금(계좌번호 : 농협 · · · ·)	현금	1계좌		기본재산
영등포구 당산동 ○가 ○○번지	건물	1동		기본재산
예금(계좌번호 : 국민은행 · · ·)	현금	1계좌		운영재산
	아 래	빈 칸		
계				

〈작성 서식예 재산총괄표〉

재 산 총 괄 표

재 산 구 분		수 량	금액(가액)	설립년도수입액	취득원인	비 고
기본재산	현 금	계좌				예치금
	주 식	주				
	채 권					기업(회사)채 포함
	【동산 소계】					
	건 물	㎡				
	전(田)	㎡				
	답(畓)	㎡				
	대(垈)	㎡				
	임야(林野)	㎡				
	etc					
	【부동산 소계】					
	기 타					
	【합 계】					
운영재산	현 금					
	【합 계】					
【총 계】						

작성자 : 사단법인 ○○○○ 발기인 대표 ○○○ (날인 또는 서명)

〈작성 서식예 기본재산 목록〉

기 본 재 산 목 록

(200 년도)

재산구분(지목별)	수 량(평)	금액(가액)	비 고
현금	계좌		
주식	주		
채권			
【동산 소계】			
건물	㎡		
건물	㎡		
전(田)	㎡		
전(田)	㎡		
전(田)	㎡		
답(畓)	㎡		
답(畓)	㎡		
임야(林野)	㎡		
임야(林野)	㎡		
임야(林野)	㎡		
임야(林野)	㎡		
etc	㎡		
【부동산 소계】	㎡		
기타			
【합 계】			

작성자 : 사단법인 ○○○○ 발기인 대표 ○○○ (날인 또는 서명)

〈작성 서식예 운영재산 목록〉

운 영 재 산 목 록

(200 년도)

재산구분 (지목별)	수 량(坪)	금액(가액)	비 고
현금			예치금
주식	주		
계		원	

2) 비영리민간단체 설립 서식

(1) 비영리민간단체 표준정관

비영리민간단체 ○○○○ 정관 (예)

제1장 총칙

제1조(명칭) 이 단체의 명칭은 '○○○○'라 한다.

제2조(목적) 이 단체는____________________ 목적으로 한다.

제3조(사업) 이 법인은 제2조의 목적을 달성하기 위하여 다음 각 호의 사업을 수행한다.

1. __________
2. __________
3. __________
4. __________

제4조(사무소의 소재지) 이 법인의 주사무소는 000시에 두며 필요에 따라 국내, 국외에 지부를 둘 수 있다.

제2장 회원 및 임원

제5조(회원의 자격) 이 법인의 회원은 설립취지에 동의하고 소정의 가입신청서를 제출하여 이사회의 승인을 얻은 자로 한다.

※ 정회원, 후원회원 등으로 회원의 구분을 할 경우 총회에서 의결권을 갖는 자의 범위도 명확히 해야 한다.

제6조(회원의 권리와 의무)

① 회원은 총회를 총하여 이 법인의 운영에 참여할 권리를 가진다.

② 회원은 본회의 정관, 규정 및 각종 회의의 의결사항을 준수하고 회비 및 제 부담금을 납부할 의무를 진다.

제7조(회원의 탈퇴 및 제명)

① 회원은 본인의 의사에 따라 자유롭게 탈퇴할 수 있다.

② 회원이 다음 각호의 사유에 해당될 경우에는 이사회의 의결을 거쳐 제명할 수 있다.

1. 본회의 명예를 손상시키고 목적수행에 지장을 초래한 경우
2. 1년 이상 회원의 의무를 준수하지 않는 자

제8조(임원의 구성) 이 법인은 다음의 임원을 둔다.

① 이사장 1인, 이사장을 포함한 이사 5인 이상 10인 이하, 감사 1인을 둔다.

> ※ 이해관계자의 의사결정 참여 방식 중 이사회 참여방식을 선택할 수 있음
>
> **[사례1]**
>
> ② 근로자 대표 1인 이상, 서비스수혜자 또는 관련단체나 연계기업 대표 1인 이상을 반드시 이사로 둔다

제9조(임원의 선임)

① 이사장, 이사, 감사는 제17조의 방법에 의하여 총회에서 선출한다.

② 임원의 보선은 결원이 발생한 날로부터 2개월 이내로 하여야 한다.

제10조(임원의 해임) 임원이 다음 각호에 해당하는 행위를 한 때에는 총회의 의결로 해임할 수 있다.

1. 이 법인의 목적에 위배되는 행위
2. 임원간의 분쟁·회계부정 또는 현저한 부당행위
3. 이 법인의 업무를 방해하는 행위

제11조(임원의 임기)

① 임원의 임기는 3년으로 하고 중임할 수 있다.

② 보선에 의하여 선임된 임원의 임기는 전임자의 잔여기간으로 한다.

제12조(임원의 직무)

① 이사장은 이 단체를 대표하고 업무를 통할하며 총회 및 이사회의 의장이 된다. 이사장 유고시에는 미리 이사회가 정한 순으로 그 직무를 대행한다.

② 이사는 이사회를 통하여 이 법인의 주요 사항을 심의, 의결하며 이사회 또는 이사장으로부터 위임받은 사항을 처리한다.

③ 감사는 일반회계 및 운영에 대해 감사하며 부정 또는 부당한 점이 있을 경우 이사회에 시정을 요구하고 그 보고를 위하여 이사회 또는 총회의 소집을 요구할 수 있다.

제3장 이사회 및 총회

제13조(이사회의 구성)

① 이사장과 이사로 구성한다.

② 감사는 이사회에 참석하여 발언할 수 있다.

제14조(이사회의 소집)

① 이사회는 정기이사회 및 임시이사회로 구분하며 이사장이 소집한다.

② 정기이사회는 매월 1회 소집하며 임시이사회는 이사장, 감사 또는 재적이사 1/3 이상의 서면 요청이 있을 때 소집한다.

제15조(의결정족수) 이사회는 재적이사 과반수의 출석으로 개의하고 출석이사 과반수의 찬성으로 의결한다.

제16조(총회)

① 총회는 최고 의결기관으로 전 회원으로 구성하며 정기총회와 임시총회가 있고 이사장이 소집한다.

② 정기총회는 매년 1회 회계연도 종료 후 1개월 이내에 소집하며 임시총회는 이사장 또는 감사 및 재적회원 1/3 이상의 서면 요정이 있을 때 소집한다.

③ 이사장은 총회의 안건, 일시, 장소 등을 명기하여 회일 7일전까지 서면 통지하여야 한다.

제17조(의결정족수)

① 재적 회원 과반수의 출석으로 개회되며 출석회원 과반수의 찬성으로 의결한다.

② 총회 의결권은 참석하는 다른 회원에게 서면으로 위임할 수 있다. 이 경우 위임장은 총회전까지 의장에게 제출하여야 한다.

제18조(총회의 의결사항) 총회는 다음 사항을 심의, 의결한다.

1. 임원의 선출과 해임
2. 법인의 해산 및 정관 변경에 관한 사항
3. 기본재산의 취득, 처분 및 자금 차입에 관한 사항
4. 예산 및 결산의 승인
5. 사업계획의 승인
6. 기타 중요사항

제19조(회의록) 이사회 및 총회의 의사 진행 경과와 결과는 회의록으로 작성해야 하며 의장과 참여 이사가 기명 날인한다.

제4장 사무국 및 자문위원회

제20조(종사자의 구성 및 임면)

① 이 단체의 업무를 효율적으로 집행하기 위하여 사무국을 두며 필요한 조직의 각 부서는 이사회 결의로 정한다.

② 종사자의 임면에 관하여는 이사회 결의로 별도의 인사규정을 두어 정한다.

제21조(자문위원회 구성) 자문위원회는 근로자 대표, 수혜자 대표, 관련단체 추천전문가를 포함하는 7인 이내의 자문위원과 이사장으로 구성한다.

> ※ 이해관계자가 이사회에 참여하는 구조를 채택할 경우 반드시 자문위원회를 두어야 하는 것은 아니지만 좀 더 충분한 이해관계자 의사 반영을 위해 추가적으로 자문위원회를 두는 것이 바람직 하다.

제22조(소집) 자문위원회는 정기회의와 임시회의로 구분하고 정기회의는 분기별 1회, 임시회의는 필요에 따라 수시로 이사장이 소집한다.

제23조(결의)

① 자문위원회는 다음 각 호에 해당하는 사안에 대하여 재적위원 과반수의 출석과 출석위원 과반수의 결의로 의견을 채택한다.

1. 분기별 사업계획 수립 및 운영에 관한 사항
2. 분기별 사업예산 수립 및 변경에 관한 사항
3. 분기별 사업실적보고에 관한 사항
4. 운영규정의 제정 및 변경에 관한 사항
5. 임원이 제출한 서류와 감사의 보고서 검토

② 자문위원회가 채택한 의견은 이사회가 이를 사업 및 운영에 반영하도록 노력하여야 한다.

제24조(회의록) 자문위원회의 회의내용은 회의록에 기재하고 의장과 출석한 자문위원이 기명날인 또는 서명을 하여 사무실에 비치한다.

제5장 회계 및 재정

제25조(재산의 구분) 이 단체의 재산은 기본재산과 보통재산으로 구분한다.

1. 기본재산은 이 법인 설립 당시 기본재산으로 출연한 재산과 이사회에서 기본재산으로 편입할 것을 의결할 재산으로 한다.
2. 보통재산은 그 이외의 재산으로 한다.

제26조(수입금) 이 단체의 수입금은 회원의 회비, 수익사업으로 취득한 수익금, 후원금 및

기타의 수입으로 한다.

제27조(출자 및 융자) 이 법단체의 목적사업을 위해 총회 결의로 외부단체의 출자나 융자를 받을 수 있다.

제28조(회계연도 및 보고)

① 회계연도는 정부의 회계연도에 준한다.

② 감사는 회계연도 종료 후 1개월 이내에 전년도 사업실적서 및 수지결산서를 작성하여 이사회 의결을 거쳐 총회에 보고한다.

제6장 보칙

제29조(정관변경) 이 단체의 정관을 변경하고자 할 때에는 총회에서 재적회원 3분의 2 이상의 찬성으로 의결한다.

제30조(해산 및 합병) 이 단체를 해산하거나 합병하고자 할 때에는 총회에서 재적회원 4분의 3 이상의 찬성으로 의결한다.

제31조(잔여재산의 귀속) 이 단체를 해산하는 경우 잔여재산은 다른 사회적 기업 또는 공익적 기금에 기부한다.

제32조(운영규정) 이 정관 규정 이외에 이 단체의 운영에 필요한 사항은 이사회 의결로 별도의 규정을 두어 정한다.

부칙

제1조(시행일) 이 정관은 ○○○○부터 시행한다.

위 비영리민간단체 ○○○○를 설립하기 위하여 이 정관을 작성하고
설립자 전원이 이에 기명날인 한다.

(2) 비영리민간단체 기타 서류 서식

■ 비영리민간단체지원법 시행령 [별지 제1호서식] 〈개정 2013.11.20〉

비영리민간단체등록(변경)신청서

(앞쪽)

접수번호	접수일자	처리기간 20일(변경 시 10일)
신청인	성명(한글) (한자)	생년월일
	대표자와의 관계	연락처
	주소	
단체	명칭	연락처
	소재지	
	대표자 성명	대표자 생년월일
	대표자 주소	대표자 연락처
	주된 사업	

「비영리민간단체지원법」 제4조제1항, 같은 법 시행령 제3조제1항 및 제4항에 따라 위와 같이 등록(변경)을 신청합니다.

년 월 일

신청인 (서명 또는 인)

귀하

첨부서류	〈등록 신청 시〉 1. 회칙 1부 2. 당해 연도 및 전년도의 총회 회의록 각 1부 3. 당해 연도 및 전년도의 사업계획 · 수지예산서, 전년도의 결산서 각 1부 4. 회원명부(회원의 주소와 연락처가 작성되어야 하며, 회원이 100인 이상인 경우에는 100인까지 작성 후 "외 ○○인"으로 표기하여야 합니다) 1부 ※ 법인의 경우에는 제출서류 중 회원명부만 제출 5. 최근 1년 이상의 공익활동실적을 증명할 수 있는 자료 1부 〈등록변경 신청 시〉 1. 단체의 명칭 변경 또는 주된 사업을 변경한 경우에는 등록변경신청서 및 회칙 각 1부 2. 대표자 · 관리인 또는 주된 사무소의 소재지를 변경한 경우에는 등록변경신청서 1부	수수료 없음

210㎜×297㎜[백상지 80g/㎡]

〈작성 서식예 회원명부〉

회 원 명 부

일련번호	성 명	생년월일	주 소	가입일자	연 락 처

외 ○○○인

〈작성 서식예 총회 회의록〉

총회 회의록

1. **회의일시:**

2. **회의장소:**

3. **회의안건:**

4. **출석회원:** 명 중 명

5. **회의내용**

○

○

년 월 일

대 표 ○ ○ ○ (인)
이 사 ○ ○ ○ (인)
〃 ○ ○ ○ (인)
〃 ○ ○ ○ (인)
〃 ○ ○ ○ (인)

〈작성 서식예 수지예산서〉

○○년도 수지예산서

1. 세 입

목	예 산 액(원)	산 출 내 역	비 고
회 비			
후 원 금			
지 원 금			
잡 수 익			
:			
계			

2. 세 출

목	예 산 액(원)	산 출 내 역
계		

〈작성 서식예 사업수지결산서〉

○○년도 사업수지결산서

(단위: 원)

수 입			지 출		
과 목		금 액	과 목		금 액
① 회 비			① 인건비		
② 회비외 수 입			② 운 영 경 비		
③			③		
④			④		
합 계			합 계		

〈작성 서식예 단체소개서〉

단 체 명

(단체명 영문표기)

주 소 및 연 락 처	(우편번호) ○ 전화: ○ 지원사업 담당: ○ FAX: ○ E-mail: ○ 인터넷 홈페이지:
설립목적	○ ○
단체연혁	○ ○
상 시 구성원수 (회원수)	○ 회 원 수: ○ 대표자명:
사 무 국 직 원 수	○ 명(사무총장○, 실장○, 직원○ 등)
기구현황	※ 지부 및 지부별 회원수 표시할 것
0000년 예산현황	○ 0000년 예산총액: ※ 재원구성(100%): 회비수입(%), 기부금 및 모금활동(%) 정부보조(%), 사업수익(%), 기타(%)
0000년 주요사업	○ ○ ○ ○ ○

Chapter 13

비영리조직의 전망과 미래

Chapter 13

비영리조직의 전망과 미래

1. 비영리조직의 환경 변화와 대응과제

1) 기술혁신과 디지털 전환

비영리조직은 21세기 들어 정보통신기술의 급속한 발전과 함께 디지털 환경의 급격한 변화에 직면하고 있다. 인공지능(AI), 빅데이터(Big data), 블록체인(Block Chain)[1] 사물인터넷(IoT ,Internet of Things)[2] 등의 신기술은 비영리조직의 경영방식과 서비스 전달 방식을 근본적으로 변화시키고 있다. 디지털 전환은 비영리조직에게 보다 효율적이고 투명한 운영을 가능하게 하며, 다양한 이해관계자와의 소통

1) 블록 체인은 다수의 노드에 동일한 기록을 동기화시키는 구조이다. 블록 체인은 다수의 노드에 동일한 기록을 동기화시키는 구조이다. 노드 간의 기록에 차이가 발생한 경우에는 일정한 규칙에 따라 다수결에 의해 정통 기록을 결정하여 기록 동기화를 확보해 나가는 구조로 되어 있다.

2) 생활 속 사물들을 유무선 네트워크로 연결해 정보를 공유하는 환경을 말한다. 즉, 각종 사물들에 통신 기능을 내장해 인터넷에 연결되도록 해 사람과 사물, 사물과 사물 간의 인터넷 기반 상호 소통을 이루는 것이다. 이를 통해 가전제품, 전자기기는 물론 헬스케어, 원격검침, 스마트홈, 스마트카 등 다양한 분야에서 사물을 네트워크로 연결해 정보를 공유할 수 있다. 사물인터넷(IoT)이라는 개념은 1999년 MIT대학에서 내놓은 것으로 기기가 스스로 알아서 일을 처리해 준다는 의미로 M2M(machine to machine)이라고도 부른다.

을 용이하게 만든다. 동시에 데이터 기반 의사결정, 기부자 관리 시스템 고도화, 온라인 모금 활성화 등에서 새로운 기회를 제공하고 있다(김민수, 2023).

그러나 이러한 기술 변화는 동시에 디지털 역량 격차, 개인정보보호, 기술의 윤리적 활용 등의 새로운 도전과제를 동반하고 있다. 특히 중소형 비영리조직은 디지털 전환을 추진할 재정적 · 기술적 역량이 부족하여 양극화 현상이 심화될 우려가 있다. 따라서 비영리조직은 디지털 리터러시 강화, 기술 도입의 단계적 확대, 윤리적 기술 활용 원칙 확립 등을 적극적으로 모색해야 한다(이상훈, 2023).

2) 사회적 요구의 변화

사회구조의 변화는 비영리조직이 대응해야 할 사회적 요구의 복잡성을 더욱 심화시키고 있다. 1인 가구 증가, 고령화 심화, 청년실업 문제, 환경위기, 사회적 고립 등 복합적이고 다차원적인 문제가 지속적으로 확대되고 있다(통계청, 2024). 특히 팬데믹(pandemic)[3] 이후 정신건강, 돌봄, 지역사회 회복력 증진과 같은 새로운 복지 수요가 급증하고 있다.

이러한 변화에 따라 비영리조직은 단순한 복지 서비스 제공을 넘어 사회문제 해결의 주체로서 공공정책 참여, 지역사회 조직화, 옹호활동 강화 등 보다 적극적인 역할을 요구받고 있다. 특히 이용자 중심 서비스 확대, 문제 예방적 접근, 지역통합적 대응체계 구축이 강조되고 있다(박정민, 2024).

3) 팬데믹(pandemic)은 명사 전염병이 전 세계적으로 크게 유행하는 현상. 또는 그런 병. 보통 제한된 지역 안에서만 발병하는 유행병과는 달리 두 개 대륙 이상의 매우 넓은 지역에 걸쳐 발병한다

3) 인구구조 변화와 비영리조직의 역할 확대

저출산 · 고령화의 심화는 비영리조직의 활동 영역 확대를 요구하고 있다. 65세 이상 노인인구 비중은 2025년 20%를 넘어설 전망이며, 이에 따른 노인돌봄, 만성질환 관리, 치매지원 등 다양한 고령친화 서비스 수요가 증가하고 있다(보건복지부, 2024). 또한 청년 · 장년 실업, 청소년 빈곤, 다문화가정 문제 등도 복합적으로 대두되고 있다.

비영리조직은 이러한 인구구조 변화에 적합한 맞춤형 서비스, 지역사회 기반 돌봄모델 개발, 세대간 연대 프로그램 확대 등을 통해 중요한 역할을 수행할 필요가 있다. 특히 정부의 복지재정 부담이 확대됨에 따라 민 · 관 협력 기반에서 비영리조직의 공공복지 보완기능이 한층 강조되고 있다(윤성민, 2024).

4) 글로벌 이슈와 국제적 협력의 필요성

기후변화, 팬데믹, 난민문제, 인권, 글로벌 빈곤 등 초국경적 이슈들이 부상하면서 비영리조직 간 국제적 협력의 중요성이 커지고 있다. 전통적인 국내 중심의 활동에서 벗어나 국제 네트워크 구축, 해외 원조협력, 국제연대 활동 등이 활발히 전개되고 있다(UNDP, 2024).

한국의 비영리조직도 국제NGO, 유엔기구, 다국적 기업 등과 협력하여 글로벌 이슈 대응에 적극 참여하고 있다. 국제 표준 준수, 글로벌 파트너십 확보, 국제적 모금 및 투명성 기준 충족 등이 향후 과제로 부상하고 있다(김세은, 2024).

2. 비영리조직의 지속가능성 확보 방안

1) 재정적 지속가능성 전략

비영리조직의 지속가능성 확보를 위해 가장 핵심적인 요소는 안정적인 재원 조달이다. 정부보조금, 공공계약, 민간기부, 기업사회공헌(CSR)[4], 자체수익사업 등 다각적인 재정 확보 방안이 요구된다(김지훈, 2023). 특히 기부문화 변화에 대응하여 온라인 펀딩, 크라우드 펀딩, 유산기부, 소액정기후원 확대 등이 활성화되고 있다.

한편 정부재원에 대한 과도한 의존은 재정적 자율성을 저해할 수 있으므로 자체수익사업 개발과 기부자 다변화를 통해 수입구조의 균형성을 확보할 필요가 있다(최은정, 2023). 재정건전성을 유지하기 위해서는 사업다각화, 재무리스크 관리, 회계 투명성 제고 등이 중요하다.

2) 성과관리와 투명성 제고

성과책임성과 투명성은 비영리조직의 공공성과 신뢰성을 담보하는 핵심요소이다. 성과관리체계 도입을 통해 목표설정-집행-평가-환류의 전 과정이 체계화되어야 한다(이영미, 2024). 성과측정 지표 개발, 서비스 품질 평가, 이용자 만족도 조사 등을 통해 지속적인 서비스 개선이 이루어져야 한다.

---

4)기업의 사회적 책임(corporate social responsibility ; CSR] 사회 속에서 이윤을 추구하는 기업이 존속하기 위해 지켜야 하는 자율규제 성격의 비정형화된 도리와 같은 개념이다. 정상적인 영업활동을 통해 성장하는 것에 더해 법규를 준수하고, 윤리를 지키며, 자선적인 자세로 봉사하는 등 사회에 긍정적 영향을 미치는 제반의 행위를 포함한다.

투명성 확보를 위해 외부감사 확대, 재정정보 공시, 내부통제 시스템 강화가 필수적이다. 정보공개 수준이 비영리조직의 평판 및 기부자 확대에 직접적 영향을 미친다는 점에서 투명성은 조직 생존의 필수 요건이 되고 있다(한지윤, 2024).

3) 거버넌스[5]의 혁신과 윤리경영

비영리조직의 거버넌스는 이사회 중심의 책임운영체계 확립을 통해 전문성과 공공성을 동시에 확보하여야 한다. 이사의 자격요건 강화, 이해상충 방지, 경영자-이사회 간 권한균형 확보가 필요하다(박진우, 2023). 비영리조직 특성상 윤리경영 또한 강조되며, 윤리헌장 제정, 내부고발제도, 부패방지 교육 등이 병행되어야 한다.

특히 고위 경영진의 리더십과 윤리적 책무성 확보가 조직의 건전한 문화형성에 핵심적 영향을 미친다. 윤리적 리더십은 투명한 의사결정, 공정한 인사관리, 조직의 사회적 책임 이행을 통해 실현되어야 한다(정혜진, 2024).

4) 네트워크 및 파트너십 강화

비영리조직의 단독 역량만으로 복잡한 사회문제를 해결하기 어렵다. 따라서 정부기관, 기업, 학계, 지역사회 등 다양한 이해관계자와의 전략적 협력이 필수적이다(황성민, 2023). 파트너십 기반의 네트워크 협력모델은 자원 공유, 정보교환, 공동사업 추진을 통해 시너지 효과를 창출한다.

5) governance(거버넌스)는 사회 내 다양한 기관이 자율성을 지니면서 함께 국정운영에 참여하는 변화 통치 방식을 말하며, 다양한 행위자가 통치에 참여 · 협력하는 점을 강조해 '협치'라고도 한다. 오늘날의 행정이 시장화, 분권화, 네트워크화, 기업화, 국제화를 지향하고 있기 때문에 기존의 행정 이외에 민간 부문과 시민사회를 포함하는 다양한 구성원 사이의 네트워크를 강조한다는 점에서 생겨난 용어다.

특히 복지서비스, 환경, 국제개발 등 분야에서는 민·관·산·학 협력 거버넌스가 활성화되고 있으며, 지역사회복지협의체, 사회적경제 네트워크, 글로벌 NGO 포럼 등이 대표적 모델로 평가된다(김성철외, 2025).

3. 미래형 비영리조직의 운영 모델

1) 하이브리드 조직과 제4섹터 등장

최근 비영리조직은 전통적인 공익·영리 이분법을 넘어 하이브리드 조직으로 진화하고 있다. 하이브리드 조직은 사회적 가치와 경제적 수익을 동시에 추구하는 형태로, 사회적기업, 공익법인, B-Corp[6] 등이 그 예이다(이정은, 2024). 이는 제4섹터의 확산과 밀접히 관련된다.

제4섹터는 비영리성과 기업성을 결합하여 사회문제 해결에 민간의 혁신성을 활용하는 경영형태이다. 이에 따라 법·제도적 기반 마련, 투자재원 확대, 사회적 가치 측정체계 구축 등이 주요 과제로 부상하고 있다(정진호, 2023).

6) B Corp은 B Lab에서 인증한 사회적 기업을 의미한다. B Lab은 기업의 사회적 및 환경적 성과, 책임성, 투명성을 평가하여 일정 기준을 충족하는 기업에 인증을 부여한다. B Corp 인증을 받은 기업들은 이윤 추구와 더불어 사회적 가치 창출을 위해 노력하는 기업으로 인정받게 된다.

2) 사회적기업과 비영리조직의 융합

사회적기업 모델은 비영리조직이 안정적 재원을 확보하고, 자활, 고용창출, 지역경제 활성화 등 다양한 목적을 실현하는 수단으로 각광받고 있다. 사회적기업 인증제도, 사회적 금융 활성화, 사회적가치평가제도 등이 이를 지원하고 있다(고용노동부, 2024).

비영리조직은 사회적기업적 요소를 접목하여 수익성과 사회성을 동시에 추구하는 복합경영모델로 전환하고 있다. 다만, 수익추구가 공익성을 훼손하지 않도록 균형성 유지가 핵심적 관리과제이다(김성철외, 2025).

3) 플랫폼[7] 기반 비영리조직의 가능성

디지털 플랫폼 기술 발전은 비영리조직에도 새로운 가능성을 제공하고 있다. 온라인 모금 플랫폼, 자원봉사 매칭 플랫폼, 복지서비스 연계 플랫폼 등이 확산되고 있다(김소영, 2023). 이를 통해 자원동원 효율성이 크게 향상되고 있으며, 이용자 접근성과 맞춤형 서비스 제공도 용이해지고 있다.

플랫폼 기반 경영은 비영리조직의 운영비 절감, 네트워크 확장, 실시간 데이터 활용을 가능하게 한다. 다만 개인정보보호, 플랫폼 독과점, 디지털 취약계층 배제 문제 등 부작용에 대한 제도적 대응도 병행되어야 한다(정보통신정책연구원, 2024).

---

7) 플랫폼은 다양한 참여자들이 상호작용하며 가치를 창출하는 기반 또는 시스템을 의미한다. 이는 기술, 비즈니스, 사회 등 다양한 분야에서 사용될 수 있으며, 기반이 되는 소프트웨어, 하드웨어, 서비스, 또는 공간을 포괄적으로 지칭한다. 플랫폼은 생산자와 소비자, 공급자와 수요자 등을 연결하여 생태계를 형성하고, 상호작용을 통해 새로운 가치를 만들어낸다.

4. 비영리조직 인재의 역량과 전문성 강화

1) 전문인력 양성과 역량 개발

비영리조직의 성패는 결국 사람에 의해 결정된다고 할 수 있다. 따라서 전문성 있는 인재의 확보와 지속적인 역량 개발이 무엇보다 중요하다. 비영리조직의 전문인력은 공공성과 윤리성을 기반으로 하면서도 기획력, 재정관리, 네트워크 구축, 성과관리, 디지털 활용능력 등 다양한 경영능력을 갖추어야 한다(이은영, 2024).

특히 최근 디지털 전환과 복합문제 대응능력이 강조됨에 따라 빅데이터 분석, 정책 옹호, 국제협력, ESG[8] 경영 등 융합형 역량을 요구받고 있다. 이에 따라 대학원 과정, 전문자격제도, 현장실습 중심의 인재양성 프로그램이 확대되고 있으며, 정부기관과 민간부문이 협력하는 맞춤형 인력양성 프로그램도 운영되고 있다(한국비영리학회, 2024).

2) 리더십의 변화와 윤리적 리더십 강조

비영리조직의 리더십은 구성원들의 사명감과 공공성을 고취시키고 조직문화를 건강하게 이끄는 핵심요인이다. 전통적 지시형 리더십보다 참여형 · 서번트형 리더십이 강조되고 있으며, 특히 윤리적 리더십의 중요성이 부각되고 있다(김성철,

8) ESG는 기업의 지속가능성을 평가하는 핵심 요소로, 환경(Environment), 사회(Social), 지배구조(Governance)의 약자이다. ESG 경영은 기업이 이러한 비재무적 요소를 고려하여 지속가능한 성장을 추구하는 경영 방식을 의미한다. 과거에는 재무적 요소만 중요하게 여겨졌지만, 기후변화와 사회적 책임에 대한 관심이 높아지면서 ESG 경영이 중요해지고 있다

2025).

윤리적 리더십은 리더 스스로 높은 도덕적 기준을 실천하고, 투명한 의사결정, 공정한 인사관리, 이해상충 방지 등 조직 전반에 모범적 규범을 확산시키는 것을 의미한다. 이는 내부 부패 예방, 조직 신뢰도 제고, 기부자 및 이해관계자 확대에 결정적 역할을 한다(이경미, 2024).

3) 지속적인 교육과 평생학습 체계 구축

비영리조직 종사자는 빠르게 변화하는 정책환경과 사회문제에 능동적으로 대응할 수 있도록 평생학습 체계에 참여해야 한다. 단발적 연수나 교육으로는 한계가 있으므로 경력단계별 체계적 교육시스템이 필요하다(이혜민, 2024).

최근에는 온라인 기반의 비영리 경영 아카데미, 국제 인증과정, 블렌디드 러닝[9] 기반의 디지털 학습 플랫폼 등이 확대되고 있다. 이를 통해 종사자들은 장소와 시간에 구애받지 않고 최신 경영이론, 법 · 제도 변화, 기술활용 역량을 지속적으로 보완할 수 있다(UNESCO, 2023).

9) 블렌디드 러닝은 온라인 학습과 면대면 학습을 결합한 혼합형 학습 방식이다. 온라인 학습의 장점과 오프라인 학습의 장점을 융합하여 학습 효과를 높이는 것을 목표로 한다.

5. 정부와 비영리조직의 협력과 정책적 과제

1) 공공–민간 협력 거버넌스 발전 방향

비영리조직은 전통적으로 국가 복지정책의 보완적 기능을 수행해왔으나, 최근에는 공공서비스 공급의 핵심 파트너로 자리매김하고 있다. 정부의 복지재정 한계, 복합적 사회문제 심화, 행정역량 분산 등의 요인이 결합되면서 민 · 관 협력의 중요성이 더욱 부각되고 있다(박상희, 2024).

공공-민간 협력 거버넌스는 상호보완적 역할 분담, 정책설계 참여, 서비스 제공 협력, 평가 및 환류체계 공동 운영을 통해 실현된다. 정부는 규제기관에서 파트너 기관으로의 역할 전환이 요구되며, 비영리조직은 자율성 확보와 함께 책무성을 강화해야 한다. 또한 협력의 제도화를 위해 민관협력위원회, 지역사회협의체, 사회서비스 통합지원체계 구축이 필요하다(이정훈, 2023).

2) 법 · 제도 개선과 규제 환경 정비

비영리조직의 안정적 성장을 위해서는 법 · 제도적 기반이 필수적이다. 현재 비영리법인, 민간단체, 사회적협동조합 등 조직 형태에 따라 상이한 규제체계가 적용되고 있어 법제 일원화 및 통합적 관리체계 도입이 필요하다(고용진, 2023).

등록요건 완화, 공익법인 세제지원 확대, 공익법인 공시제도 개선, 공익활동 지원법의 실효성 강화 등이 주요 개선과제로 제시된다. 또한 기부문화 진흥, 기부금 투명성 관리, 지정기부금제도 합리화 등을 통해 기부시장의 신뢰성 제고가 필요하다(박주희, 2024).

3) 비영리조직 평가 및 지원체계 개선

비영리조직의 성장과 성과를 측정 · 지원하는 체계도 개선되어야 한다. 정부보조금 지원체계가 단기성과 중심에서 장기성과, 사회적 성과지표 중심으로 전환될 필요가 있다. 특히 사회적 가치 측정체계(SROI)[10]를 활용하여 공공성과 혁신성을 종합적으로 평가하는 시스템 도입이 요구된다(김선우, 2023).

지원기관의 통합화, 평가 · 컨설팅 연계, 종사자 역량강화 교육지원 등 종합적 지원체계가 확립될 때 지속가능한 발전이 가능하다. 이를 위해 민관공동기금 조성, 성과보상제 도입, 정책금융 확대 등이 병행되어야 한다(정은경, 2024).

10) 사회적 가치 측정 체계 (SROI, Social Return on Investment)는 사회적 기업이나 비영리 조직이 창출하는 사회적 가치를 금전적인 가치로 환산하여 측정하는 방법론이다. 이는 투자의 재무적 수익률(ROI)과 유사하게 사회적 성과를 측정하고, 투자 대비 사회적 가치의 효율성을 평가하는 지표로 활용된다. 투자의 재무적 수익률(ROI, Return on Investment)은 투자 대비 수익의 비율을 의미하며, 투자 효율성을 평가하는 지표이다. ROI를 통해 투자자는 투자 대비 얼마나 많은 이익을 얻었는지, 혹은 손실을 보았는지를 파악할 수 있다. 간단히 말해, 투자금 대비 얼마나 벌었는지, 또는 잃었는지를 나타내는 지표이다.

6. 비영리조직 연구의 발전 방향

1) 비영리조직 이론의 발전

비영리조직에 대한 이론적 연구는 기존의 경영학, 사회학, 행정학, 경제학, 정치학 등 다양한 학문 분야에서 융합적으로 발전해 왔다. 그러나 여전히 한국적 맥락과 정책환경을 반영한 이론적 축적은 부족한 실정이다. 기존 연구는 주로 공공재 이론, 시장실패 · 정부실패 이론, 사회적 자본 이론, 기관이론, 자원의존이론 등 전통적 이론 틀을 중심으로 전개되어 왔다(정유진, 2023).

앞으로는 디지털사회 전환, 글로벌 이슈 확산, 복합사회문제 등장에 대응하는 새로운 이론적 접근이 요구된다. 예컨대 플랫폼 거버넌스 이론, 네트워크 이론, 복잡성 이론, 임팩트 측정 이론 등이 비영리조직 분야에서 더욱 활성화될 것으로 전망된다(김선민, 2024). 이러한 이론적 발전은 실증적 연구 기반 위에서 정책과 실천현장과의 연계를 강화할 필요가 있다.

2) 데이터 기반의 정책 연구 확대

비영리조직 연구의 발전을 위해서는 체계적이고 신뢰할 수 있는 데이터 구축이 핵심이다. 현재 한국의 비영리조직 통계는 일부 행정통계와 등록기관 통계에 국한되어 있어 세부영역별 비교 · 분석이 어려운 한계가 있다(한국NPO데이터센터, 2024).

향후에는 비영리조직 통합 데이터베이스 구축, 사회서비스 성과데이터 수집, 기부 · 후원 데이터 통계 시스템 구축 등이 필요하다. 이를 통해 정책수립, 조직평가, 학문연구에서 활용 가능한 실증적 데이터 기반이 확보되어야 한다. 또한 국가통계기관과 연구기관, 민간플랫폼 간 협력적 데이터 공유체계 마련이 중요하다(이은정, 2024).

3) 학제간 연구 및 국제 비교연구 활성화

비영리조직 연구는 복잡한 사회문제를 다루는 특성상 학제간 융합연구가 필수적이다. 경영학, 사회복지학, 법학, 정보과학, 도시학, 심리학, 윤리학 등 다양한 분야와의 융합이 필요하다(박지훈, 2023). 특히 ESG, SDGs[11], 사회적 가치 측정 분야에서는 융합연구가 빠르게 확대되고 있다.

또한 국제 비교연구 활성화가 중요하다. 미국, 유럽, 일본 등 선진국 사례와 비교하여 한국 비영리조직의 제도적 특성, 발전모형, 거버넌스 구조 등을 분석하는 연구가 확대되어야 한다(UNDP, 2024). 이를 통해 글로벌 스탠더드에 부합하는 한국형 비영리조직 발전모형이 구축될 수 있다.

11) SDG는 지속가능발전목표(Sustainable Development Goals)의 약자로, 전 세계 모든 국가가 2030년까지 달성해야 할 공동의 목표를 의미한다. 빈곤, 기아, 질병, 교육, 성평등, 환경 문제 등 인류의 보편적 문제와 지구 환경문제를 해결하고 지속 가능한 발전을 이루기 위한 17가지 목표와 169개 세부 목표로 구성되어 있다.

참고문헌

강대석(2020). 딱 한번 읽는 인적자원관리

강상욱(2001). 우리나라 NGODML 성장에 관한 연구: 시민단체를 중심으로. 서울대학교 행정학과 박사학위 청구논문.

강상욱(2001). 우리나라 NGO의 성장에 관한 연구: 시민단체를 중심으로. 서울대학교 행정학과 박사학위 청구논문.

강혜규 외(2007). 사회서비스 공급의 역할분담 모형 개발과 정책과제: 국가 민간 지역사회의 재정분담 및 공급참여 방식

경기도공익활동지원센터(2020). 비영리민간단체 설립 및 운영 가이드북, 경기도NPO지원센터.

경기도청(2024). 비영리민간단체 등록 및 말소 안내, 경기도청.

교보생명(2023). 교보생명 사회공헌활동 백서, 교보생명.

국세청(2024). 공익법인 결산서류 공시안내, 국세청.

권연이(2019). 일본의 NPO 정책 과정에 관한 고찰: 정책 피드백과 시민단체의 제도화.

김경호(2012). 비영리기관의 지방세 과세제도 개선방안: 의료기관을 중심으로

김동배(2008). 「시민사회와 자원봉사」. 서울: 학지사.

김동환(2017). 사회복지경영론. 파주: 정민사.

김민수(2023). 디지털 전환시대 비영리조직의 경영전략 변화 연구. 한국비영리학회지, 15(3), 45-67.

김민정(2014). 한국 비영리조직의 성과평가체계 개선방안에 관한 연구: 성과평가와 메타평가의 타당성 검증을 중심으로. 성균관대학교 국정관리대학원 석사학위논문.

김민정(2020). 비영리조직에 대한 정부 재정 지원의 동태적 변화 연구, 성균관대학교 국정전문대학원 박사학위논문

김민정(2020). 비영리조직에 대한 정부 재정지원의 동태적 변화 연구. 성균관대학교 국정전문대학원.

김성수(2011). 독일의 복지정책 개혁과 정당구조 변화: 지난 10년의 현황과 전망.

김성은(2009). 「사회란 무엇인가?」. 서울: 책세상.

김성철 외(2024). 사회복지경영론, 양성원.

김성철 외(2023). 비영리기관운영관리, 박영사.

김성철(2021) 보건복지분야 국가,민간 역할 분담의 역사적 전개와 과제,한국보건사회연구원

김성철(2025)『사회복지실패학』양성원

김성철외(2021)『비영리경영과 인성코칭』박영사

김성철외(2022)『사회복지정책론』양성원

김성철외(2022)『사회복지지도감독론』박영사

김성철외(2023)『사회복지행정론』양성원

김성철외(2023)『여성복지론』양성원

김성철외(2023)『지역사회복지론』양성원

김성철외(2023)『비영리경영과운영관리』박영사

김성철외(2024)『NPO ESG 경영론』양성원

김성철외(2024)『기독교사회복지론』양성원

김성철외(2024)『노인복지론』양성원

김성철외(2024)『사회복지경영론』양성원

김성철외(2024)『사회복지학개론』양성원

김성철외(2025)『NPO경영혁신론』양성원

김성철외(2025)『비영리조직운영관리론』양성원

김성철외(2025). 비영리조직경영론. 서울: 양성원

김세은(2024). 한국 비영리조직의 국제협력 네트워크 형성에 관한 연구. 국제개발협력연구, 12(1), 33-55.

김정린(2012). 비영리조직경영. 아르케.

김정훈 외(2018). 비영리조직 운영관리론. 파주: 양서원.

김준기(2000). "비영리부문의 성장과 정부와의 관계에 관한 연구" 행정학회 2000 기획세미나 자료.

김준기 · 김정부(2001). NGO연구에 대한 비판적 고찰. 행정논총, 39(3), 195-233.

김지훈(2023). 비영리조직의 지속가능한 재원조달전략에 관한 연구. 비영리경영학연구, 9(2), 77-98.

김태룡 · 권해수 · 정정화 · 안희정(2010). 현대사회와 NGO. 경기도 고양시: 대영문화사.

김택환(2012). 대한민국이 배워야 할 독일 복지제도와 봉사활동. 기독교 사상, 49-57

김형돈(2019). 사회적조직의 경제적사회적특성비교연구, 사회복지정책.

김형배(2021). 비영리조직의 회계와 서무, 서울시 중구: 조세통람

김형배(2023). 비영리조직의 회계와 세무 개정4판, 조세통람.

노연희(2002). "비영리조직에 대한 정부재정지원에 영향을 미치는 요인: 미국의 사례를 중심으로" 한국사회복지학 49. 129-161. 경기도 파주시: 나남출판.

노태일 외1인(2016), 비영리 회계. 무역경영사.

류기형 · 남미애 · 박경일 · 홍봉선 · 이경희 · 장중탁(2004). 「자원봉사론」. 경기: 양서원.

박경권 외(2015). 비영리조직의 이해-제2판. 서울: 청람.

박동수 외(2011). 사회적기업 설립과 경영, 영남대학교출판부.

박상필(2000). 시민사회의 과제와 전망. 현상과 인식.

박상필(2001). NGO와 현대사회. 서울시 마포구: 아르케.

박영선(2014). 비영리민간단체지원법을 중심으로 살펴 본 시민사회 활성화 정책 방안 연구

박용근(2012). 독일과 일본의 노인복지법과 그 시사점. 법학연구, 35,163-195

박정민(2024). 포스트코로나 시대 비영리조직의 복합문제 대응전략. 한국사회복지행정학회지, 26(1), 21-43.

박진우(2023). 비영리조직의 거버넌스 혁신과 이사회 역할 연구. 비영리조직리더십연구, 6(2), 49-73.

박찬선(2019). 한국사회적협동조합 발생 및 성장요인에 곤한 연구. 서울시립대학교도시과학대학원.

박해육(2002). 독일의 비영리 섹터에 관한 연구. 경기논단, 4(3), 129-151

방대욱 · 강철희 · 허수연(2013). 기업과 비영리기관 사회공헌 파트너십에 관한 연구. 한국사회복지행정학, 15(3), 217-241.

법제처(2023). 「비영리민간단체 지원법」 및 시행령, 대한민국 법제처.

법제처: 민법 제32조, 제42조, 제43조, 제45조, 제77조, 제78조

보건복지부(2001). 법인현황. 경기도 과천시: 보건복지부.

보건복지부(2024). 2024 노인복지연감. 서울: 보건복지부.

비영리민간단체 공익활동 지원사업 관리정보시스템

비판사회학회(2014). 「사회학 제2판」. 서울: 한울앰플러스.

사토 요시유키(2002) 송석원 역. NPO와 시민사회 결사(Association)론의 가능성

사회복지공동모금회(2023). 2022년도 사업보고서, 공동모금회.

사회적협동조합설립 가이드북(2021). 기획재정부, 한국사회적기업진흥원.

서울시 비영리 사단법인 신청 서류 및 허가지준 안내 자료.

서울시 비영리민간단체 신규 등록, 변경 등록 안내자료(2021)

서울시NPO지원센터(2018), 연구보고서 사회혁신의 새로운 기반 '제4섹터'

서울특별시 NPO지원센터(2023). 비영리단체 운영 매뉴얼, 서울시NPO지원센터.

서울특별시(2024). 2025년 비영리민간단체 공익활동 지원사업 공고, 서울특별시청.

서지원 외 2인(2025), 비영리기관운영관리,한국방송통신대학교출판문화원.

스테파노지마니 · 베라지마니(2012), 협동조합으로 기업하라, 한국협동조합연구소, 북돋음.

신광영(1999). "시민사회와 행정: 비정부조직(NGO)과 국가정책-외국의 사례를 중심으로" 한국행정연구, 8(1): 29-45.

신인식 · 최경식(2013). 협동조합 경제경영론, 서울, 청목출판사.

심재영(2018). 비영리조직경영론. 서울: 한국방송통신대학교출판문화원.

아름다운재단(2023). 공익단체 지원사업 연례보고서, 아름다운재단.

안병민(2015). 마케팅 리스타트. 성남: 책비.

안아람(2018). 기초와 실무 중심의 마케팅 개론. 세종: ㈜와이북스.

안윤숙 · 김홍주(2019). 지역사회복지 활성화를 위한 사회적경제의 역할과 과제, 한국지역사회학회

어기구(2011). 시장과 정부실패사이에서 비영리단체(NPO)의 탄생배경과 역할. 노동저널, 113-129

외교부(2018). 실무자를 위한 비영리 · 공익 법인 관리 및 감독 업무 편람.

외교부(2018) 실무자를 위한 비영리.공익 법인 관리.감독 업무 편람

우정사업본부(2023). 우체국공익재단 사회공헌활동 사례집, 과학기술정보통신부.

원속조(2017). 사회복지행정론-제4판. 파주: 양서원.

유진선(2000). 제1주제: 비영리단체의 과세. 조세학술논집, 16, 317-364
윤관혁(2006). 남북한郡행정체제 비교분서 연구 2006 고려대학교 행정대학원 석사논문
윤성민(2024). 고령화시대 지역사회 통합돌봄과 비영리조직의 협력모형. 사회복지정책, 41(2), 56-79.
이경미(2024). 윤리적 리더십이 비영리조직의 부패 방지에 미치는 영향. 윤리행정학연구, 9(2), 43-65.
이대중(2012). 협동조합법어렵지않아요(협동조합법기본해설서,6.사회적협동조합편), 희망제작소.
이동규(2008). 정부 및 비영리조직의 회계 기초. 충남대학교 회계연구소.
이동규(2009). 정부 및 비영리조직의 회계. 선학사.
이상훈(2023). 비영리조직의 기술적 환경변화와 대응전략. 사회복지행정연구, 25(2), 89-112.
이선우 · 오성호 · 임현정(2021). 인적자원관리론
이승종 · 김혜정(2011). 「시민참여론」. 서울: 박영사.
이승호(2010). 비영리조직(NPO)의 운영성과에 대한 연구. 숭실대학교 대학원.
이영미(2024). 성과관리 기반 비영리조직의 책무성 제고 방안. 사회복지행정연구, 26(1), 103-125.
이은영(2024). 비영리조직 전문인력 역량 개발 방안 연구. 비영리인사행정연구, 5(1), 29-51.
이재완, 강병노(2021). 비영리 조직의 성과에 관한 연구동향 분석, NGO연구, 16(3), 299-339.
이학식 외(2015). 마케팅-제4판. 서울: 집현재.
이학식(2011). 마케팅-제2판. 파주: 법문사.
이해익 외(2016). 비영리조직 운영관리론. 파주: 양서원.
이혜민(2024). 비영리조직 종사자의 평생학습체계 구축 방안. 평생교육연구, 20(1), 88-110.
이혜원, 이영환, 정원오(1998). 한국과 일본의 미 군정기 사회복지정책 비교연구-빈곤 정책을 중심으로-. 한국사회복지학, 36, 309-338 지역사회연구.
인문논총 제77권 제2호 287-325
임승빈(2012). 정부와 NGO. 경기도 고양시: 대영문화사.
임은희 · 김성기 · 홍숙자 · 김범수 · 이성은(2010). 「자원봉사론」. 경기: 학현사.
재단법인 동천(2023). 공익인권법센터 활동보고서, 재단법인 동천.
재단법인 바보의나눔(2023). 소외계층 지원 공익사업 사례집, 바보의나눔.

전상길(2020). 창조경영을 위한 인적자원관리

전성곤(2020). 일본의 '국수주의'와 '일본주의'의 진폭 그리고 '번신' 제국주의.

전희준(2020). 영리 조직과 비영리조직의 고객(이용자) 만족 구성요인 중요도의 차이. 경영교육연구, 35(6), 351-369.

정무성 외(2014). 사회복지 마케팅. 서울: 신정.

정익준(2021). 비영리조직 마케팅. 파주: 학현사.

정혜진(2024). 윤리적 리더십과 조직 신뢰의 매개효과 분석: 비영리조직을 중심으로. 윤리경영연구, 10(1), 37-58.

조민혁 · 김민정 · 박형준(2019). 근거이론을 통한 비영리조직 민관협력의 한계요인 탐색: 다문화 지원 조직의 목표와 역할 격차를 중심으로. 한국행정논집, 31(2): 203-229. 시민사회와 제3섹터. 서울: 한양대학교 출판부.

조성돈 · 정재영(2008). 「시민사회 속의 기독교회」. 서울: 예영커뮤니케이션.

조효제(2000). 「NGO의 시대 지구시민사회를 향하여」. 서울: 창작과비평사.

주성수(2003). 공공정책 가버넌스. 서울시 성동구: 한양대학교 출판부.

주성수(2004). NGO와 시민사회: 이론, 모델, 정책. 서울시 성동구: 한양대학교 출판부.

지현승(2020). 비영리법인의 회계정보 투명성 제고를 위한 회계제도 개선 방안. 가천대학교 대학원.

찾기 쉬운 생활법령(2017). 비영리 사단법인_비영리 민간단체

채은경(2005). 한국 비영리조직의 거버넌스에 관한 연구: 사회복지서비스 전달조직 사례연구. 연세대학교 대학원.

최영출(2017), 사회적협동조합 사례집. 충북대학교 사회과학연구소

최은정(2023). 다각적 수익구조와 비영리조직의 재정건전성 확보방안. 공공경영연구, 18(1), 63-82.

최준규 · 윤소은(2018). 경기연구원 연구보고서 사회혁신의 새로운 기반, 제4섹터

통계청(2024). 「통계지표포털(National Index Statistics)」, https://www.index.go.kr

통계청(2024). 2024 인구주택총조사 주요지표. 세종: 통계청.

통일부, 민원 신청 절차 및 양식, 비영리민간단체등록신청.

피터 드러커(2000) 현영하 역. 비영리단체의 경영. 한국경제신문사

한국여성재단(2023). 여성공익활동 지원백서, 한국여성재단.

한지윤(2024). 투명성 수준과 기부자 신뢰도 간의 관계 연구. 기부문화연구, 7(1), 15-34.

행정안전부(2024). 2024년 비영리민간단체 공익활동 지원사업 가이드북, 행정안전부.

황성민(2023). 민관협력 네트워크가 비영리조직 성과에 미치는 영향. 공공협력연구, 14(3), 75-101.

히라노 아쓰시 칼 감수(2020). 조사연 옮김. 일러스트로 바로 이해하는 가장 쉬운 마케팅. 고양: 더퀘스천.

2020년 법무부 연구용역 과제보고서(비영리법인 · 단체 관리운영 업무편람)

2020년 비영리민간단체 공익활동 지원사업 설명회. 행정안전부

Anheier, H. K. (2014). Nonprofit Organization: Theory, Management, Policy (2nd edition). Routledge.

Downs, A(1967). Inside Bureaucracy. Boston: Little, Brown and Company.

Gary Armstrong 외(2021). 정연승 외 옮김. KOTLER의 마케팅 입문. 파주: 교문사.

Heneman, R. L. (1999) Emphasizing analytical skills in HR graduate education: The Ohio state university MLHR program. Humann Resource Management, 8(3), 263-267

https://easylaw.go.kr/CSP/CnpClsMain.laf?csmSeq=83&ccfNo=1&cciNo=2&cnpClsNo=2

https://www.unikorea.go.kr/unikorea/minwon/Info/fundstep/nonprofitCorp/enrollment

Lester M. Salamon(2000). 「NPO란 무엇인가」. 이형진 역. 서울: 아르케.

Niskanen, W. A. (1971). Bureaucracy and Representative Government. Transaction Publishers.

Philip Kotler, Kevin Lane Keller(2012). 윤훈현 옮김. 마케팅 관리론-제14판. 서울: ㈜피어슨 에듀케이션코리아.

Putnam, Robert D., Robert Leonardi and Raffaella Y. Nanetti. 1993. Making Democracy Work: Civic Traditions in Modern Italy. NJ: Princeton University Press.

Salamon, L. M. & Anheier, H. K.(1992). In search of the non profit sector. The question of definition. Baltimore, John Hopkins University.

Salamon, L. M. (1995) Partners in Public Service: Government-Nonprofit Relations in the Modern Welfare State. Baltimore: Johns Hopkins University Press.

Salamon, L. M.(1992). America's nonprofit sector. The Foundation Center.

Salamon, Lester M. and Helmut K. Anheier. 1997. "Toward A Common Definition," In

Salamon, Lester M. and Helmut K. Anheier eds., Defining the Nonprofit Sector: A Cross-national Analysis. NY: Manchester University Press.

Salamon, Lester M., Helmut K. Anheier, Regina List, Stefan Toepler, S. and Wojciech Sokolowski Associates. 1999. Global Civil Society: Dimensions of the Nonprofit Sector. Baltimore. MD: The Johns Hopkins Center for Civil Society Studies.

Sverke, M., Hellgren j., & Naswall, k. (2002) No security: A meta-analysis and review of job insecurity and its consequences. journal of Occupational Health Psuchology

Tomas Wolf(2020). 「21세기 NPO경영, 이렇게 하라」. 강승구 • 한신범 역. 서울: 재단법인 행복세상.

UNDP. (2024). *Human Development Report 2024*. New York: United Nations Development Programme.

UNESCO. (2023). *Lifelong Learning for Sustainable Development*. Paris: UNESCO Publishing.

Van Maanen, J., & Schein, E. H. (1979). Towards a theory of oranizational socialization, Research in Orga-nizational Behárior, 1, 209-264

Vicere, A, A. (1987). Break the mold: Strategies for leadership. Personnel hournal, 66(5) 67-73

국가법령정보센터

경기도청(https://www.gg.go.kr) 비영리 법인 · 단체

경상북도(https://search.gb.go.kr)

네이버 지식백과(www.naver.com) NGO (시사상식사전, pmg 지식엔진연구소)

네이버 지식백과(www.naver.com) 소셜벤처(social venture)

네이버 지식백과(www.naver.com) 하이브리드

법제처 국가법령정보센터(https://www.law.go.kr)

법제처(https://www.law.go.kr)

부산광역시(https://www.busan.go.kr/public/license02)

서울시 공익활동지원센터(https://seoulpa.kr)

서울시 비영리법인설립안내(https://news.seoul.go.kr/gov/archives/78472)

서울특별시(https://news.seoul.go.kr)

외교부(https://www.mofa.go.kr)

위키백과(https://ko.wikipedia.org) 법인화
인천광역시(https://www.incheon.go.kr/IC020302)
한국공익법인협회(http://www.koreapca.org)
한국행정학회. 행정학 전자사전
행정안전부((https://www.mois.go.kr)
협동조합7대원칙(https://www.coop.go.kr/COOP/introduce/rule.do)
협동조합기본법목적의의(https://www.coop.go.kr/COOP/introduce/purpose.do)
협동조합기본법주요내용(https://www.coop.go.kr/COOP/introduce/mainContents.do)
e-나라지표(http://www.index.go.kr)

저자 소개

김성철 백석대학교 대학원 NPO 경영학과 주임교수

김태현 경기과학기술대학교 사회복지학과 겸임교수

문 주 백석대학교 인성개발원 교양 교수

박성찬 리투무스 대표

박윤희 백석대학교 대학원 복지경영학, NPO 경영학과 초빙교수

박진형 풍익복지재단 이사

배재우 스토리월드 컨설팅 대표

이강욱 리투무스 이사

임채휘 사회적기업 (주)보노보씨 대표이사

홍병옥 백석대학교 인성개발원 교양 교수

비영리조직경영론

1판 1쇄 인쇄 — 2025년 8월 25일
1판 1쇄 발행 — 2025년 8월 30일

저　　자 - 김성철 김태현 문　주 박성찬 박윤희
박진형 배재우 이강욱 임채휘 홍병옥
발 행 인 - 강철원
발 행 처 - 양성원
주　　소 - 경기도 파주시 검산로 173번길 29-12
전　　화 - 031-946-3861(代)
팩　　스 - 031-946-3864
이 메 일 - tnwpub@naver.com
홈페이지 - tnwpub.co.kr
출판등록 - 2015년 8월 31일 제 2015-000211 호

ISBN 979-11-6126-645-9

정가 25,000원